U0873300

辽宁省职业教育“十四五”第二批规划教材

铁路线路及站场

（第 2 版）

主　编 ◎ 孙桂岩　陈旻瑜　赵宇航
副主编 ◎ 管莉军
主　审 ◎ 刘文浩

西南交通大学出版社
·成　都·

图书在版编目（CIP）数据

铁路线路及站场 / 孙桂岩，陈旻瑜，赵宇航主编 . —2 版 . —成都：西南交通大学出版社，2022.8
（2024.11 重印）
ISBN 978-7-5643-8883-6

Ⅰ. ①铁… Ⅱ. ①孙… ②陈… ③赵… Ⅲ. ①铁路线路－高等职业教育－教材②铁路车站－高等职业教育－教材 Ⅳ. ①U21②U291

中国版本图书馆 CIP 数据核字（2022）第 158211 号

Tielu Xianlu ji Zhanchang
铁路线路及站场
（第 2 版）

主　编 / 孙桂岩　陈旻瑜　赵宇航
责任编辑 / 李芳芳
封面设计 / 何东琳设计工作室

西南交通大学出版社出版发行
（四川省成都市金牛区二环路北一段 111 号西南交通大学创新大厦 21 楼　610031）
发行部电话：028-87600564　028-87600533
网址：http：//www.xnjdcbs.com
印刷：四川森林印务有限责任公司

成品尺寸　185 mm × 260 mm
印张　15　　字数　344 千
版次　2017 年 8 月第 1 版　　2022 年 8 月第 2 版
印次　2024 年 11 月第 6 次

书号　ISBN 978-7-5643-8883-6
定价　45.00 元

课件咨询电话：028-81435775

第 2 版前言

本书是根据高职教育的培养目标和学生特点，结合铁道交通运营管理专业相关课程的课程标准要求，认真分析了“铁路线路及站场”课程的教学内容，总结多年教学实践的经验和体会，并学习参考了多位专家学者的著作后编写而成的。

本书比较全面、系统地介绍铁路线路及站场等运输设备的特点、技术特点及技术要求，并在系统介绍理论知识的同时增加实践能力培养的内容。本书主要包含两部分内容：第一部分主要介绍铁路线路的组成及各组成部分的技术要求等知识；第二部分主要介绍铁路车站设备的组成、特点、技术要求及作业分析等知识。

本书能够在介绍基础理论的同时结合现场实际，力求使知识体系和能力体系共同体现，充分体现了高等职业教育的特点。

（1）注重思想素质和职业能力的培养。书中结合知识点加入案例分析、思政引申及职业素质内容。在学习知识的同时提高学生的思想素质和职业能力。

（2）注重理论知识的准确性和可参考性。书中数据全部引用现场最新规章中的规定，具有参考价值。

（3）注重知识的先进性和引领性。书中以知识拓展形式引入新技术、新设备，具有创新引领作用。

（4）注重实践能力的培养。书中加入课程设计内容，注重讲练结合，在课程设计中发现问题、解决问题，提高实践能力。

（5）注重数字资源的辅助功能。书中加入大量的数字资源，包括微课、视频、课件、图片等，具有较强的辅助教学及学习的功能。

本书实践性和参考性强，适合高等院校、高职高专类学校铁路专业教学使用，也可作为铁路系统广大干部、职工学习铁路相关知识的参考书。

本书由辽宁铁道职业技术学院孙桂岩、赵宇航和山东铁路投资控股集团有限公司高级工程师陈旻瑜任主编，山东职业学院管莉军任副主编，辽宁铁道职业技术学院姚程参编，中国铁路沈阳局集团有限公司高级工程师刘文浩任主审。具体编写分工如下：孙桂岩编写绪论、第一章至第六章及中间站课程设计；赵宇航编写第七章和第十一章；陈旻瑜编写第八章；管莉军编写第九章；姚程编写第十章。

本书在编写过程中，参考了大量的文献和资料，在此一并向所有文献和资料的作者致以衷心的感谢！

由于编者水平有限，书中难免存在疏漏和不足之处，敬请读者批评指正。

编　者

2022 年 7 月

第 1 版前言

中国铁路“十三五”规划中提出，要完善现代综合交通运输体系，坚持网络化布局、智能化管理、一体化服务、绿色化发展，建设国内国际通道联通、区域城乡覆盖广泛、枢纽节点功能完善、运输服务一体高效的综合交通运输体系。铁路是综合交通运输体系的重要组成部分，也是国民经济发展的大动脉，目前我国铁路密度还低于发达国家，路网布局还不够完善，尤其是中西部铁路发展不足。到 2016 年年底，全国铁路营业里程达 12.4 万 km，其中高速铁路 2.2 万 km 以上。中国计划在未来 10 年把高速铁路里程从现有的 1.9 万 km 增加至 3.8 万 km。到 2030 年时，中国高铁总里程更是有望达到 4.5 万 km。届时，高速铁路网基本连接省会城市和其他 50 万人口以上大中城市，实现相邻大中城市间 1 ~ 4 小时交通圈。

铁路为完成其运输任务，应配备标准的线路作为机车车辆运行的基础；在铁路线路上设置各种类型的车站，用以办理旅客和货物运输任务。线路状态是否良好，车站各项设备布局是否合理，对完成铁路运输任务具有决定性的影响。为此，学生应熟练掌握铁路线路、站场及枢纽知识，并且要熟练应用。

“铁路线路及站场”是铁路及城市轨道交通运营管理专业学生学习的必修课程，其任务是比较全面、系统地介绍铁路线路及站场的运输设备。该课程主要包含两部分内容：第一部分主要介绍铁路线路的组成及各组成部分的技术要求；第二部分主要介绍车站设备的基础知识、布置要求及特点、各类车站的主要作业等。学生通过对本课程的学习，应对铁路运输设备有一定的了解，为后续课程的学习奠定基础。

本书结合现场实际，从打好基础出发，注意新技术、新设备的引入，力求知识体系和能力体系共同体现，做到内容选材适当，突出先进性、应用性和实践性，采用大量实图实例，文字通俗易懂，图文并茂，可读性强。本书适合高等院校、高职高专类学校铁路专业教学使用，也可作为铁路系统广大干部、职工学习铁路相关知识的基础性参考书。

本书由具有多年理论教学和丰富铁路现场经验的“双师型”教师团队编写。全书共分为十一章，各章编写的分工如下：辽宁铁道职业技术学院孙桂岩编写绪论、第一章至第七章；辽宁铁道职业技术学院赵宇航、李凡编写第八章；山东职业学院管莉军编写第九章；辽宁铁道职业技术学院姚程编写第十章；辽宁铁道职业技术学院宁天骄编写第十一章。全书由孙桂岩统稿，由沈阳铁路局高级工程师刘文浩主审。

本书在编写过程中，参考了大量的文献和资料，在此一并向所有文献和资料的作者致以衷心的感谢！

由于编者水平有限，其内容或表达难免存在不足之处，恳请读者批评指正。

编　者

2017 年 7 月

本书配套数字资源列表

序号	资源类型	资源名称	页码
1	PPT	本书课件	前言
2	微课	路基	012
3	微课	桥隧建筑物	020
4	微课	轨道各组成部分	027
5	视频	轨道铺设	048
6	微课	道岔	050
7	视频	单开道岔转换	063
8	视频	普通单开道岔转辙器动作视频	063
9	视频	提速道岔转换	063
10	视频	提速道岔转辙器动作视频	063
11	微课	线路平面和纵断面	064
12	微课	限界及线间距	081
13	微课	铁路线路种类	093
14	微课	道岔用中心线表示法	096
15	微课	相邻两道岔中心间的距离	097
16	微课	线路连接形式	101
17	微课	车站线路长度（一）	107
18	微课	车站线路长度（二）	109
19	微课	有效长推算	111
20	微课	会让站、越行站及中间站	114
21	微课	区段站概述	134
22	微课	区段站图型分析	141
23	微课	编组站图型	170
24	视频	车辆溜经驼峰	200
25	视频	车辆溜经减速器和加减速顶	200

目　录

绪　论 …… 001

第一篇　铁路线路

第一章　路基及桥隧建筑物 …… 012
第一节　路　基 …… 012
第二节　桥隧建筑物 …… 020

第二章　轨　道 …… 027
第一节　轨道各组成部分 …… 027
第二节　轨道的几何形位 …… 035
第三节　无缝线路 …… 039
第四节　线路设备养护与维修 …… 045

第三章　道　岔 …… 050
第一节　单开道岔 …… 050
第二节　其他类型的道岔 …… 058

第四章　线路平面和纵断面 …… 064
第一节　线路平面 …… 064
第二节　线路纵断面 …… 070
第三节　换算坡度 …… 075
第四节　线路标志 …… 077

第五章　限界及线间距 …… 081
第一节　限　界 …… 081
第二节　区间相邻线路中心间的距离 …… 088

第二篇　铁路站场与枢纽

第六章　站场基础知识 …… 093
第一节　铁路线路种类 …… 093
第二节　道岔用中心线表示法 …… 096
第三节　相邻两道岔中心间的距离 …… 097
第四节　线路连接形式 …… 100
第五节　车站线路长度 …… 107

第七章　会让站、越行站及中间站 …… 114
第一节　会让站 …… 114
第二节　越行站 …… 116
第三节　中间站 …… 117
第四节　中间站的设备配置 …… 120
第五节　中间站改（扩）建 …… 126

第八章　区段站 …… 134
第一节　概　述 …… 134
第二节　区段站图型分析 …… 141

第三节　区段站运转设备 ………… 148
第四节　区段站货运设备 ………… 155
第五节　区段站咽喉区的布置及设计 ………… 163

第九章　编组站 ………… 167
第一节　编组站概述 ………… 167
第二节　编组站图型 ………… 170
第三节　辅助调车场及箭翎线设计 ………… 182

第十章　驼　峰 ………… 187
第一节　驼峰概述 ………… 187
第二节　驼峰溜放部分平面布置 ………… 192
第三节　驼峰溜放部分纵断面设计 ………… 194

第十一章　铁路枢纽 ………… 202
第一节　概　述 ………… 202
第二节　铁路枢纽总布置图型 ………… 203
第三节　枢纽内客运站和货运站 ………… 210
第四节　枢纽内主要线路配置 ………… 212

参考文献 ………… 215

附　录 ………… 216

绪 论

主要内容

交通运输的种类、我国铁路运输的特点、铁路的发展概述、我国铁路管理机构设置、铁路运输的发展趋势。

重点掌握

交通运输的种类、我国铁路运输的特点、铁路运输的发展趋势。

交通运输是国民经济的基础设施和支柱产业，在国民经济及社会中占有重要地位，是国民经济活动的重要组成部分。在现代交通运输体系中，铁路运输是主要的运输方式，发展和建设现代化铁路是实施国家可持续发展战略的重要举措，也是建设社会主义现代化强国的重要保证。

一、我国铁路运输简介

1. 现代交通运输的种类

现代化的交通运输方式主要有铁路运输、公路运输、水路运输、航空运输和管道运输。这五种运输方式在技术经济上各有长短，都有各自适宜的使用范围。

1）公路运输

公路运输是在公路上运送旅客和货物的运输方式，是交通运输系统的组成部分之一，主要承担短途客货运输。现代公路运输所用运输工具主要是汽车，因此，公路运输一般即指汽车运输。在地势崎岖、人烟稀少、铁路及水运不发达的边远和经济落后地区，公路为主要运输方式，起着运输干线作用。公路运输网一般比铁路网、水路网的密度要大十几倍，分布面也广，因此公路运输适应性较强。同时，汽车体积较小，可以实现“门到门”直达运输，运输速度也较快。但公路运输运量较小，且安全性较差。

2）铁路运输

铁路运输是以机车牵引列车在两条平行的钢轨上行走的运输方式。它是已知的最有效的一种陆上运输方式，在整个运输领域中占有重要的地位，并发挥着越来越重要的作用。

铁路运输由于受气候和自然条件影响较小，且运输能力及单车装载量大，在运输的稳定性和低成本性方面占据了优势，再加上车辆种类繁多，使它几乎能承运任何货物，几乎不受重量和容积的限制，而这些都是公路和航空运输方式所不能比拟的。

3）水路运输

水路运输是以船舶为主要运输工具，以港口或港站为运输基地，以水域（包括海洋、河流和湖泊等）为运输活动范围的一种运输方式。水路运输是目前各主要运输方式中兴起最早、历史最长的运输方式。它具有载重量大、成本低、投资小等优点；但其灵活性小，连续性较差。水路运输较适于担负大宗、低值、笨重和各种散装货物的中长距离运输，尤其是海运，更适于承担各种外贸货物的进出口运输。

4）航空运输

航空运输又称飞机运输，它是在具有航空线路和飞机场的条件下，利用飞机作为运输工具，运送人员、货物、邮件的一种运输方式。其具有快速、安全、准时的特点，是现代旅客运输尤其是远程旅客运输的重要方式，为国际贸易中的贵重物品、鲜活货物和精密仪器运输所不可缺。在我国运输业中，航空运输货运量占全国运输量比重较小，主要承担长途客运任务，伴随着物流的快速发展，航空运输在货运方面将会扮演重要角色。

5）管道运输

管道运输是用管道作为运输工具的一种长距离运输方式。其主要适于输送石油、天然气等液体和气体物资，此外还可运输矿石、煤炭、建材、化学品和粮食等。管道运输系统的基本设施包括管道、储存库、压力站（泵站）和控制中心。管道是管道运输系统中最重要的部分，由于管道运输的过程是连续进行的，因此管道两端必须建造足够容纳其所承载货物的储存槽。管道运输的优点有：建设周期短，投资小，占地少；运输损耗少，无“三废”排放，有利于生态环境保护；可全天候连续运输，安全性高，事故少；运输自动化，成本和能耗低等。

2. 我国铁路运输的特点

（1）运输的准确性和连续性强。铁路运输几乎不受气候影响，能够一年四季不分昼夜地进行定期的、有规律的、准确的运转。

（2）运输速度比较快。我国快运货物列车最高运行速度为 160 km/h，普通货物列车最高运行速度为 120 km/h，高速动车组列车可达 200 ~ 350 km/h，远远高于水路运输。

（3）运输量比较大。铁路一列货物列车一般能运送 3 000 ~ 5 000 t 货物，远高于航空运输和公路运输。

（4）运输成本较低。铁路运输费用仅为公路运输费用的十几分之一到几分之一，运输耗能约是公路运输的 1/20。

（5）运输安全性高。铁路运输安全可靠，风险远比水路运输小。

（6）初期投资大。铁路运输需要铺设轨道、建造桥梁和隧道，消耗大量钢材并占用土地，建路工程艰巨复杂，其初期投资大大超过其他运输方式。例如，京沪高速铁路总长度 1 318 km，总投资约 2 209 亿元，约耗资 1.7 亿元/km。

3. 我国铁路运输在国民经济体系中的重要地位

我国是一个幅员辽阔、人口众多的发展中国家，能源结构以煤炭为主，经济尚不发达，自然资源主要分布在西部和北部地区，而工业基地主要分布于东部和南部沿海区域。自然资源和工业布局的错位态势，决定了我国地区经济发展的不平衡，决定了货运结构以能源、原材料和初级产品为主，也决定了物资由北向南、由西向东的基本流向，同时伴随大量的人员流动。改革开放以来，大量剩余劳动力从农村流向城市，从内陆省份流向沿海地区。随着人民生活水平的提高，旅游业的发展也成为促进旅客运输发展的重要因素。随着经济的发展，客货运输需求不断增长。

我国的基本国情和客流、货流特点，决定了我国应发展以铁路为主导，公路、水运、航空、管道运输协调发展的综合交通运输体系。因此，要将我国建设成为伟大的社会主义现代化强国，没有强大的铁路是不可能的。大力发展铁路运输，是发展国民经济、增强国防力量、繁荣城乡市场、促进国土开发、增强民族团结、扩大对外开放的需要，完全符合我国国情，符合我国经济和社会可持续发展的战略要求。

二、世界铁路发展概述

18 世纪 60 年代起以蒸汽机的发明和运用为主要标志的第一次工业革命，直接推动了铁路的诞生。1825 年英国修建了世界上第一条蒸汽机车牵引的铁路——斯托克顿至达林顿铁路，开辟了陆上运输的新纪元。它的出现标志着近代铁路运输业的开始，此后铁路运输以其迅速、便利、经济等优点，受到人们重视，除在英国大面积展开铁路建设工程外，其他国家也相继兴建铁路。世界主要国家相继修通铁路的年份见表 0-1。

表 0-1 世界主要国家铁路通车年份

国家	通车年份	国家	通车年份	国家	通车年份
英国	1825	加拿大	1836	印度	1853
美国	1830	俄国	1837	澳大利亚	1854
法国	1832	意大利	1839	南非	1860
德国	1835	荷兰	1839	日本	1872
比利时	1835	西班牙	1848	中国	1876

19 世纪末世界铁路总长已达 6.5×10^5 km，第一次世界大战前夕达到 1.1×10^6 km，20 世纪 20 年代达到 1.27×10^6 km。其后由于公路、航空运输的迅速发展，世界各国铁路修建速度逐渐缓慢下来。

第二次世界大战以后，在第三次工业革命浪潮的推动下，世界交通运输领域发生了革命性变化，传统的陆路运输格局被彻底改变，公路、航空、管道等现代交通运输方式迅速兴起，对铁路形成了强大的替代性竞争，综合交通运输体系逐步形成；再加上铁路自身管理体制的不适应和经营管理不善等原因，使得铁路在这一时期发展相对迟缓，有的国家和地区甚至出现停滞局面，造成世界铁路网规模缩小、客货运量比重下降、经营亏损严重，铁路发展进入了低谷，一度被视为“夕阳产业”。

1973 年，世界能源危机，使公路和航空运输发展受到限制，而铁路运输受此影响相对较小，加上铁路运输过程中排放的废气及产生噪声对生态环境的污染与其他交通运输方式相比最低，特别是高速、重载铁路运输的出现，更使人们认识到铁路在国民经济发展和人民物质文化生活水平提高中具有不可忽视的地位和作用。世界各国铁路正在步入一个新的发展时期。

世界铁路的新发展主要表现在客运的高速和货运的重载两方面。

1964 年 10 月 1 日，世界上第一条高速铁路 —— 日本东海道新干线正式开通运营。1983 年 9 月法国 TGV 东南线全线建成通车。以日本新干线和法国 TGV 为代表的高速铁路自投入运营以来，以其安全可靠、技术创新、优质服务等优势为铁路发展带来了新的机遇，为国民经济的发展带来了巨大动力，德国、英国、意大利、西班牙、中国等多个国家先后拥有了高速铁路。

自 20 世纪 50 年代起，随着大功率机车、大吨位货车的投入运营，铁路重载运输技术有了可靠的保证。由于其运量大、能耗低、经济性好，重载运输在美国、加拿大、俄罗斯、巴西、澳大利亚、中国等幅员辽阔、矿产资源丰富的国家迅速发展，成为世界铁路发展的又一重要趋势。铁路重载运输的发展，对降低运输成本、提高经济效益发挥了重要作用，对大宗货物、中长距离的货物运输具有更大的吸引力。

目前全世界 200 多个国家和地区中，有 150 多个国家和地区建有铁路，其中约 90 个国家提供客运铁路服务。铁路依然是世界上载客量最高的交通方式，拥有无可取代的地位。

三、我国铁路发展概述

1. 旧中国铁路概述

中国铁路是在遭受帝国主义侵略中诞生的。

1876 年中国第一条营业铁路吴淞铁路在上海建成通车，该铁路从上海起到吴淞镇止，全长 14.5 km，轨距 762 mm，轨重 13 kg/m。它是英、美合谋采用欺骗手段，由英国在华的代理人 —— 怡和洋行背着清政府擅自修建的。这条铁路后被清政府以 28.5 万两白银于次年分三次赎回，并于 1877 年 10 月拆除。吴淞铁路虽是帝国主义势力开始对中国逐步改变侵略和扩张手段的产物，但是它的出现，却让中国人见识了铁路这一新生事物，让中国人认识了改变旧的运输方式、提高运输效率的必要性。

1879 年，洋务派首领李鸿章为了将唐山开平煤矿的煤炭运往天津，奏请修建唐山至北塘的铁路。李鸿章的奏请起初得到清政府的批准，随后便遭到顽固的王公大臣的群起攻击。面对强大的守旧势力，清政府的当权者撤销了原议，决定将铁路缩短，仅修唐山至胥各庄一段，胥各庄至芦台间开凿运河，连接蓟运河，以达北塘海口；为避免机车震动寝陵，决定由骡马牵引车辆，直到第二年才以由锅炉改造的蒸汽机车牵引。

1881 年修建的唐山到胥各庄的唐胥铁路，是中国自己创办的第一条铁路，铁路全长 10 km。

为加强海疆建设，从 1887 年起，以士兵为劳力修筑台湾铁路，其台北向东到基隆的一段于 1891 年完成，台北向西南到新竹的一段于 1893 年完成，两段共长 107 km。

最让中国人骄傲自豪的是京张铁路。京张铁路是由杰出的铁路工程师詹天佑主持并胜利建成的，是完全由中国自己筹资、勘测、设计、施工建造的第一条铁路干线。京张铁路起始自北京丰台柳村，经居庸关、八达岭、河北的沙城、宣化至张家口，全长 201.2 km，于 1905 年 10 月开工，1909 年 10 月建成。京张铁路是中国人民和中国工程技术界的光荣，也是中国近代史上反帝斗争的一个胜利。

旧中国铁路的产生和发展，是与帝国主义对我国的侵略紧密相连的，所造成的结果是我国铁路的发展缓慢又畸形，设备杂乱而且管理落后。主要表现在三个方面：

（1）数量少、分布偏。到 1949 年新中国成立，全国仅有的 2 万多千米铁路，能够维持通车的只有 1 万多千米，且大都分布在东北和沿海地区，西北、西南地区只有 1 000 多千米，仅占全国铁路的 6% 左右；能用的机车仅 1 700 余台，车辆 3 万余辆。

（2）标准杂、质量差。全国轨距宽窄不一，甚至同一线路上的桥、隧界限和曲线、坡度标准都不统一。铁路的技术设备陈旧落后、质量差、标准低、类型杂乱，机车、钢轨就有百种之多，且 30% 的车站没有信号机，70% 的线路没有闭塞设备，线路病害多，行车安全得不到保障。

（3）管理分割、经营落后。大部分铁路借外债修建，又以路产和营业收入为担保，因而按投资的国别分线设局，分割管理，甚至一个铁路地区由几个铁路局管理。各铁路局各自为政、各行其是，不仅导致一条铁路实行多种规章制度、多套管理方法，也使车站和机务、工务、电务等设置重复，行车费用和员工人数增多，给旅客乘车、货主运货带来诸多不便。

这就是旧中国半封建半殖民地铁路的真实写照。当然，铁路作为新型交通工具，还是对当时的物资交流、人员往来等发挥了重要作用。

2. 新中国铁路概述

铁路路网是铁路运输的重要基础设施。铁路路网的规模、结构和质量，不仅直接反映出一个国家铁路的发展水平，也深刻地影响着一个国家铁路甚至整个国民经济的发展速度。从 1949 年到 2020 年的 70 多年历程中，我国铁路营业里程，经过铁路工程技术人员和铁路职工的共同努力，并历经多次重大技术突破，得到了长足的发展和进步。铁路干线已遍布西北、西南地区并延伸进雪域高原西藏；雄伟的南京大桥屹立在长江天堑上；电气化铁道跨越在“难于上青天”的蜀道上；成昆铁路已伸展在西南的“禁区”中；被国际社会称为“可与长城媲美的伟大工程”——青藏铁路攻克了多年冻土、高寒缺氧、生态脆弱的“三大难题”，已顺利建成并于2006年7月1日正式通车运营。

截至2021年年底，全国铁路营业里程突破15万千米，其中高铁超过4万千米。铁路复线率为59.5%，电化率为73.3%。全国铁路路网密度156.7千米/万平方千米。计划到2035年，我国铁路网营业里程达到20万千米左右，其中高速铁路达到7万千米左右。20万人口以上城市实现铁路覆盖，50万人口以上城市高铁通达。到2050年，全面建成更高水平的现代化铁路强国，全面服务和保障社会主义现代化强国建设。

2016年7月，国家发展改革委、交通运输部、中国铁路总公司联合发布了《中长期铁路网规划（2016—2030年）》，部署规划了中长期铁路发展规划，在“四纵四横”的基础上扩张至“八纵八横”。

“八纵八横”路网中“八纵”有：

（1）沿海通道。

大连（丹东）—秦皇岛—天津—东营—潍坊—青岛（烟台）—日照—连云港—盐城—南通—上海—宁波—福州—厦门—汕头—深圳—江门—湛江—北海（防城港）高速铁路，连接东部沿海地区，贯通辽中南、京津冀、山东半岛、东陇海、长三角、海峡西岸、珠三角、北部湾等城市群。

（2）京沪通道。

北京—天津—济南—南京—上海（杭州）高速铁路，包括南京—杭州、蚌埠—合肥—杭州高速铁路，同时通过北京—天津—东营—潍坊、日照、临沂—淮安—扬州—南通—上海高速铁路，连接华北、华东地区，贯通京津冀、长三角等城市群。

（3）京港（台）通道。

北京—雄安新区—衡水—菏泽—商丘—阜阳—合肥（黄冈）—九江—南昌—赣州—惠州—深圳—香港（九龙）高速铁路；另一支线为合肥—黄山—上饶—福州—台北高速铁路，包括南昌—福州（莆田）铁路。连接华北、华中、华东、华南地区，贯通京津冀、长江中游、海峡西岸、珠三角等城市群。

（4）京哈-京港澳通道。

哈尔滨—长春—沈阳—北京—石家庄—郑州—武汉—长沙—广州—深圳—香港高速铁路，包括广州—中山—珠海—澳门高速铁路。连接东北、华北、华中、华南、港澳地区，贯通哈长、辽中南、京津冀、中原、长江中游、珠三角等城市群。

（5）呼南通道。

呼和浩特—大同—太原—长治—晋城—焦作—郑州—南阳—襄阳—常德—益阳—娄底—邵阳—永州—桂林—柳州—南宁高速铁路。连接华北、中原、华中、华南地区，贯通呼包鄂榆、山西中部、郑州大都市区、长江中游、北部湾等城市群。

（6）京昆通道。

北京—雄安—太原—西安—重庆—昆明高速铁路，包括北京—张家口—大同—太原高速铁路。连接华北、西北、西南地区，贯通京津冀、太原、关中平原、成渝、滇中等城市群。

（7）包（银）海通道。

包头—延安—西安—成都（重庆）—贵阳—南宁—湛江—海口（三亚）高速铁路，包括银川—西安高速铁路以及海南环岛高速铁路。连接西北、西南、华南地区，贯通呼包鄂、宁夏沿黄、关中平原、成渝、黔中、北部湾等城市群。

（8）兰（西）广通道。

兰州（西宁）—临夏—合作—九寨沟—绵阳（安州）—广汉—成都—眉山—乐山—宜宾—毕节—贵阳—都匀—桂林—贺州—肇庆—佛山—广州高速铁路。连接西北、西南、华南地区，贯通兰西、成渝、黔中、珠三角等城市群。

“八纵八横”路网中“八横”有：

（1）绥满通道。

绥芬河—牡丹江—哈尔滨—齐齐哈尔—呼伦贝尔—满洲里高速铁路。连接黑龙江及蒙东地区。

（2）京兰通道。

北京—张家口—呼和浩特—银川—兰州高速铁路。连接华北、西北地区，贯通京津冀、呼包鄂、宁夏沿黄、兰西等城市群。

（3）青银通道。

青岛—济南—石家庄—太原—银川高速铁路（其中太原至银川段利用太中银铁路）。连接华东、华北、西北地区，贯通山东半岛、京津冀、太原、宁夏沿黄等城市群。

（4）陆桥通道。

连云港—徐州—郑州—西安—兰州—西宁—乌鲁木齐高速铁路。连接华东、华中、西北地区，贯通东陇海、中原、关中平原、兰西、天山北坡等城市群

（5）沿江通道。

上海—南京—合肥—武汉—重庆（成都）高速铁路，包括南京—安庆—九江—武汉—宜昌—万州—重庆、万州—达州—遂宁—成都高速铁路（其中达州至成都段利用达成铁路），连接华东、华中、西南地区，贯通长三角、长江中游、成渝等城市群。

（6）沪昆通道。

上海—杭州—南昌—长沙—贵阳—昆明高速铁路。连接华东、华中、西南地区，贯通长三角、长江中游、黔中、滇中等城市群。

（7）厦渝通道。

厦门—龙岩—赣州—长沙—常德—张家界—黔江—重庆高速铁路（其中厦门至赣州段利用龙厦铁路、赣龙铁路，常德至黔江段利用黔张常铁路），包括赣州—衡阳—邵阳—怀化—铜仁—黔江高速铁路。连接海峡西岸、中南、西南地区，贯通海峡西岸、长江中游、成渝等城市群。

（8）广昆通道。

广州—南宁—昆明高速铁路。连接华南、西南地区，贯通珠三角、北部湾、滇中等城市群。

通过高速铁路建设实现多个城市的连接，形成十几个不同等级的都市圈，促进城市与城市之间的交流和沟通。

四、铁路管理机构设置

2013 年 3 月，根据国务院机构改革和职能转变方案，铁路实行政企拆分，撤销铁道部。将铁道部拟订铁路发展规划和政策的行政职责划入交通运输部。交通运输部统筹规划铁路、公路、水路、民航发展，加快推进综合交通运输体系建设。组建国家铁路局，由交通运输部管理，承担铁道部的其他行政职责，负责拟订铁路技术标准，监督管理铁路安全生产、运输服务质量和铁路工程质量等。组建中国铁路总公司，承担铁道部的企业职责，负责铁路运输统一调度指挥，经营铁路客货运输业务，承担专运、特运任务，负责铁路建设，承担铁路安全生产主体责任等。

2017 年 11 月 15 日，中国铁路总公司所属的 18 个铁路局，包括北京铁路局、沈阳铁路局、成都铁路局、武汉铁路局、上海铁路局、西安铁路局、太原铁路局、济南铁路局、郑州铁路局、南宁铁路局、南昌铁路局、昆明铁路局、兰州铁路局、哈尔滨铁路局、呼和浩特铁路局、乌鲁木齐铁路局、广铁集团、青藏铁路公司，均已完成公司制改革工商变更登记，铁路局更名为中国铁路铁路局集团有限公司。这标志着铁路公司制改革取得重要成果，为国家铁路实现从传统运输生产型企业向现代运输经营型企业转型发展迈出重要一步。

2019 年 6 月 18 日，为贯彻党中央关于加快推动中国铁路总公司股份制改造的决策部署，经国务院批准同意，中国铁路总公司改制成立中国国家铁路集团有限公司。中国国家铁路集团有限公司的成立，有利于发挥铁路作为国家综合交通运输体系骨干的重要作用，提高国铁资本效率效益，增强企业发展的内生动力、市场活力和抗风险能力，更好地服务国家战略和经济社会发展；有利于加快构建现代企业制度，完善法人治理结构，提升国铁企业的经营管理水平和市场竞争力；有利于促进国铁企业加快走向市场，提升铁路客货运输服务品质，满足人民群众日益增长的美好生活需要。

我国铁路管理采用的是三级管理模式，即中国国家铁路集团有限公司—铁路局集团有限公司—铁路局集团有限公司所属站段（含货运中心）。

我国实行铁路局集团有限公司直接管理站段（含货运中心）的模式。管理的站段有局直属车站、车务段、客运段、货运中心、机务段、车辆段、供电段、电务段、工务段等。

五、铁路运输的发展趋势

未来，我国铁路要完善现代综合交通运输体系，坚持网络化布局、智能化管理、一体化服务、绿色化发展，建设国内国际通道联通、区域城乡覆盖广泛、枢纽节点功能完善、运输服务一体高效的综合交通运输体系。

案例与思政

修建京张铁路的技术创举

一、案例介绍

京张铁路是中国第一条不使用外国人员，由中国人自行建设完成、投入营运的干线铁路。京张铁路施工时间比计划缩短了两年，而建造成本也比预算节省了 35 万两白银（也有一说是节约了 28 万两），总费用只有外国承包商过去索取价银的五分之一，可谓花钱少、质量好、完工快。该铁路在设计施工中主要有以下几项技术创举。

（1）“人”字形展线。京张铁路青龙桥段铁路穿越军都山、南口和八达岭的高度相差 180 丈（1 丈 = 3.33 米），坡度极大，最大坡度达 33‰，在 22 km 线路区段内用折返方法，设计、修建了著名的青龙桥车站，铁路轨道呈“人”字形，如图 0-1 所示。

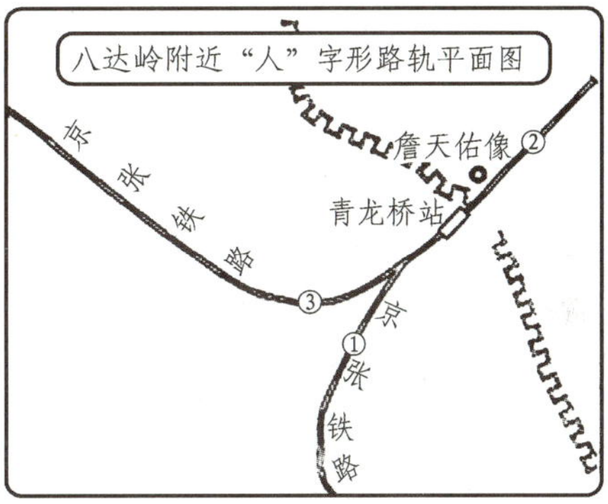

图 0-1 “人”字形展线

（2）双机牵引。引进国外大马力机车，并使用双机牵引，解决了运输动力问题。

（3）中部凿井法修隧道。开凿 1 092 m 长的八达岭隧道，曾经有诸多外国专家断言：如不使用外国的先进机械以及技术人员，仅凭中国人的力量不可能完成。在詹天佑的策划指挥下，八达岭隧道采用南北两头同时向隧道中间点凿进，同时采用中部开凿两个直井，分别可以向相反方向进行开凿，增加工作面；使用 TNT 爆破等措施，依靠人力建成了这条中国筑路历史上的第一条长大隧道。

另外，京张铁路比较重大的工程还有 200 m 长的钢架结构的怀来大桥，这是京张铁路上最长的一座桥，詹天佑以山上开道之石来垫山下河床。为防山洪冲击路基，又用水泥砖加以保护。

二、思政引申

如今，京张铁路的姊妹铁路——京张高铁已建成通车。京张高铁建成了世界上最大埋深 102 m、最大地下建筑 4.1 万 m^2 的高铁八达岭长城站，在世界上首次实现了复兴号智能动车组时速 350 km 自动驾驶，进一步巩固和提升了中国高铁的领跑优势。京张铁路正在见证中华民族伟大复兴的光荣与梦想。

拓展知识

高速铁路

高速铁路的概念是相对的、不断发展变化的，各国的标准也不一样。国际铁路联盟（UIC）规定的高速铁路是指通过改造原有线路（直线化、轨距标准化），使营运速率达到 200 km/h 及以上，或者专门修建新的“高速新线”，使营运速率达到 250 km/h 及以上的铁路系统。我国对“高速铁路”的定义分为两部分：一是指既有线改造达到 200 km/h 和新建时速达到 200 ~ 250 km 的线路，在这部分线路上运营的时速不超过 250 km 的高速列车称为“动车组（D 车）”，以及按 D 车模式运行的跨线 G 车，同时可执行普通客运列车及少量货运列车作业的运营模式；二是指新建的时速达到 300 ~ 350 km 的线路，这部分线路上运营时速达到 300 km 及以上的“高速动车组（G 车）”以及最高速达 300 km/h 的 D 车。

复习与思考

1. 简述现代交通运输方式的特点。
2. 简述我国铁路运输的特点。
3. 简述我国铁路管理机构的设置。
4. 简述铁路运输的发展趋势。

第一篇

铁路线路

第一章 路基及桥隧建筑物

主要内容

路基形式、组成、排水、防护加固及常见病害；桥梁、隧道、涵洞的作用、分类及其主要组成部分。

重点掌握

路基的组成、桥梁和隧道的构造。

铁路线路是由路基、桥隧建筑物和轨道组成的一个整体结构。它直接承受机车车辆轮对传来的压力，是列车和机车车辆运行的基础。铁路线路必须时刻保持状态完好，使列车能按规定的最高速度安全、平稳和不间断地运行，以保证铁路运输部门能够优质地完成客货运输任务。

第一节 路 基

微课：路基

铁路路基是为满足轨道铺设和运营条件而修建的土木构筑物。它是轨道的基础，是铁路线路的重要组成部分。它直接承受轨道及机车车辆的静荷载和动荷载，并将荷载向地基深处传递扩散。路基的质量情况对于整个线路质量和行车安全有很大的影响。因此，路基必须填筑坚实，基床应强化处理，并经常保持干燥、稳定和完好状态，以保证运输安全畅通。路基面应有足够的宽度，符合轨道铺设、附属构筑物设置和线路养护维修作业的要求。同时，路基两侧应留有足够宽度的铁路用地，以保证路基稳定，满足维修检查通道、栅栏设置及绿化带建设的需要。

一、路基工程的组成

为了保证路基正常工作，路基工程主要由三部分建筑物组成。

1. 路基本体

路基本体是直接铺设轨道结构并承受列车荷载的部分，例如路堤、路堑等。它是路基工程中的主体建筑物。

2. 路基防护和加固建筑物

路基防护和加固建筑物属于路基的附属建筑物，例如挡土墙、护坡等。

3. 路基排水设备

排水设备也属于路基的附属建筑物，例如排除地面水的排水沟、侧沟、天沟和排除地下水的排水槽、渗水暗沟、渗水隧洞等。

二、路基横断面形式

路基横断面是指垂直于线路中心线截取的断面。依其所处的地形条件不同，主要有以下六种形式，各种路基横断面形式如图 1-1 所示。

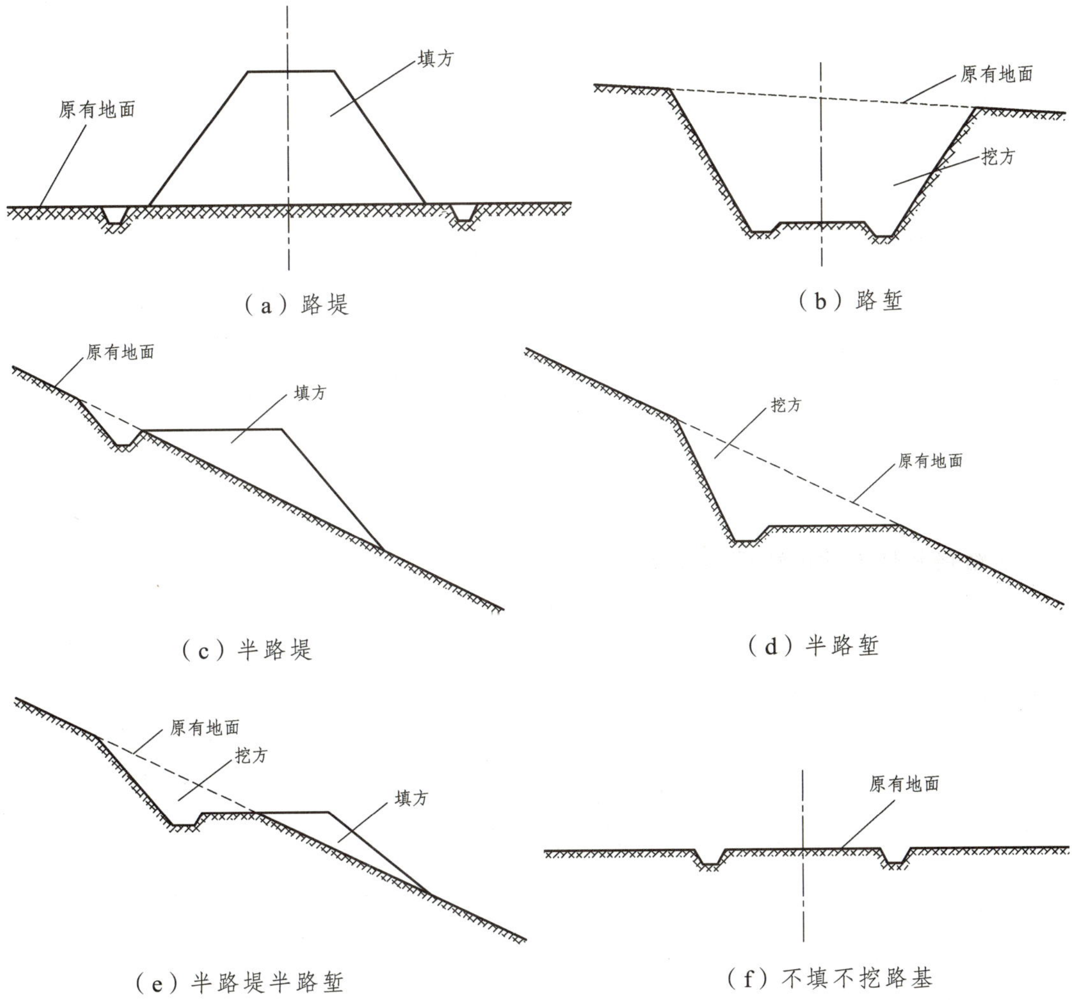

图 1-1　路基横断面形式

（1）路堤。当线路的路肩设计标高高于天然地面时，以填筑方式修筑而成的路基。

（2）路堑。当线路的路肩设计标高低于天然地面时，以开挖方式修筑而成的路基。

（3）半路堤。当天然地面横向倾斜，路堤的路基面边线和天然地面相交，在与天然地面相交线以上部分无填方修筑而成的路基。

（4）半路堑。当天然地面横向倾斜，路堑的路基面一侧边缘和横向倾斜的地面相交，在与天然地面相交线以下部分无挖方修筑而成的路基。

（5）半路堤半路堑。当天然地面横向倾斜，其路基面一部分以填筑方式构成，而另一部分以开挖方式构成的路基。

（6）不填不挖路基。当线路的路肩设计标高与经过清理后的天然地基面相同，无须填、挖方的路基。

在铁路线路工程中，路基常见的两种基本形式是路堤式和路堑式。

三、路基本体

直接铺设轨道结构并承受列车荷载的部分，称为路基本体。路基本体由路基面、路肩、边坡、基床及基底几部分组成，如图 1-2 所示。

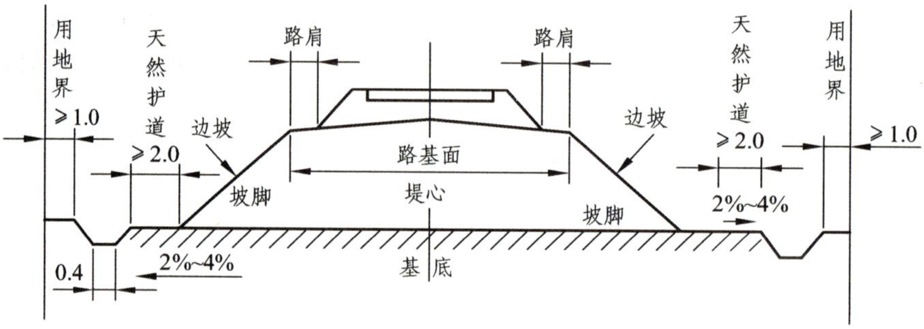

图 1-2　路基本体组成

1. 路基面

路基面由在其上面铺设轨道的部分及路肩组成，在路堑中为堑体开挖后形成的构造面。

路基面做成有横向排水坡的拱状，称为路拱，以利于排除雨水，避免路基面处积水使土浸湿软化，造成病害。路拱的形状为三角形，由路基中心线向两侧设 4%的人字排水坡，如图 1-3 所示。曲线加宽时，路基面仍应保持三角形，仅将路拱外侧坡度放缓。

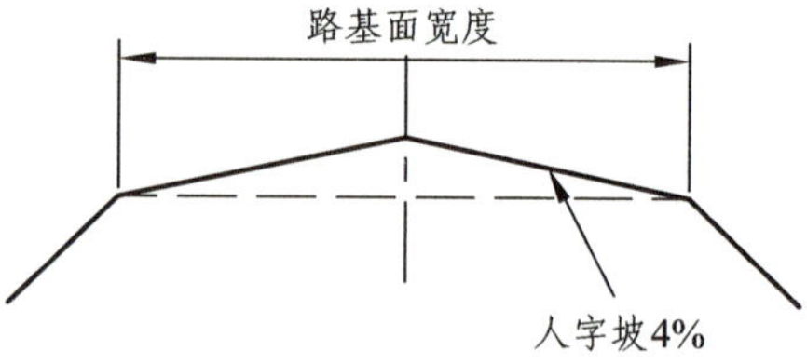

图 1-3　区间线路路拱的形状

路基面的宽度等于道床覆盖的宽度加上两侧路肩的宽度之和。当道床的标准为既定时，路基面的宽度便决定于路肩的宽度。

2. 路　肩

路基顶面中，道床覆盖以外的部分称为路肩。其作用是保护路堤受力的堤心部分，防止道砟滚落，保持路基面的横向排水，供养护维修人员行走、避车、放置养护机具，供防洪抢险临时堆放砂石料，供埋设各种标志、通信信号、电力给水设备等。因此，路肩必须在考虑了施工误差、高路堤的沉落与自然剥蚀等因素以后，保持必要的宽度。

我国现行规范规定的标准为：Ⅰ、Ⅱ级铁路路堤的路肩宽度不应小于 0.8 m，路堑的路肩宽度不应小于 0.6 m。

3. 边 坡

路基两侧的边线称为路基边坡。边坡常修筑成单坡形、折线形或阶梯形，每一坡段坡面的斜率以边坡上下两点间的高差与水平距离之比表示，当高差为 1 单位长时，水平距离折算为 m 单位长，则斜率为 $1:m$。在路基工程中，以 $1:m$ 方式表示的斜率称为坡度。边坡与地面的交点，在路堤中称为坡脚，在路堑中称为堑顶。

路堤坡脚与排水沟或取土坑边缘之间的天然地面称为护道，其宽度不小于 2.0 m，以保护路堤坡脚免受排水沟或取土坑中水流的冲刷而危及路堤边坡的稳定性。护道表面应平顺，并有 2%～4%的向外排水坡。

4. 基 床

基床是指路基上部受列车动荷载作用和水文气候变化影响较大的土层，其状态直接影响列车运行的平稳和速度的提高。如图 1-4 所示，基床分为表层及底层，Ⅰ级铁路由路肩施工标高至其下 0.6 m 为基床表层，表层以下 1.9 m 为基床底层；Ⅱ级铁路由路肩施工标高至其下 0.5 m 为基床表层，表层以下 1.5 m 为基床底层。基床底层的顶部和基床以下填料部位的顶部应设 4%的人字排水坡。

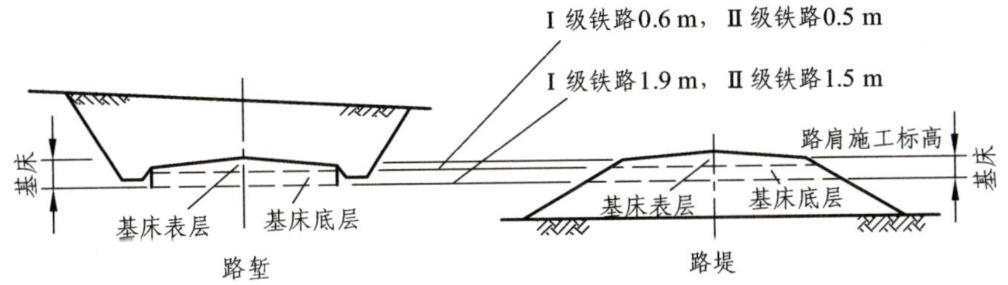

图 1-4 基床结构图

5. 基 底

路堤下地基内承受路堤及轨道、列车等荷载作用的部分称为路堤基底。在路堑中，因为路基是在地基内以开挖方式构成的，所以，路堑的基底为路堑边坡土体内和堑底路基面以下的地基内产生应力变化的部分。基底的稳固对路基本体以及轨道的稳定性都至关重要。因此，在软弱基底上修筑路堤时，必须对基底进行处理，以免危及行车安全与正常运营。

四、路基防护和加固

路基坡面长期裸露在自然界中，受自然风化及雨水冲刷的破坏作用，会出现边坡剥落、局部凹陷、表土溜滑、坡脚被掏空崩塌等不同的坡面变形，进而破坏路基边坡的稳定性。因此，对路基坡面地表水流的洗蚀应及时进行坡面防护，并修筑排水设备，保证排水通畅。常用的坡面防护措施有：种草、铺草皮、植树、抹面、灌浆和砌石护坡等。此外，还可以设置挡土墙或其他拦挡建筑物。挡土墙如图 1-5 所示。

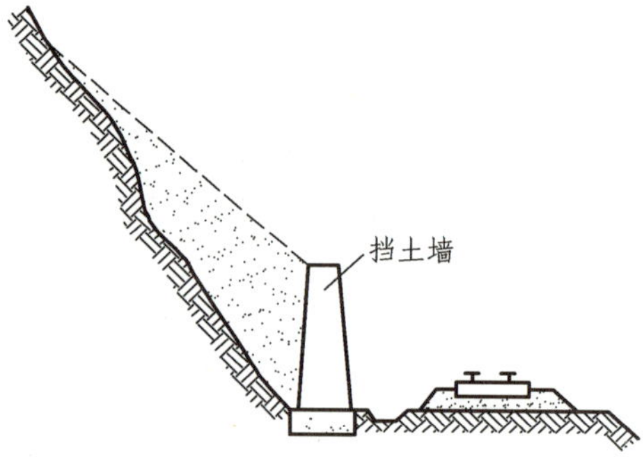

图 1-5　挡土墙

五、路基排水

1. 区间路基排水

为保持路基经常处于干燥、坚固和稳定状态，路基上设有一套完整的排水设备，如纵向排水沟、天沟、侧沟等，如图 1-6 所示。

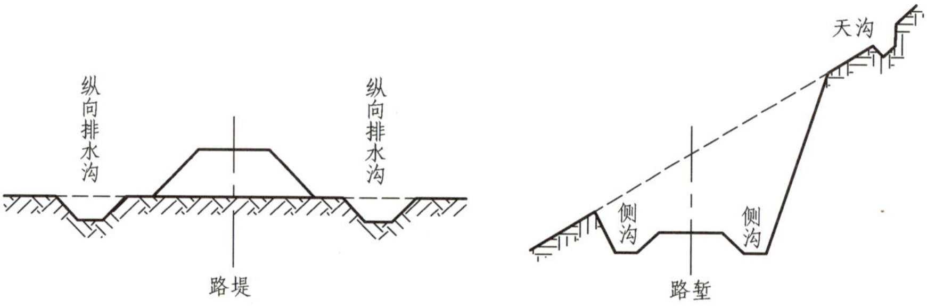

图 1-6　路基地面排水设施

1）排水沟

路堤填筑有弃土可利用时，路堤地表排水应在护道以外迎水一侧或两侧设排水沟。一般可采用底宽 0.4 m、深度 0.6 m 的梯形断面。干旱少雨地区，深度可减至 0.4 m。在无其他防护与加固设施时，铁路用地地界可划定在取土坑或排水沟外侧顶缘外不小于 1 m 处。

2）天　沟

当堑顶上坡方向一侧无弃土堆时，如有地表水流向路堑，应设天沟截引，天沟与堑顶边缘的距离应不少于 5 m。天沟的横断面与侧沟相同，一般采用底宽 0.4 m、深度 0.6 m 的梯形断面，天沟的两侧边坡根据土质条件可取为 1∶1～1∶1.5。

3）侧　沟

路基面两侧的排水沟称为侧沟，用以排引路基面和边坡上的地面水。一般黏性土和细砂土的路堑侧沟，底宽不应小于 0.4 m，沟深不应小于 0.6 m。一般黏性土的侧沟边坡，靠线路一侧为 1∶1，靠田野一侧与边坡陡度一致。岩石路堑的侧沟可修建成槽形，底宽和深度均不应小于 0.4 m。侧沟的纵坡不应小于 2‰，一般应取与路堑线路纵坡相同的坡度。

除了地面水以外，地下水也是破坏路基坚实、稳固的一个重要因素。为了拦截地下水，降低地下水位，常采用渗沟和渗管等地下排水设备，如图 1-7 所示。地下水渗入渗沟后，可通过渗管纵向排出路堑。

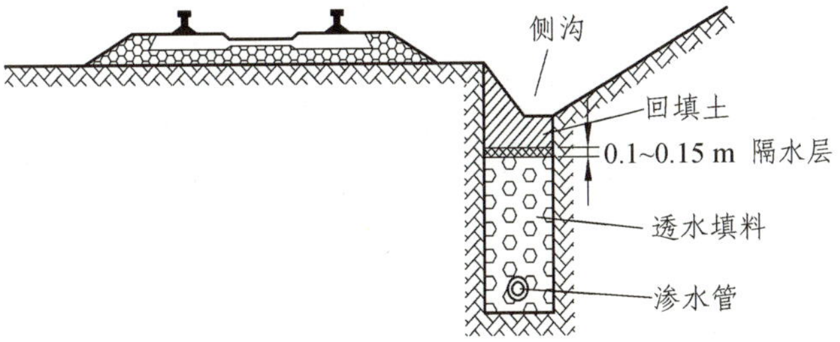

图 1-7　渗沟和渗管

2. 站场路基及排水

站场路基面一般不设路拱，而应设有横向坡度以利排水，其坡度根据土质种类、道砟种类、降水量及同一坡面上的线路数目确定，一般以 2%为宜。

站场路基面的形状，可根据车站路基宽度、排水要求及路基填挖情况确定。在线路数目较少的中间站，可设为单面坡或双面坡横断面，如图 1-8 所示。而在线路数目较多的区段站、编组站、客运站及大型货场等，则多设为锯齿形横断面，如图 1-9 所示。

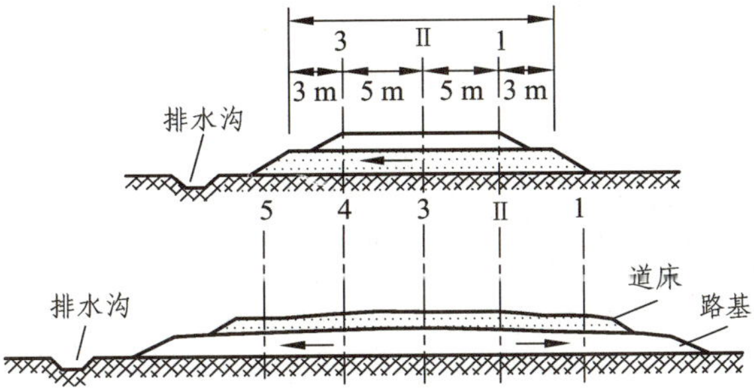

图 1-8　单、双面坡站场路基横断面

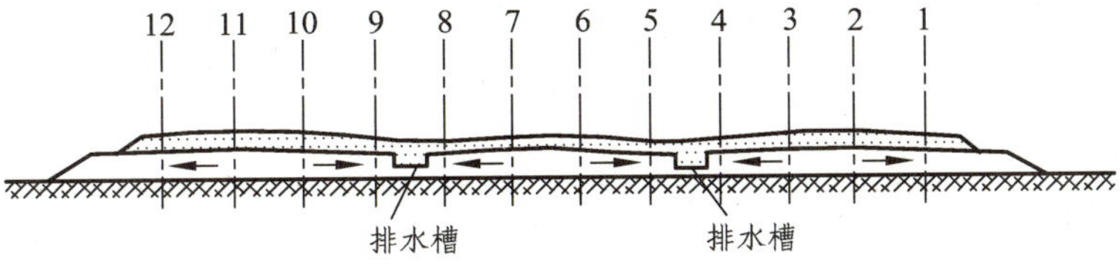

图 1-9　锯齿形站场路基横断面

站场路基排水系统主要由横向、纵向排水设备组成。

图 1-10 为某中间站站场排水系统平面布置示意图。该站共 4 条线路，站场路基面

呈双面坡，在 3 道与基本站台间和 4 道外侧均设有带盖板的纵向排水槽。地表水可经纵向排水槽及横向排水涵管排出站外。

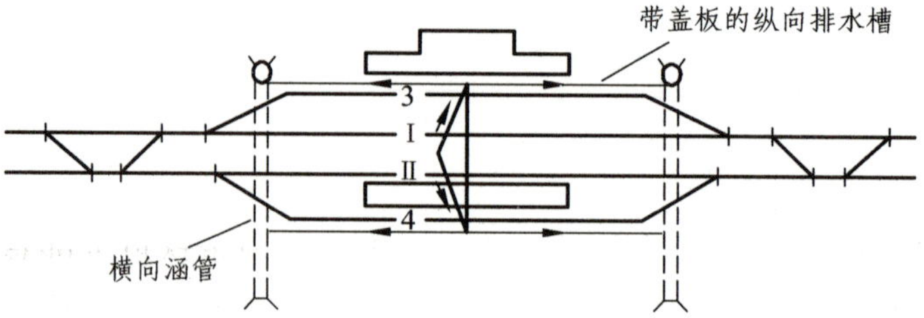

图 1-10　中间站站场排水系统平面布置图

六、路基病害

路基在列车荷载的作用和自然条件（如雨水、风沙等侵蚀）的影响下，不可避免地会引起路基土壤力学性质发生变化，形成路基病害。常见的路基病害有翻浆冒泥、路基冻胀、滑坡和边坡塌方。

1. 翻浆冒泥

土质路基顶面因道床污染及排水不良，在列车反复振动作用下形成泥浆向上翻冒现象，称为翻浆冒泥。此病害会使道砟陷入路基面，造成轨道下沉和变形，引起轨面坑洼，导致列车运行的不平稳，甚至会危及行车安全。翻浆冒泥的整治办法是排除地表水，降低地下水位，彻底清筛道床，加铺砂垫床或更换路基顶面土壤等。

2. 路基冻胀

路基冻胀是在严寒地区铁路线路上，由于路基排水不良和地下水侵蚀，在严寒季节发生的路基顶面不均匀隆起的现象。冻胀使轨道出现高低不平，将严重危及行车安全。路基冻胀的整治办法是排除地表水和降低地下水位，更换土质，改良土质或将炉渣覆盖在路基基床表层作保温材料。

3. 滑　坡

滑坡指在一定的地形地质条件下，由于地表水的大量侵入或地下水的作用，土体或岩体在重力的作用下，沿某一层面或软弱带作整体缓慢或急速滑动的现象。滑坡的综合防治办法为拦截地下水，排除地表水和修建支挡建筑。

4. 边坡塌方

山区铁路的路基多为深堑高堤，地质构造复杂。在雨季，由于雨水侵蚀，洪水冲刷，土质路基变软、石质路基岩石发生风化，在列车荷载作用下，路基边坡发生坍塌叫边坡塌方。在北方地区裂隙中的水冻结后，体积膨胀，也会导致边坡塌方。为防止边坡塌方，可在坡面种草或铺片石，必要时可在边坡坡脚处砌挡土墙。

案例与职业素养

浙江萧甬铁路余姚段路基塌陷事故

一、案例介绍

1. 事故概况

2005 年 5 月 9 日上午，浙江萧甬铁路路基发生整体下沉事故，发生塌陷的铁路位于浙江余姚市牟山镇境内，塌陷路段全长 100 多米，两条铁道全部悬空，塌陷处的铁轨严重变形，路基旁的树木、电线杆纷纷倾倒，旁边的一条机耕路也被横向折断，向南侧平移了 5 ~ 6 m，导致行车中断。萧甬铁路是一条连接杭州和宁波的铁路，起点是杭州钱塘江南岸的萧山站，终点在宁波南站，全长 147.32 km。此次塌方软土地基长度超过 150 m，深度达到 5 ~ 10 m，如图 1-11 所示。

图 1-11　路基下沉事故现场

2. 事故原因

从塌陷的情况可以看出，附在软土表层的道砟路基变软，路基出现缺口，其内部软土流出，引发塌陷。

二、职业素养

铁路安全关系到人民群众的生命财产，一方面要避免人员疏忽造成事故，另一方面也要避免自然灾害引发的事故。针对本事故产生的原因，铁路部门组织专家进行研究并最终确定解决方案。

拓展知识

青藏铁路如何解决冻土难题？

冻土是青藏铁路工程建设面临的主要难题之一，线路经过多年冻土区长达 550 km。攻克多年冻土难题，是建设世界一流高原铁路的关键。

为确保列车在冻土地段的安全运行，青藏铁路在建设时期就确立了“主动降温、冷却地基、保护冻土”的设计理念，主要采取了以下工程措施：

（1）埋设热棒。热棒是一种由碳素无缝钢管制成的高效热导装置，埋入地下 5 m，露出地面 2 m。热棒的结构大致为一个密闭空心长棒，具有独特的单向传热性能：热量只能从地面下端向地面上端传输，反向不能传热。内装有一些液氨，液氨沸点较低，在冬季土中热量使该液体蒸发到顶部，通过散热片将热量传导给空气，冷却后又液化回到下部，保持冻土冷冻状态不松软。在夏季，液体全部变成气体，气体对流很小，热量向底部传导很慢，如图 1-12 所示。

图 1-12　青藏铁路（线路两侧为热棒）

（2）适当提高路基填土高度，用天然土保温。

（3）在路基埋设 5 ~ 10 cm 的工业保温层（PU、EPS 等）。

（4）埋设通风管，就是在路堤中埋设直径 30 cm 左右的金属或混凝土横向通风管，可以有效降低路基温度。

（5）采用块石路基，即用碎块石填筑路基，利用填石路基的通风透气性，隔阻热空气下移，同时吸入冷量，起到保护冻土的作用。

（6）在少数极不稳定冻土地段修建低架旱桥，工程效果有保证，但造价高。

青藏铁路开通运营以来，冻土区段路基正逐步趋于稳定，冻土稳定性经受住了夏季和冬季的考验。

第二节　桥隧建筑物

微课：桥隧建筑物

当铁路线路要跨越江河、溪沟、谷地及山岭，或与既有公路、铁路形成立体交叉时，就需要修建桥隧建筑物，以使铁路线路得以继续向前延伸。桥隧建筑物包括桥梁、隧道、涵洞、明渠、天桥、地道、跨线桥、调节河流建筑物等。本节主要介绍桥梁、隧道、涵洞。

一、桥　梁

1. 桥梁的组成

桥梁主要由桥面、桥跨结构、墩台及基础、支座等部分组成，如图 1-13 所示。

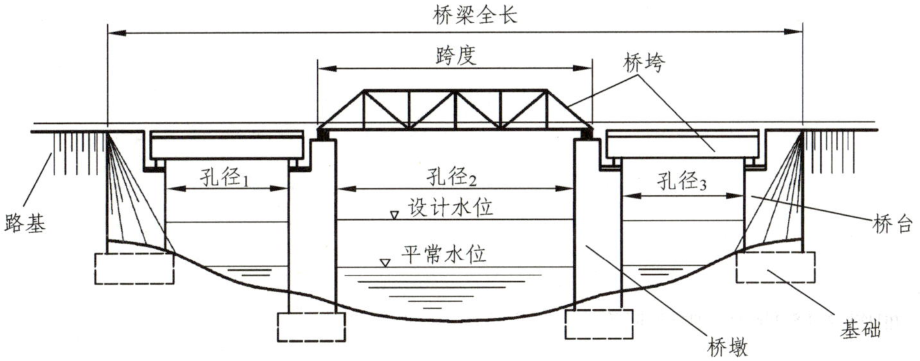

图 1-13　桥梁的组成

桥面是指桥上的路面，即铺设轨道和供人行走的部分，通常包括有砟桥面和无砟桥面两种。无砟桥面又叫明桥桥面，其钢轨和轨枕直接铺在钢梁或木梁上。为保证行车和桥下行人安全，大中桥及跨线桥上应铺设护轨，其作用是当机车车辆在桥头或桥上脱轨时，能将脱轨车轮限制于基本轨和护轨之间的轮缘槽内，以免机车车辆撞击桥梁或自桥上坠下。跨线桥和车站内的桥一般不采用无砟桥面。

桥跨结构是桥梁承受荷载、跨越障碍的部分。

墩台是支撑桥跨结构的建筑物，包括桥墩和桥台，设于桥梁中部的称为桥墩，设于桥梁两端并连接路基的叫作桥台。基础设置在桥墩与桥台的底部，其作用是支撑墩台自身的重量、桥跨重量、列车重量和冲击力等，并把这些力传到地基。

支座是连接墩台和桥跨结构的构件，分为固定支座和铰支座两种。

两个相邻墩台之间的空间叫桥孔。每个桥孔在设计水位处的距离叫作孔径。从桥跨结构底部到设计水位的高度以及相邻两墩台之间的限界空间，叫作桥下净空。桥梁的孔径和桥下净空应能满足泄洪、排水及船舶通航的要求。每一桥跨两端支座间的距离，叫作跨度。整个桥梁包括墩台在内的总长度，是桥梁的全长。

2. 桥梁的分类

桥梁的种类很多、形式多样，一般可按桥梁的建造材料、桥梁长度、桥梁外形以及桥梁跨越的障碍等加以区分。

（1）按桥梁长度（L）分：小桥（$L \leq 20$ m）、中桥（20 m $< L \leq 100$ m）、大桥（100 m $< L \leq 500$ m）和特大桥（$L > 500$ m）等。

（2）按桥梁的结构形式分：梁式桥、拱式桥、刚架桥、悬桥和斜拉桥，如图 1-14 所示。

梁式桥——用梁作为桥跨结构的桥；

拱式桥——桥跨结构为拱形的桥；

刚架桥——桥跨结构与桥墩或桥台刚性连接的桥；

悬桥——用桥塔支撑锚于两岸（端）的缆索，借助挂于缆索上的吊杆悬吊桥面和梁形成桥跨结构的桥；

斜拉桥——以斜拉索连接索塔和主梁作为桥跨结构的桥。

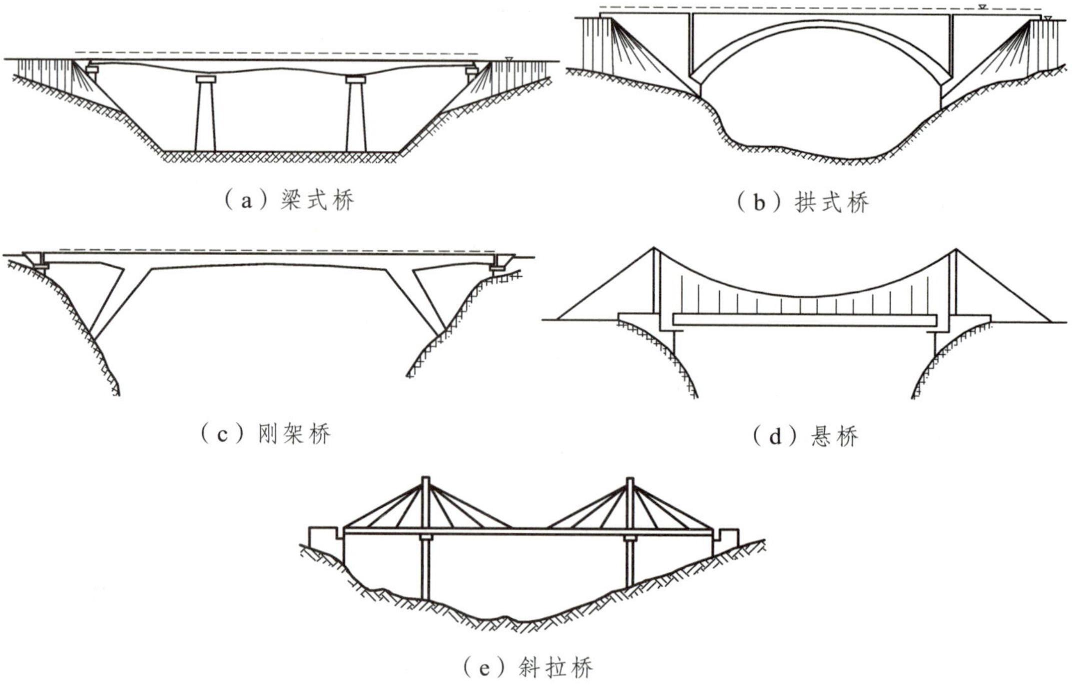

图 1-14　各式桥梁（一）

（3）按桥面在桥跨结构的位置分：上承桥——桥面位于桥跨结构上面；中承桥——桥面位于桥跨结构中部；下承桥——桥面位于桥跨结构下部，如图 1-15 所示。

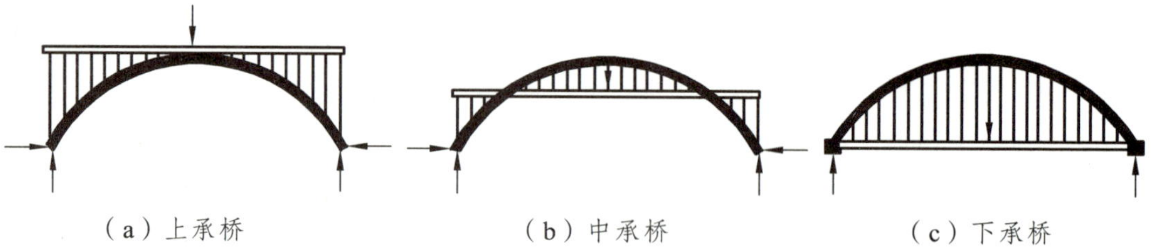

图 1-15　各式桥梁（二）

（4）按桥梁跨越的障碍分：跨河桥——跨越江河、湖泊；跨线桥——又称立交桥，铁路、公路相互交叉时所建的桥梁，如图 1-16 所示；高架桥——又称栈桥或旱桥，跨越宽谷、深沟，如图 1-17 所示。

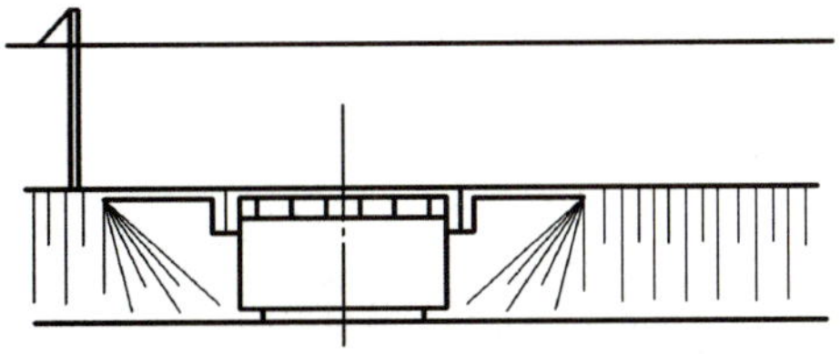

图 1-16　跨线桥

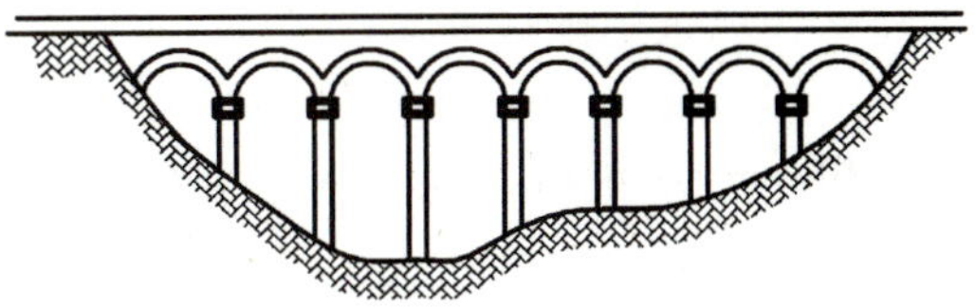

图 1-17　高架桥

3. 桥梁荷载

一座桥梁所承受的荷载主要包括恒载和活载两部分。恒载指桥梁结构本身的自重，活载主要指列车重量及列车运行中产生的冲击力。建桥时桥梁各部分结构要根据铁路线路等级、桥跨材料及跨度，适应列车重量、密度、速度发展的需要，要符合《铁路桥涵设计基本规范》。

桥梁在使用过程中应严格限定其运用条件，经长期使用后其荷载能力会降低，为保证行车安全应定期进行检定，荷载能力不能满足需要时，应对其进行加固或更新。

列车在桥上高速运行时，由于车体弹簧的振动、轨面不平顺及机车动轮的不平顺冲击等原因，会对桥梁产生较大的冲击力。因此，可适当降低列车过桥速度，以减少荷载对桥梁的作用。

二、隧　道

铁路隧道是线路跨越山岭时，为避免开挖很深的路堑或修建很长的迂回线，而修建的穿越山岭的建筑物。此外，还有建筑在河床、海峡或湖底下的水底隧道和建筑在大城市地下的地下铁道。

1. 隧道的分类

铁道隧道按长度（L）可分为短隧道（$L\leqslant 500$ m）、中长隧道（500 m $< L \leqslant$ 3 000 m）、长隧道（3 000 $< L \leqslant$ 10 000 m）和特长隧道（$L >$ 10 000 m）。

按所在位置和埋藏条件又可分为傍山隧道、越岭隧道、地下铁道、深埋和浅埋隧道。

按洞内行车线路的数量还可分为单线隧道、双线隧道及多线隧道。

2. 隧道的构造

隧道一般由洞身、衬砌、洞门、避人（车）洞等组成。

（1）洞身：洞身是隧道的主要组成部分，其长度由两端洞门的位置决定。洞身是列车通过的通道，为保证行车安全，洞身必须按建筑限界标准修建。

（2）衬砌：衬砌的作用是承受地层的压力，防止坑道周围地层的变形，防止岩石的风化和坍落，维护坑道轮廓不侵入建筑限界的范围，以确保行车安全。目前，主要是采用整体灌注式衬砌，由拱圈、边墙、托梁和仰拱所组成，如图 1-18 所示。

（3）洞门：洞门是隧道进出口处，其主要作用是保证洞口土体仰坡和边坡的稳定，并通过洞门位置的排水系统将仰坡流下的雨水引离隧道，以防止水流冲刷洞门，如图 1-19 所示。

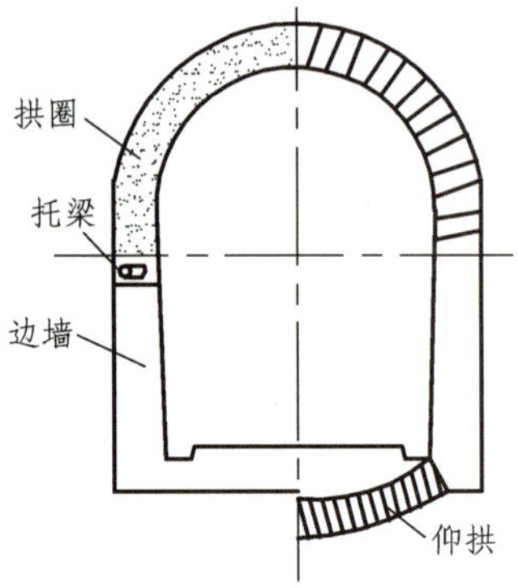

图 1-18　隧道内部衬砌

图 1-19　隧道洞门

（4）避人（车）洞：为使工作人员、行人及运料小车避让列车，在隧道的两侧互相交错修建了避人洞和避车洞。它们是隧道的附属建筑物。

三、涵　洞

涵洞设在路堤下部的填土中，是用以通过水流或行人的一种建筑物。

涵洞主要由洞身（由若干管节所组成）、基础、端墙和翼墙所组成，如图 1-20 所示。管节埋在路基之中，具有一定的纵向坡度（从进口向出口），以便排水。端墙和翼墙的作用是便于水流进出涵洞，同时还可以保护路堤边坡，使它不受水流的冲刷。

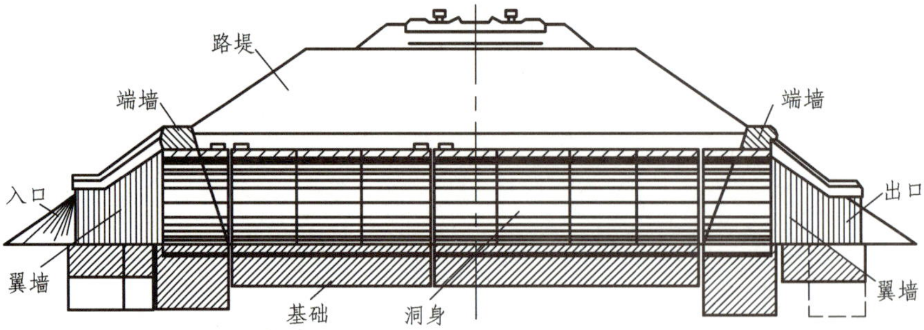

图 1-20　涵洞

按照建筑材料的不同，涵洞有石涵、混凝土涵、钢筋混凝土涵、铁涵等多种。涵洞的截面有矩形、圆形、拱形等不同形式。涵洞的孔径一般为 0.75 ~ 6.0 m。

案例与职业素养

“9.25”浩吉铁路货物列车脱轨铁路交通较大事故

一、案例介绍

2020 年 9 月 25 日 23 时 14 分，73644 次货物列车运行至浩吉铁路韩城北站至集义站间集义隧道内，与从 1 号竖井横通道涌出、侵入线路的卵石土相撞，造成机车及机后 1～18、40～45 位车辆脱轨，列车停于隧道内 K474＋075 处，中断浩吉铁路行车 47 小时 16 分。事故未造成人员伤亡，造成直接经济损失 3 083.51 万元，其中：机务损失 996 万元，工务损失 171.5 万元，电务损失 24.36 万元，供电损失 33 万元，车辆损失 548.2 万元，抢险救援费用 1 310.45 万元。

二、职业素养

施工单位要严格按照建设工程设计要求、技术标准和合同约定组织施工，切实履行施工质量安全主体责任。

拓展知识

武汉长江大桥

武汉长江大桥是我国第一座横跨长江的桥梁，如图 1-21 所示，大桥为公路铁路两用桥，全桥总长 1 670 m，其中：正桥 1 156 m，西北岸引桥 303 m，东南岸引桥 211 m。上层为公路桥，双向四车道，两侧有人行道，宽 22.5 m，其中：车行道 18 m，设 4 车道；车行道两边的人行道各 2.25 m。下层为双线铁路桥，宽 14.5 m，可供两列列车同时对开。桥身为三联连续桥梁，每联 3 孔，共 8 墩 9 孔。每孔跨度为 128 m，对巨轮终年航行无阻起了很大的作用。

正桥的两端建有具有民族风格的桥头堡，各高 35 m，从底层大厅至顶亭，共 7 层，有电动升降梯供人上下。附属建筑和各种装饰，均极协调精美，整座大桥异常雄伟。若从底层坐电动升降梯可直接上大桥公路桥面参观，眺望四周，望大江东去，整个武汉三镇连成一体尽收眼底，也打通了被长江隔断的京汉、粤汉两铁路，形成完整的京广线，使人心旷神怡，浮想联翩，真是“一桥飞架南北，天堑变通途”。

武汉长江大桥是新中国成立后在“天堑”长江上修建的第一座大桥，也是古往今来长江上的第一座大桥，是我国第一座复线铁路、公路两用桥，建成之后，成为连接我国南北的大动脉，对促进南北经济的发展起到了重要的作用。

图 1-21　武汉长江大桥

复习与思考

1. 铁路线路由哪几部分组成？
2. 何谓路基？路基的作用是什么？
3. 路基横断面形式有几种？
4. 路基本体由哪几部分组成？
5. 路基面的形状如何？
6. 何谓路肩？路肩的作用是什么？对路肩宽度有哪些要求？
7. 边坡是如何规定的？
8. 护道的作用是什么？宽度为多少？
9. 路基有哪些排水设备？有哪些防护加固方式？
10. 路基常见病害有哪几种？如何防治各种路基病害？
11. 桥隧建筑物包括哪几部分？
12. 铁路道桥梁由哪几部分组成？桥梁如何分类？
13. 简述桥梁的荷载种类。
14. 简述隧道的作用和组成。
15. 简述涵洞的作用。

第二章 轨 道

主要内容

轨道的组成，各组成部分的作用及技术状态要求；直线地段轨距、水平，曲线地段轨距加宽；无缝线路基本原理及组成；线路养护维修的要求。

重点掌握

轨道的组成及技术状态要求，直线地段轨距、水平的规定。

轨道是列车运行的基础，其作用是引导列车运行，直接承受车轮的动压力，并传到路基、桥梁和隧道等基础结构上。

目前世界各国铁路使用的轨道结构有：有砟轨道结构和无砟轨道结构。有砟轨道结构是传统的轨道结构。随着运量、轴重和速度的不断提高，传统有砟轨道结构也在不断优化加强，轨道部件不断更新。近年来，随着高速铁路和客运专线建设，我国还针对不同的运营条件，铺设了不同技术类型的近万千米的无砟轨道结构。这些无砟轨道结构在平顺性和列车高速运行性能、少维修以及全寿命周期费用等方面占有相当大的优势。本章介绍的轨道主要是指有砟轨道。

微课：轨道各组成部分

第一节 轨道各组成部分

轨道一般由钢轨、轨枕、道床、联结零件、防爬设备和道岔等部件组成，如图 2-1 所示。

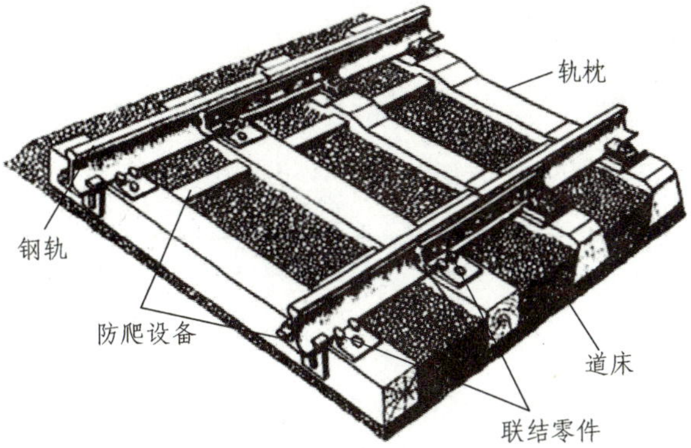

图 2-1 轨道的基本组成

一、钢 轨

钢轨的作用是直接承受车轮的压力并将其传递到轨枕上，同时引导车轮的运行方向，在电气化铁道或自动闭塞区段，钢轨还起到轨道电路的作用。因此，它应当具备足够的强度、韧性和耐磨性。

1. 钢轨的断面形状

为了使钢轨具有最佳的抗弯性能，钢轨的断面形状采用“工”字形，由轨头、轨腰和轨底组成，如图 2-2 所示。钢轨头部呈弧形以适合轮轨的接触，为了耐磨和抵抗压溃，应具有足够的面积和厚度。钢轨的腰部应有足够的高度，以提高钢轨抵抗挠曲的能力。钢轨底部应有足够的厚度和宽度，以保证其稳定性。

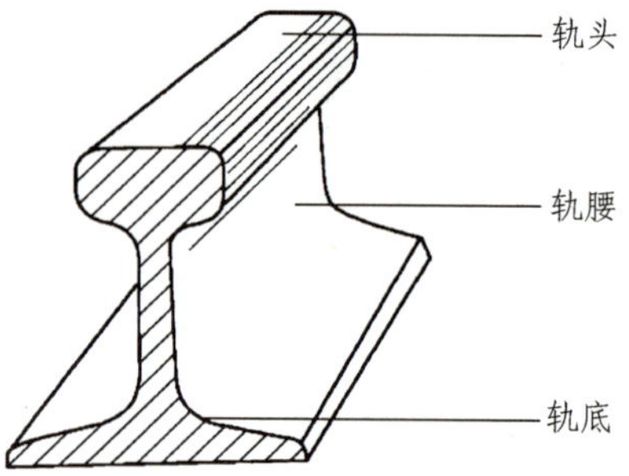

图 2-2　钢轨断面形式

2. 钢轨的类型

在我国，钢轨的类型或强度以每米长度的大致质量（kg/m）表示，现行的标准钢轨类型有：75 kg/m、60 kg/m、50 kg/m 及 43 kg/m。

我国各种类型钢轨的标准断面尺寸见表 2-1。

表 2-1　钢轨断面主要尺寸

钢轨类型 /（kg/m）	每米质量 /kg	截面面积 /cm^2	钢轨高 /mm	轨道宽 /mm	轨头宽 /mm	轨头高 /mm	轨腰厚 /mm	标准长度 /m
75	74.41	95.04	192	150	75	55	20	12.5
60	60.64	77.45	176	150	73	48	16.5	12.5
								25
50	51.51	65.80	152	132	70	42	15.5	12.5
								25
43	44.65	57.00	140	140	70	42	14.5	12.5
								25

3. 钢轨长度和轨缝

1）钢轨长度

钢轨的长度较长，可以减少接头的数量、减轻列车振动，提高铁路运输的安全性和旅客的舒适性。目前我国钢轨的标准长度有 12.5 m、25 m、50 m、75 m 和 100 m 五种。普通有缝线路轨道正线、到发线宜采用 25 m 标准长度的钢轨；其余站线可采用 12.5 m 标准长度的钢轨。

曲线地段外股轨线比内股轨线长，为保证两股钢轨接头采用对接方式，在曲线上的内股钢轨采用厂制标准缩短轨。缩短轨有比 12.5 m 钢轨短 40 mm、80 mm、120 mm 的三种以及比 25 m 钢轨短 40 mm、80 mm、160 mm 的三种。

2）轨　缝

普通线路上铺设的钢轨一般为标准长度的钢轨，为便于钢轨伸缩，施工时，应在钢轨接头处预留适当的缝隙，这一缝隙称为轨缝。钢轨接头的预留轨缝应根据钢轨长度、当地历史最高及最低轨温、更换钢轨或调整轨缝时的轨温经计算确定。一般情况下，有缝线路轨道施工时钢轨接头轨缝宜按 8 mm 取值；钢轨绝缘接头轨缝不得小于 6 mm。

在列车长期运行作用下，钢轨会不可避免地产生各种伤损，如折断、裂纹及磨耗过限等。为保证列车运行安全，出现钢轨伤损时应及时更换。

二、轨　枕

轨枕的作用是支撑钢轨，并将钢轨传来的压力传递给道床，同时有效地保持钢轨的位置方向和轨距。轨枕应具有必要的坚固性、弹性和耐久性，并且造价低、制作简单、铺设及养护方便。

轨枕按照制作材料分，主要有混凝土枕和木枕两种，如图 2-3 所示。木枕具有弹性好、形状简单、加工容易、重量轻、铺设和更换方便等优点。其主要缺点是消耗大量木材，使用寿命较短。经过防腐处理的木枕，一般可用 15 年左右。为了保护生态平衡和森林资源，木枕的使用将越来越受限制。混凝土轨枕使用寿命长、稳定性能高、养护工作量小，加上材料来源较广，所以在我国铁路上得到广泛采用，不仅可以节省大量木材，还有利于提高轨道的强度和稳定性。

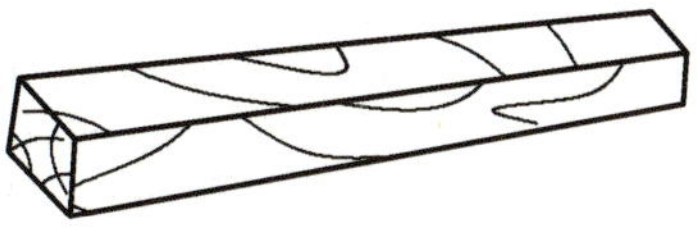

（a）木枕

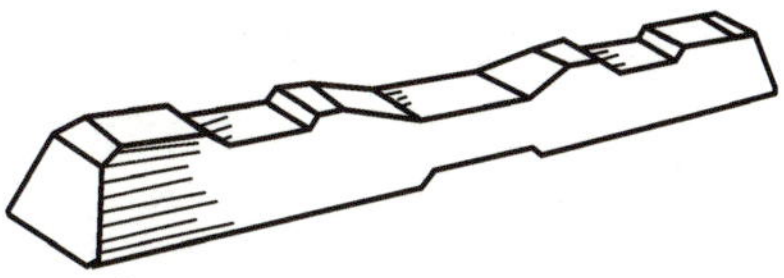

（b）混凝土枕

图 2-3　轨枕

我国普通铁路采用的混凝土枕，按承载能力分为Ⅰ、Ⅱ、Ⅲ级。普通轨枕长度为 2.5 m，道岔用的岔枕和钢桥上用的桥枕，其长度有 2.6～4.85 m 多种。

另外我国铁路还有一种混凝土宽枕（又称轨枕板），其外形和普通混凝土轨枕相似，但比普通混凝土轨枕宽而且稍薄，它在线路上是连续铺设的。

采用混凝土宽枕的轨道沉陷小，也不易发生坑洼不平和道床的脏污现象。同时，由于它的底部和道床、上部和轨底的接触面积增大了，因而提高了线路的稳定性，改善了钢轨的受力条件，有利于高速行车。目前，我国已在隧道内、大桥桥头、大型客运站上采用，并在主要干线上也逐步扩大使用。

线路上的轨枕类型及配置数量，应根据运量、线路允许速度及线路设备条件等确定，一般为 1 440 ~ 1 840 根/km。

三、联结零件

联结零件包括中间联结零件和接头联结零件两类。

1. 中间联结零件

中间联结零件（又称中间扣件）的作用是将钢轨紧扣在轨枕上，并保持其稳固位置，防止钢轨作相对于轨枕的纵、横向移动。

中间联结零件因轨枕的不同，有木枕扣件和混凝土扣件两类。

1）木枕扣件

木枕扣件主要包括道钉和垫板。其连接方式是先用道钉将垫板与木枕扣紧，再另用道钉将钢轨、垫板与木枕一同钉连在一起，如图 2-4 所示。在钢轨与木枕面之间置有垫板，其目的在于增加木枕与轨底的接触面积，使木枕经久耐用。同时，由于它的顶面做成 1∶40 的斜度（叫作轨底坡），使线路上的钢轨具有适当的内倾斜，以有利于防止和减轻轮对的蛇行运动。

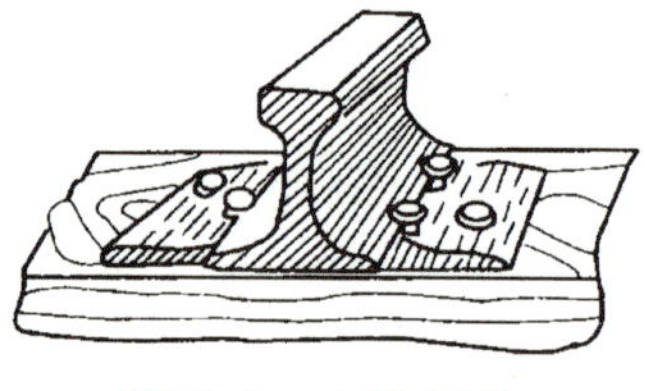

图 2-4　木枕扣件

2）混凝土枕扣件

混凝土枕扣件按其结构分为扣板式、拱形弹片式和ω形弹条式三种，如图 2-5 所示。其中扣板式、拱形弹片式扣件主要配置于 20 世纪六七十年代的老型混凝土枕，现在只在一些支线和专用线上还在使用，正线已淘汰。ω形弹条式扣件分为Ⅰ、Ⅱ、Ⅲ三种类型。Ⅰ、Ⅱ型弹条是有挡肩、有螺栓扣件，Ⅲ型弹条是无挡肩、无螺栓扣件，一般用于有砟高速轨道结构。

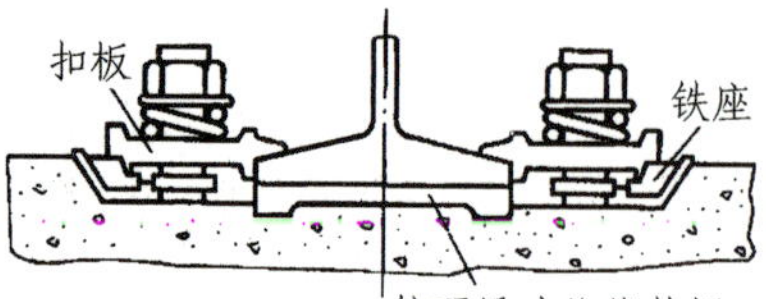

（a）扣板式扣件

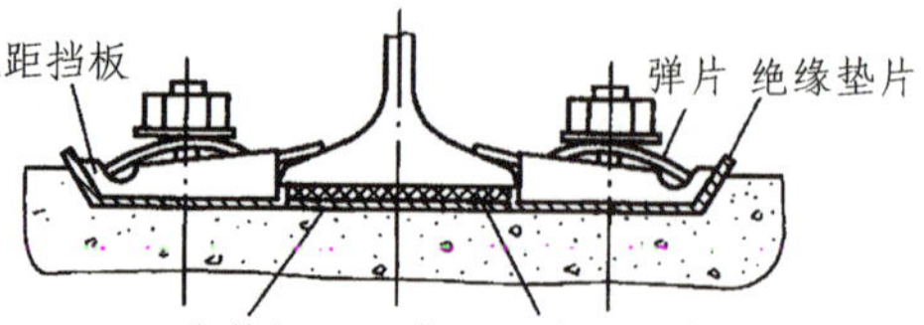

（b）拱形弹片式扣件

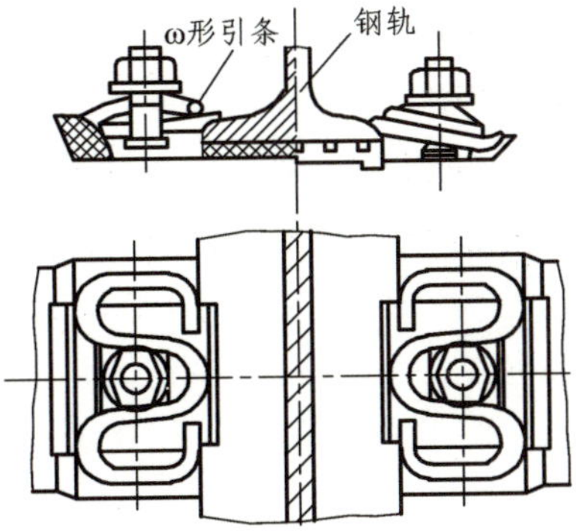

（c）ω形弹条式扣件

图 2-5 混凝土枕扣件

2. 接头联结零件

接头联结零件（又称接头扣件）是用来连接钢轨与钢轨之间的接头，它包括夹板、螺栓、螺帽和弹性垫圈等，用于把钢轨连接成一个整体。连接时，先用两块鱼尾板夹住钢轨，然后用螺栓拧紧，如图 2-6 所示。

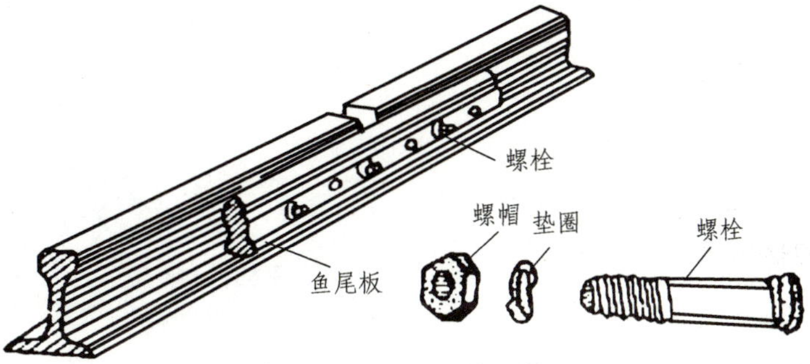

图 2-6 接头联结零件

根据钢轨接头所处位置不同，分为导电接头和绝缘接头两种，如图 2-7 和图 2-8 所示。

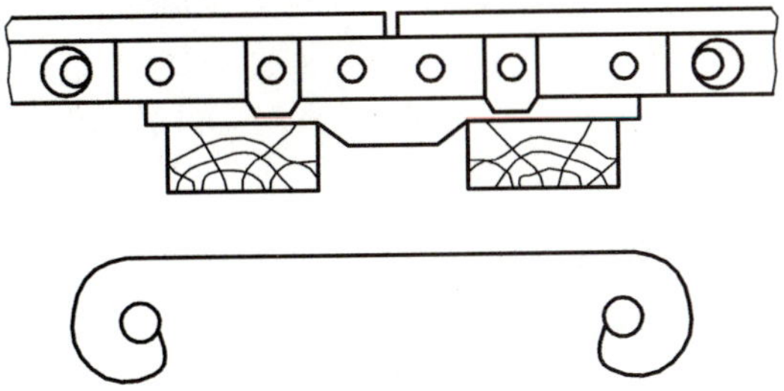

图 2-7 钢轨导电接头

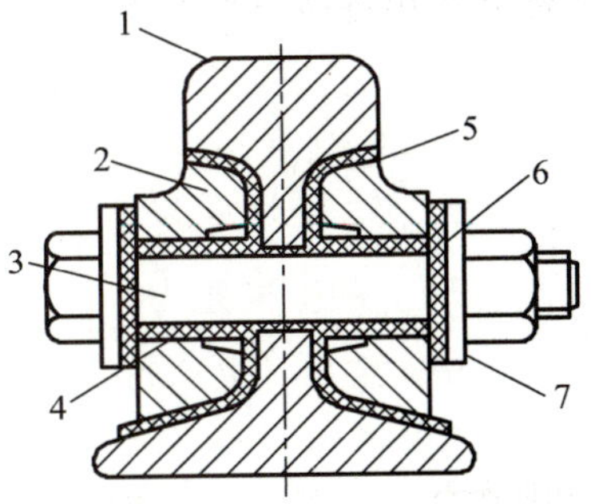

1—钢轨；2—接头夹板；3—高强绝缘螺栓；4—绝缘套管；5—槽型绝缘板；6—高强绝缘垫圈；7—高强钢平垫。

图 2-8 钢轨绝缘接头

1）导电接头

导电接头设于自动闭塞区段及电力牵引区段的钢轨接头处，用来传导信号电流或作为牵引电流回路。钢轨接头处的轨间导电装置为两根直径 5 mm 左右的镀锌铁丝。铁丝两端插入截头锥形的镀铅插销中，插销则插入轨腰上的圆孔中。

2）绝缘接头

绝缘接头设于自动闭塞分区两端的钢轨接头处，用来保证轨道电流不能从这一闭塞分区传到另一闭塞分区。在夹板与螺栓间、钢轨螺栓孔四周及两轨接缝处，均用绝缘材料隔断电流。

四、道 床

道床是铺设在路基面上的石砟（道砟）垫层。其主要作用有支撑轨枕，把从轨枕上部的压力均匀地传递给路基；固定轨枕的位置，阻止轨枕纵向或横向移动；缓和机车车辆轮对对钢轨的冲击；调整线路的平面和纵断面。

道床的材料应当具有坚硬、不易风化、富有弹性并有利于排水的特点。常用的材料有碎石、卵石、粗砂等。其中以碎石为最优，我国铁路一般都采用碎石道床。

道床的断面呈梯形，其顶面宽度、边坡坡度及道床厚度等均按轨道的类型而定。

五、防爬设备

1. 轨道爬行

因列车运行时纵向力的作用，使钢轨产生纵向移动，有时甚至带动轨枕一起移动，这种现象叫轨道爬行。

轨道爬行是引起轨道破坏，产生线路病害的重要因素之一。它能引起轨枕位置歪斜、间隔不正确或轨缝不均，尤其会带动一部分轨枕和接头轨枕一起移动，造成夹板、螺栓拉弯或拉断，拉弯中间扣件，拉裂木枕，或使轨枕离开原来捣固坚实的道床面，对轨道的破坏性极大，严重时还会危及行车安全。因此，必须采用有效措施加以防止。

轨道爬行经常出现在单线铁路的重车方向（运量大的方向）、双线铁路的行车方向、长大坡道下坡方向及进站前的制动距离内。

2. 防爬措施

1）加强轨道的纵向阻力

拧紧接头螺栓，可提高接头阻力；加强中间扣件联结，可提高扣件阻力；加强捣固，可提高道床阻力。

2）设置防爬设备

防爬设备有防爬器和防爬撑两种。我国铁路广泛采用穿销式防爬器，如图 2-9 所示。它由带挡板的轨卡和穿销组成。安装时，将轨卡的一边紧紧地卡住轨底；另一边用楔形穿销楔紧，使整个防爬器牢固地卡在轨底上。

为充分发挥防爬器的防爬能力，常在轨枕间安装防爬撑，将若干根轨枕联系起来，如图 2-10 所示。

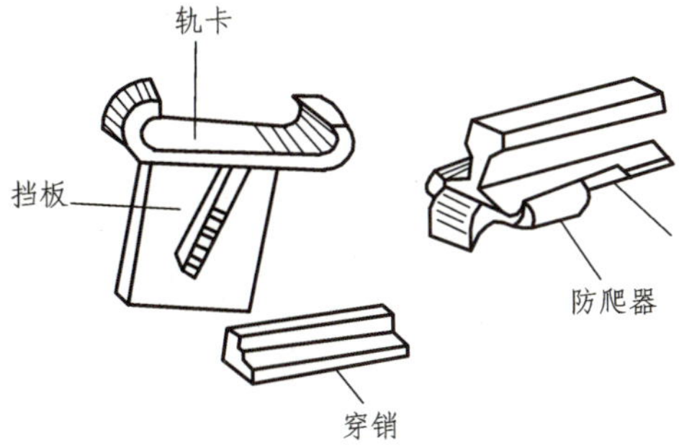

图 2-9　穿销式防爬器

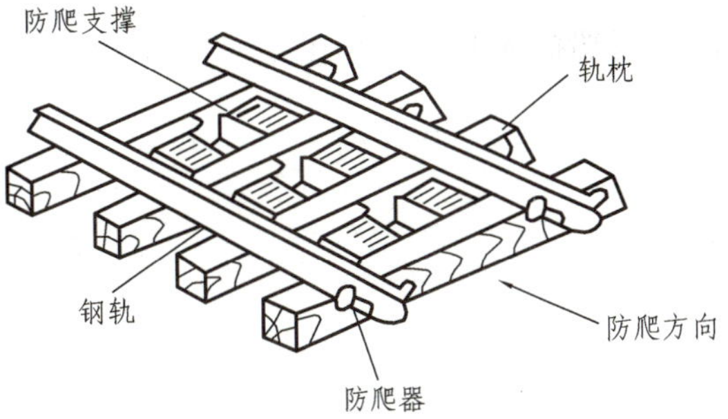

图 2-10　防爬设备组成

案例与职业素养

“3 · 30”京广线 T179 次旅客列车脱轨铁路交通较大事故

1. 事故概况

2020 年 3 月 30 日 11 时 40 分，由济南开往广州的 T179 次旅客列车运行至京广线下行 1 855 km 642 m 处，因撞上滑塌体发生列车脱轨事故，造成机车及机后第 1～8 位车辆脱轨，1 名乘警殉职、122 名旅客和 5 名列车工作人员受伤，中断京广下行线行车 21 小时 28 分、上行线行车 22 小时 08 分。事故造成 122 名旅客受伤，其中重伤 4 人、轻伤 118 人。6 名列车工作人员伤亡，其中死亡 1 人、轻伤 5 人。事故造成直接经济损失为 2 235.317 2 万元。事故现场如图 2-11 所示。

图 2-11　“3 · 30”京广线 T179 次旅客列车脱轨事故现场

2. 事故原因

2020 年 3 月连续强降雨加剧了各种动静水压作用，导致上部全风化红层砂质泥岩覆盖层浸水软化，湿容重增大，强度降低；雨水下渗至顺坡结构面及土岩接触带，致使该部位岩土软化、泥化，抗剪强度大幅降低，下滑推力不断加大，为该滑塌的产生提供了重要的触发条件。

墙顶线以上浅表风化土层之中下部土岩交界面附近首先产生蠕动滑移变形，然后逐渐向上牵引发展扩大，上下形成贯通滑裂面后，产生局部浅层滑塌，对挡墙形成挤压，并向下触动墙后局部顺倾岩体，共同推挤挡墙，导致挡墙下部 1 ~ 2 m 处被压剪破坏、突发倒塌。上部边坡土体因下部无支撑而形成牵引滑动体，其后缘发展至天沟附近，造成天沟拉裂下错。下部滑塌体堆覆占压铁路下行线。

T179 次旅客列车运行接近该地段时，受天气影响和地理条件限制，司机瞭望距离不足导致停车不及，列车与线路上的滑塌体相撞。

3. 职业素养

要牢固树立安全生产责任意识，要强化风险意识，克服天灾难防思想和侥幸心理，采取有力有效措施，加强风险分析研判。同时加强铁路防洪安全隐患排查和护路联防联控，筑牢安全防线，尽可能避免此类事故的再次发生，全力维护铁路运输安全。

拓展知识

无砟轨道

无砟轨道是利用成型的组合材料代替道砟，其将轮轨力分布并传递到路基基础上，是一种少维修的轨道结构，如图 2-12 所示。

图 2-12　博格板式无砟轨道

无砟轨道结构一般由钢轨、轨枕、混凝土整体道床、联结零件和道岔等部件组成。

路基上的无砟轨道一般由基础防冻层、支撑层、防排水系统、钢轨扣件系统以及其他附属设施共同构成，而桥梁和隧道中的无砟轨道系统构成则具有不同的特点。一般成熟的无砟轨道系统都具有完善的适用于各种基础（桥梁、隧道、土路基和岔区等）的形式，若有减振降噪需求则配有配套的质量-弹簧减振系统，或在轨道板上安装多孔隙吸声的混凝土预制铺面，满足降噪要求。

目前无砟轨道在 300 ~ 350 km/h 的高速铁路已得到广泛应用，并已体现出明显的优越性，取得了良好的技术和经济效益。无砟轨道具有结构连续、平顺、稳定、耐久和少维修的性能，可满足高速、安全、舒适和运行准点等行车要求。

第二节　轨道的几何形位

轨道几何形位是指轨道各部分的几何形状、相对位置和基本尺寸。为了保证行车安全，在直线地段，两股钢轨顶面应保持在同一水平和一致的方向。在曲线段，应使外股相对于内股保持一定的高差，小半径曲线地段轨距要进行适当加宽。在不致影响列车安全与正常运行前提下，对上述的标准要求，都允许有一定的误差。

一、直线地段的轨距和水平

1. 轨　距

轨距是钢轨头部踏面下 16 mm 范围内两股钢轨工作边之间的最小距离。我国铁路直线轨距标准规定为 1 435 mm，如图 2-13 所示。大于 1 435 mm 者称为宽轨距，小于 1 435 mm 者称为窄轨距。在我国昆明铁路局还有部分线路采用的轨距为 1 000 mm，我国台湾铁路采用的轨距为 1 067 mm。此外，世界其他国家铁路采用的轨距还有 1 524 mm、1 676 mm 等。

为使机车车辆能顺利通过轨道，轨道的轨距必须略大于轮对宽度。当轮对的一个车轮轮缘紧贴钢轨作用边时，另一个车轮轮缘与钢轨作用边之间就留有一定的空隙，此空隙称为游间，如图 2-14 所示。从图中可以看出：

$$S_0 = q + \delta$$

由于轮缘和钢轨之间有一个活动量，使轮缘能在两股钢轨之间自由滚动而不会卡住。

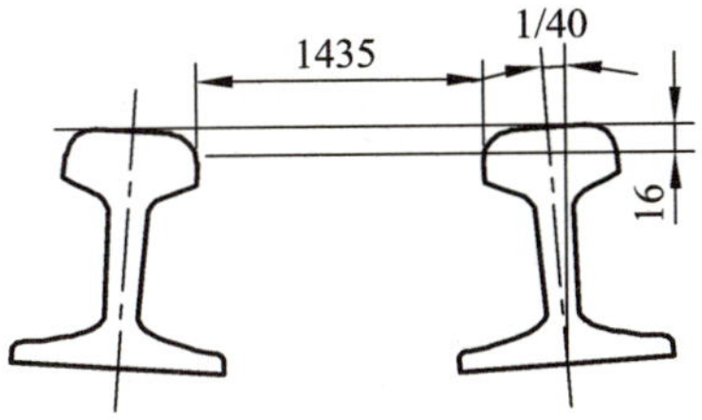

图 2-13　轨距

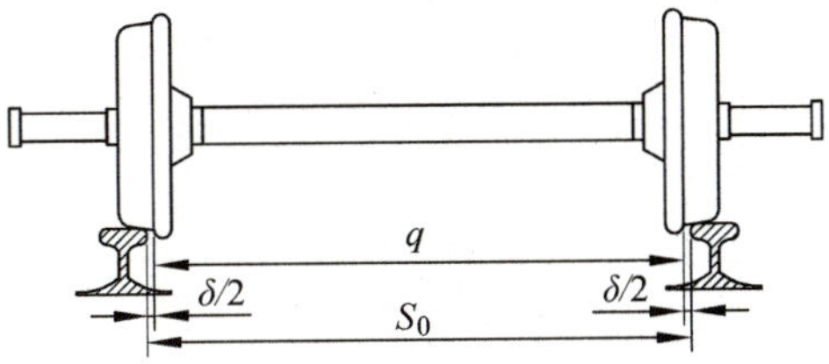

S_0—轨距；q—轮对宽度；δ—游间。

图 2-14　轮对与轨距的关系

在机车车辆运行的动力作用下，轨距可能产生一定的偏差。《铁路技术管理规程》（普速铁路部分，以下简称《技规》）规定的轨距静态允许偏差见表 2-2。

表 2-2　线路、道岔轨距静态允许偏差

线路允许速度/（km/h）	$v≤120$	$120<v≤160$	$160<v≤200$
线路/mm	+6 −2	+4 −2	±2
道岔/mm	+3 −2	+3 −2	±2

注：轨距静态允许偏差是指轨道在不承受列车荷载作用下使用静态检测手段所测的轨距与设计轨距之允许偏差值。

轨距一般用专用的轨距尺测量。

2. 水　平

直线地段两股钢轨的顶面应保持在同一水平，以保证列车平稳运行和两股钢轨磨耗均匀。但在保证列车安全的前提下也允许有一定的误差。如有误差，在正线和到发线上不允许超过 4 mm，其他站线不得大于 6 mm。水平也是用轨距尺进行检测的，与轨距的检测同步进行。

二、曲线地段的轨距和水平

1. 轨距加宽

机车车辆走行部中只能保持平行而不能做相对运动的车轴中心线间的最大距离，叫作固定轴距，如图 2-15 所示。由于机车车辆具有固定轴距，在曲线上运行时转向架的纵向中心线与曲线轨道中心线并不一致，因而引起转向架前一轮对外侧车轮轮缘和后一轮对的内侧车轮轮缘挤压钢轨，增加走行阻力。为了使机车车辆顺利通过曲线，因此对小半径曲线的轨距要适当加宽。

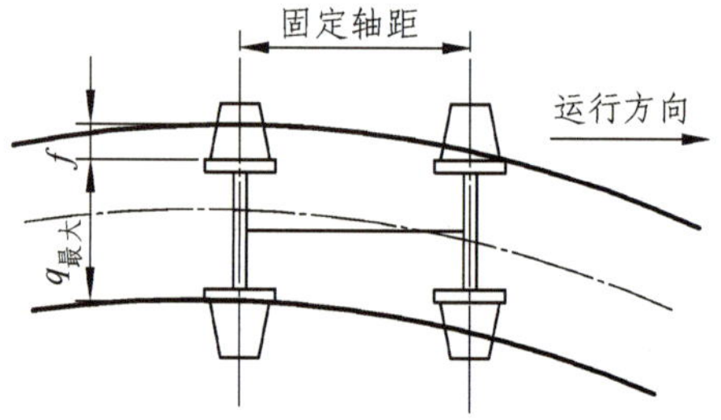

图 2-15　轨距加宽原因示意图

我国《技规》规定的曲线轨距加宽如表 2-3 所示。

表 2-3　曲线轨距加宽

曲线半径 R/m	加宽值/mm
$R≥295$	0
$295>R≥245$	5
$245>R≥195$	10
$R<195$	15

《普速铁路线路修理规则》中规定，曲线轨距加宽应在整个缓和曲线内递减，如无缓和曲线，则在直线上递减，递减率不得大于 1‰。在困难条件下，站线上的轨距加宽可按 2‰递减。

2. 外轨超高

由惯性定律可知，列车在曲线上运行时，任何瞬间都有向曲线的切线方向运行的趋势（我们把这种现象称为列车的离心力现象），然而由于曲线外轨和轮缘的接触，外轨迫使列车沿曲线运行。这样，外轨就有一个力作用于轮缘，力的方向与线路速度方向垂直并沿着半径指向圆心，这个力就是迫使列车做曲线运动的向心力。当然轮缘同样会有一个反作用力作用于外轨，从而使轮缘和外轨之间产生磨损。若是客车，则旅客同样由于要沿曲线切线方向运动，而产生不舒适感。

如何来解决列车在曲线上运行时轮轨间的磨损呢？常用的办法是将曲线外轨轨枕下的道床加厚，使外轨高于内轨，这种外轨与内轨之间的高差，叫作曲线外轨超高 (h)，如图 2-16 所示。

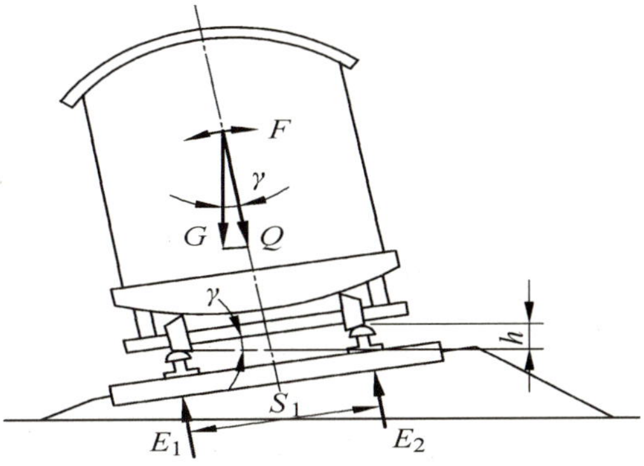

图 2-16　外轨超高原理图

曲线外轨超高量 (h)，通常可用下列公式计算：

$$h = 11.8\frac{v_j^2}{R}$$

$$v_j = \sqrt{\frac{\sum N_i Q_i v_i^2}{\sum N_i Q_i}}$$

式中　v_j ——列车平均运行速度，km/h；

R ——曲线半径，m。

N_i ——昼夜各类列车次数，列；

Q_i ——各类列车质量，t。

《普速铁路线路修理规则》规定，有砟轨道实设最大超高，在单线上不得大于 125 mm，在双线上不得大于 150 mm。无砟轨道实设最大超高不得大于 150 mm。

外轨超高和轨距加宽的设置办法，都是从缓和曲线的起点开始，逐渐增加，到圆曲线起点时，超高和加宽都应达到规定的数值。

三、轨　向

钢轨工作边纵向的平顺程度叫作轨道的方向，简称轨向。如果直线不直，曲线不圆顺，就会加剧车辆左右摇摆振动，增加横向水平推力，产生车轮、钢轨的不正常磨耗，破坏轨距，影响列车运行的平稳性。

为保证行车安全，必须定期检测轨向并及时整正。《普速铁路线路修理规则》规定：直线轨向必须目视顺直，允许偏差为 10 m 弦测量的最大矢度值。

检测直线轨向时，测者站在一股钢轨的里侧，目视前方找出轨向不良位置，在该处的前后钢轨轨头内侧顶面下 16 mm 处拉紧 10 m 长的弦绳，用钢尺量出钢轨内侧与弦绳间的最大水平距离，如图 2-17 所示。曲线轨向必须目视圆顺，检测曲线轨向时，一般在目视圆顺度不好的处所，用 20 m 弦绳沿曲线外轨头部内侧连续量取若干点正矢值，各点间距为 10 m。曲线正矢的检测，如图 2-18 所示。

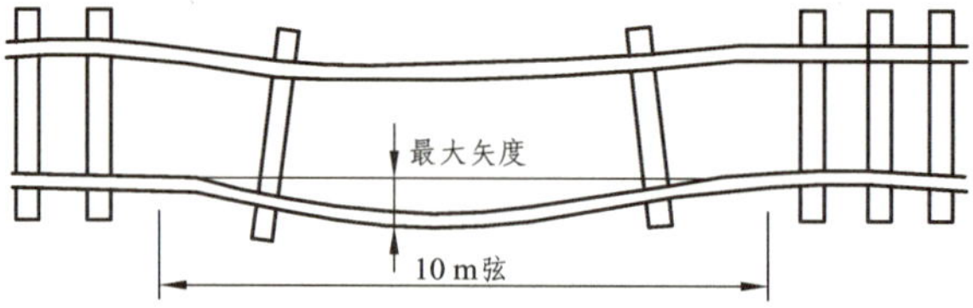

图 2-17　轨向检查示意图

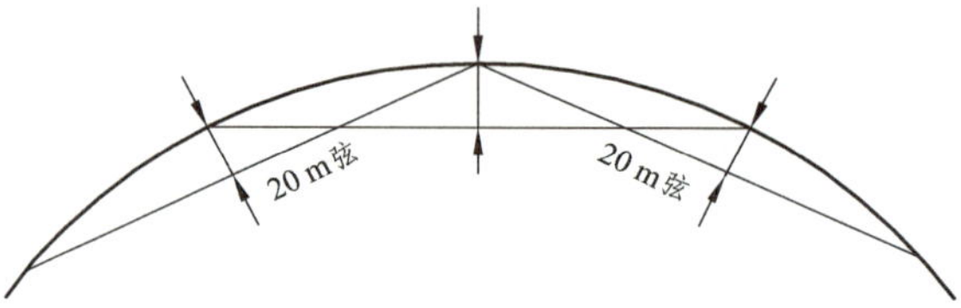

图 2-18　曲线正矢检测示意图

四、高　低

钢轨在纵向上的高低差称为高低。轨道前后高低的不平顺，危害极大。当列车通过这些处所时，冲击动力增大，使道床变形加快。《铁路轨道设计规范》规定：钢轨顶面要目视平顺，前后高低差用 10 m 弦绳量最大矢度，正线及到发线不超过 4 mm，其他线路不超过 6 mm。

检测时，先俯身目视找出不良处所，再将 10 m 弦绳（或量端垫入同样高的垫块）置于不良处所的钢轨面，用钢尺量出弦至轨面的最大距离，如图 2-19 所示。

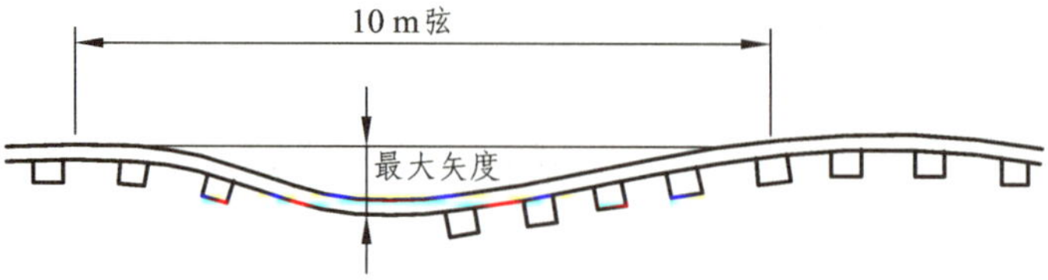

图 2-19　高低检测示意图

案例与职业素养

2000 年“9·25”京广线 2767 次货物列车脱轨行车重大事故

一、事故概况

2000 年 9 月 25 日 21 时 14 分，广州铁路（集团）公司长沙总公司京广线哲桥站内 3 号道岔处，2767 次货物列车（编组 53 辆，总质量 3 518 t，本务机为郴州机务段 DF40466 号机车）运行至此，机后第 5 ~ 29 位车辆颠覆，第 30 位车辆脱轨，颠覆车辆侵入上行正线；经救援于 28 日 3 时 0 分复旧，6 时 0 分开通线路。中断京广上下行正线行车 56 h 46 min；货车车辆报废 13 辆、大破 10 辆、中破 2 辆、小破 1 辆；钢轨报废 925 m，轨枕报废 1 672 根，道岔损坏 9 组，转辙机损坏 9 台；直接经济损失 536.8 万元；货物损失约 100 万元。构成行车重大事故。

二、职业素养

要强化铁路建设工程质量管理，全力维护铁路运输安全。

拓展知识

标准轨距的由来

标准轨距由最先使用铁路的英国提出。设计及建造斯托克顿至达林顿铁路的英国工程师罗拔·史蒂芬森提出采用 4 英尺 8½英寸（即 1 435 mm）的轨距，并成功说服火车制造商生产 1 435 mm 轨距的机车及车辆。由于史蒂芬森成功设计的铁路是众人模仿的对象，亦使这轨距变得流行。1845 年英国皇家专员建议采用 1 435 mm 作为标准轨距。次年英国国会通过法案，要求将来所有的铁路都使用标准轨。

第三节 无缝线路

无缝线路也叫长钢轨线路，就是把若干根标准长度的钢轨经焊接成为 1 000 ~ 2 000 m 而铺设的铁路线路。通常是在焊轨厂将标准轨焊接成 250 ~ 500 m 的轨条，再运到现场就地焊接后铺设。新建、改建铁路正线采用 60 kg/m 钢轨的跨区间无缝线路，重载铁路正线宜采用 60 kg/m 及以上类型钢轨的无缝线路。钢轨优先采用 100 m（60 kg/m）、75 m（75 kg/m）长定尺轨。

与普通线路相比，无缝线路在其长钢轨段内消灭了轨缝，从而消除了车轮对钢轨接头的冲击，使得列车运行平稳，旅客乘坐舒适，延长了线路设备和机车车辆的使用寿命，减少了线路养护维修工作量，并能适应高速行车和重载的要求，是轨道现代化的发展方向。

一、无缝线路的基本原理

无缝线路的类型有温度应力式和放散温度应力式两类，温度应力式为无缝线路的基本结构形式。

1. 钢轨内部的温度力

一根没有限制可以自由伸缩的钢轨，当轨温发生变化时，其自由伸缩量(ΔL)按下列公式计算：

$$\Delta L = \alpha \times L \times \Delta t \text{ (m)}$$

式中 α ——钢轨的线膨胀系数，取 0.000 011 8 m/（m·°C）;

L ——钢轨长度，m;

Δt ——轨温变化值，°C。

由上式可知，轨温变化将直接影响无缝线路的伸缩和轨道的稳定。无缝线路长钢轨由于扣件阻力和道床阻力作用，只能在长钢轨两端约 100 m 内（伸缩区）发生热胀冷缩，中间部分（固定区）不随轨温变化而伸缩，于是钢轨内储存了相应的温度应力，即钢轨纵向应力。根据胡克定律，钢轨内的温度应力值(σ_t)为：

$$\sigma_t = E\varepsilon = E\frac{\Delta l}{l} = E\frac{\alpha \Delta t l}{l} = E\alpha\Delta t \text{ (MPa)}$$

式中 E ——钢轨弹性模量，取 2.1×10^5(MPa)；

ε ——钢轨温度应变。

将 E 、α 代入上式得

$$\sigma_t = 2.1\times10^5 \times 0.000\,011\,8 \times \Delta t = 2.48\Delta t \text{ (MPa)}$$

钢轨所承受的温度力(P_t)按下列公式计算：

$$P_t = \sigma_t \times F = 2.48 \times F \times \Delta t \text{(kN)}$$

式中 F ——钢轨断面面积，m^2。

从以上公式可以得出如下结论：

（1）当钢轨已知前提下，钢轨内部产生的温度应力，仅与轨温变化幅度Δt 成正比关系，而与钢轨长度无关。因此，从理论上讲，无缝线路上的长轨条可以焊成任意长度，而不影响其内部的温度应力。这是铺设无缝线路尤其是全区间和跨区间无缝线路的理论依据。

（2）降低钢轨内部的温度应力，关键是控制轨温的变化幅度。

（3）无缝线路轨道除承受机车车辆动荷载外，还要承受巨大的温度力，这是无缝线路区别于普通线路的非常重要的特点，也是无缝线路设计、施工及维修养护工作中必须考虑的一个特殊问题。

2. 锁定轨温

锁定轨温是指锁定线路时（即铺设或维修时）的轨温。此时，钢轨内的纵向应力为零。

铺设无缝线路的关键是设法克服长钢轨因轨温变化而产生的温度力问题。为此，无缝线路上长钢轨的两端是用钢轨接头联结零件和防爬设备加以强制性固定的，其他部分也是采用强度大的中间联结零件和防爬设备使之紧扣于钢筋混凝土轨枕之上。当温度变化时，钢轨不能自由伸缩，只能在钢轨内部产生应力，该应力均匀地作用在钢轨的全长上。可见，选择适当的锁定轨温，对无缝线路的强度和稳定性具有很大影响。

选择锁定轨温是一件十分重要的工作，锁定轨温偏高，冬季产生的温度拉力大，易造成钢轨折断；反之，锁定轨温偏低，夏季产生的温度压力大，易使线路胀轨跑道，给行车带来危害。根据多年来铺设无缝线路的经验，在实际铺设时，无缝线路的锁定轨温，一般以稍高于当地历年最高轨温与最低轨温的中间值，作为锁定轨温。

3. 无缝线路区段划分

无缝线路通常是由一对长钢轨及两端各 2 ~ 4 对标准轨组成，即由固定区、伸缩区和缓冲区组成，如图 2-19 所示。长钢轨中部，钢轨的自由伸缩已全部被扣件阻力和道床阻力及防爬设备所约束，不能随轨温变化而伸缩，称为无缝线路的固定区或稳定区。长钢轨两端，钢轨所受到的扣件阻力及道床阻力是逐渐增大的，温度力是逐渐被克服的，因此接头处钢轨会有部分伸缩，称为伸缩区或呼吸区。缓冲区一般由 2 ~ 4 对标准轨或厂制缩短轨组成，有绝缘接头时为 4 对，采用胶接绝缘接头时为 3 对或 5 对，目的是便于调整轨缝，放散应力和修理及更换绝缘接头和道岔。

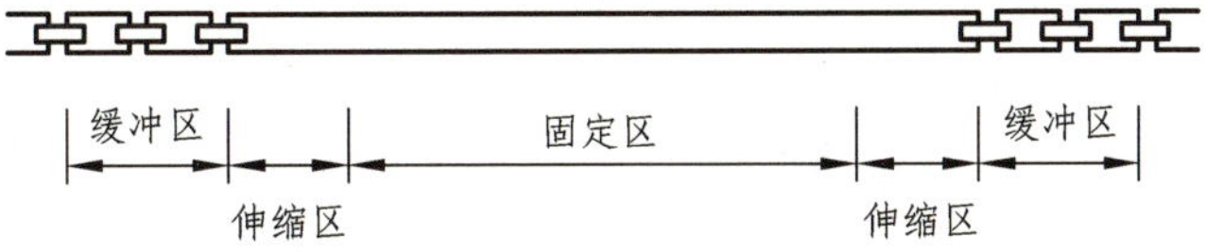

图 2-20 无缝线路区段划分

由于普通无缝线路仍存在缓冲区，所以无缝线路的优越性没有得到充分发挥；同时缓冲区的存在对无缝线路的受力状态也有不良影响，随着高速重载运输的发展，要求必须强化轨道结构，全面提高线路的平顺性和整体性。为此要求把缓冲区消除，将无缝线路轨条延长，甚至与道岔连成一体，我国称之为超长无缝线路或跨区间无缝线路。

二、跨区间无缝线路

跨区间无缝线路是普通无缝线路的一种完善，从本质上说与普通无缝线路没有太大的区别，但在结构、铺设、养护维修等方面还是具有不同的特点。钢轨胶接绝缘接头、无缝道岔、桥上无缝线路技术是各国实现跨区间无缝线路的三大主要关键技术。

1. 钢轨胶接绝缘接头

胶接绝缘接头由以下部件组成：钢轨、全断面夹板、绝缘胶板、高强度套管、绝缘端板、高强度螺栓、平垫圈，经高温、加压固化而成，如图 2-21 所示。钢轨胶接绝缘材料以热胶为主，大多数采用工厂生产。钢轨胶接绝缘接头是用胶接的绝缘接头代替原来的缓冲区，消除了轨缝，为列车的运行提供连续平滑的运行表面，绝缘接头是实现跨区间无缝线路的关键轨道部件之一，具有整体性好、强度高、刚度大、绝缘性能好、寿命长、养护少等特点。但是，要注意胶接绝缘接头不同于焊接接头，不能承受撕扯力，且缺少弹性，不能承受过大的弯曲和撞击，所以在运输和铺设的过程中，要尽量避免发生剧烈摔打、弯曲和撞击。目前，在我国的大部分跨区间无缝线路设置的都是胶接绝缘接头。

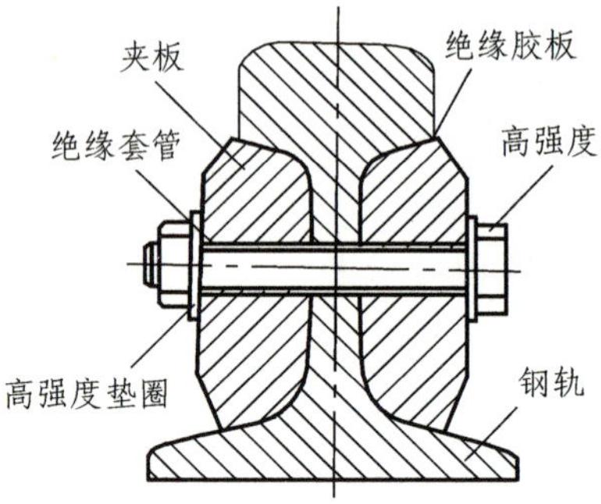

图 2-21　钢轨胶接绝缘接头

2. 道岔无缝化

为使列车快速通过道岔，将道岔和轨道间接头采取焊接或者胶接等方式，消除道岔与轨道、道岔与道岔之间的缝隙，并将道岔两端与无缝线路焊接形成无缝道岔。由于消灭了钢轨接头，因此简化了道岔结构，提高了平顺性，延长了各部件的寿命，同时减少了养护维修，这样就保证了列车的运行平稳性与安全性。

在技术上，跨区间无缝线路的轨条可以任意长，这样，穿越车站时钢轨必须和道岔连接在一起。道岔无缝化是发展跨区间无缝线路的一项重大技术环节，特别是当轨温相对于锁定轨温变化时，道岔区钢轨承受的纵向力以及产生的位移，将影响到道岔的强度和稳定性以及行车的安全性。由于道岔内钢轨接头焊接或胶接，而且道岔两端与无缝线路长轨条焊连，形成直股和侧股都无轨缝的道岔，所以无缝道岔中钢轨附加温度力和变形的分析是其设计、铺设和维修的核心和主要难点，关系到跨区间无缝线路的成败。

3. 桥上无缝线路

桥上无缝线路不同于铺设在一般路基上的无缝线路，桥上无缝线路除受到列车动载荷、温度力、制动力外，还受到由于桥梁的伸缩或挠曲变形产生的梁轨相互作用力——纵向附加力。附加纵向力增加了钢轨应力，并反作用于桥梁，再通过桥梁作用于墩台。此外，桥上无缝线路钢轨一旦断裂，不仅危及行车安全，还将产生断轨附加力，并通过桥跨结构作用于墩台上。因此，设计桥上无缝线路时，为保证安全，必须考虑在上述各种力的联合作用下，保证钢轨、桥跨结构及墩台满足各自的强度条件、稳定条件以及钢轨断缝条件。

我国从 1963 年开始，先后在一些中小跨度的不同类型的桥梁（简支梁、连续梁、桁梁、有砟无砟桥）上铺设无缝线路，并对桥上无缝线路梁轨相互作用的原理进行大量的试验研究，涉及了多种类型桥梁上无缝线路纵向力作用规律，以及桥梁墩顶位移（高墩）等多种因素的影响，并建立了桥上无缝线路伸缩附加力、挠曲附加力的计算原理和计算方法，为我国在桥上铺设无缝线路奠定了基础，在一些特大桥上铺设了无缝线路，如南京长江大桥、武汉长江大桥、九江长江大桥等。

案例与职业素养

“7.23” 甬温线特别重大铁路交通事故

一、事故概况

2011 年 7 月 23 日 20 时 30 分 05 秒，甬温线浙江省温州市境内，由北京南站开往福州站的 D301 次列车与杭州站开往福州南站的 D3115 次列车发生动车组列车追尾事故。此次事故已确认共有六节车厢脱轨，即 D301 次列车第 1 ~ 4 位，D3115 次列车第 15、16 位。事故造成 40 人死亡、172 人受伤，中断行车 32 小时 35 分钟，直接经济损失 19 371.65 万元。事故现场如图 2-22 所示。

图 2-22 “7.23” 甬温线事故现场

二、事故原因

“7.23” 甬温线特别重大铁路交通事故是一起因列控中心设备存在严重设计缺陷、上道使用审查把关不严、雷击导致设备故障后应急处置不力等因素造成的责任事故。

三、职业素养

铁路职工必须牢固树立安全意识，坚持“安全第一，预防为主，综合治理”的方针，加强安全管理，健全规章制度，完善作业标准，强化应急预案，统筹优化高铁规划布局和发展，切实保证人民生命财产的安全。

拓展知识

无缝线路的铺设流程

铺设无缝线路按流程包括焊接、装卸、运输、换轨、整修等主要作业。

1. 轨条装、运、卸

（1）轨条装、运、卸作业严禁摔、撞，防止扭曲、翻倒，以免造成损伤和硬弯。

（2）轨条装车时，应根据长轨列车运行途中线路的平面条件，严格控制轨条端头与长轨列车承轨横梁间的距离，防止运行途中轨条端头顶、撞横梁，并安装好间隔铁和分层紧固约束装置，防止轨条前后窜动和左右摆动。

（3）长轨列车运行必须执行有关规定，防止紧急制动，并应由专人负责，做好运行监护、停车检查工作，确保运行安全。一旦使用紧急制动，应在前方车站停车，随车作业人员应对长轨列车状态和长轨装载状态进行全面检查。

（4）卸轨前应整平砟肩、清除障碍物，轨条应卸在轨枕端头外，并采取措施防止侵入限界。

2. 现场焊接

（1）焊接宜采用具有拉伸、保压功能的焊接设备。

（2）焊接作业轨温应不低于 0 °C，且应避免大风和雨雪等不良天气，否则应采取相应措施。放行列车时，焊缝温度应低于 300 °C。

（3）现场焊接应对焊缝进行焊后热处理，并及时进行探伤检查，不符合质量要求的焊头，必须锯切重焊。

3. 铺轨前的准备

（1）撤除调高垫板，严重锈蚀螺旋道钉改锚，整修线路。

（2）铺设无缝线路前，必须埋设位移观测桩，并使其牢固、可靠。

（3）施工前应拨顺并串动轨条，放散初始应力。

（4）散布并连接缓冲区钢轨，备齐换轨终端龙口轨和钢轨切割工具。

（5）散布扣件。

4. 轨条铺设

（1）应使用换轨车铺设轨条，从轨条的一端向另一端依次拨入。

（2）铺设无缝线路必须将轨条置于滚筒上，并配合撞轨确保锁定轨温均匀，低温铺设时应用拉伸器张拉轨条。

（3）准确确定无缝线路施工锁定轨温：在设计锁定轨温范围内铺设时，施工锁定轨温取轨条始端入槽和终端入槽时轨温的平均值；如果施工锁定轨温不在设计锁定轨温范围内（含轨条始端入槽或终端入槽时的轨温不在设计锁定轨温范围内），无缝线路铺设后必须进行应力放散或调整，并重新锁定。低温铺设采用拉伸器张拉轨条时，取作业轨温和拉伸量换算轨温之和。

（4）严禁采用氧炔焰切割钢轨进行合龙。

（5）左右两股轨条锁定轨温差应满足规定要求。

（6）无缝线路锁定后，应立即做好位移观测标记，并观测位移。同时在钢轨外侧腹部，注明锁定日期和锁定轨温，并做好记录。

（7）调整轨距，复紧接头及扣件螺栓，接头螺栓扭矩达到 900～1 100 N·m，扣件安装齐全、正确、符合要求；复紧轨距杆；加固防爬设备；特殊设计的桥上，应检查扣件螺栓扭矩是否符合设计要求。

（8）使用撞轨器不得造成钢轨机械损伤。

第四节 线路设备养护与维修

由于列车不间断地运行以及自然界和人为的作用，轨道在机车车辆动力作用下，在风、沙、雨、雪和温度变化等自然条件的侵袭下，逐渐产生各种变形或损坏，以致发生病害，从而削弱了轨道的强度和稳定性，影响列车高速、平稳运行，甚至威胁行车安全。因此，为了确保列车能按规定的最高速度安全、平稳、不间断地运行，延长线路的使用寿命，必须加强线路的养护与维修，保证线路设施经常处于完好状态，这就是铁路工务部门的基本任务。

工务段是线路维修与养护的基层单位，下设若干个领工区，领工区下设 4～5 个工区和机械化维修工队，负责管辖范围内的线路维修与养护工作。在铁路局下面，一般还设有线路、桥隧大修队，负责管内线路、桥隧的大中修以及无缝线路的铺设工作。

我国铁路对线路设备的修理，划分为线路维修和线路大修、线路中修三种。线路大修和线路中修可通称为线路设备大修。

一、线路维修

线路维修是在线路大、中修的间隔时期内，对铁路线路设备进行综合维修、经常保养和临时补修活动的总称。在线路维修工作中，还包括巡道、线路维修单项作业等。

线路维修的基本任务是经常保持线路状态的完好，使列车能以规定速度安全、平稳和不间断地运行，并尽量延长设备使用寿命。

1. 综合维修

综合维修是按周期对线路进行综合性修理，以改善轨道弹性，调整轨道几何尺寸，整修和更换设备零部件，以恢复线路完好的技术状态。我国铁路规定所有正线、到发线、道岔和主要站线、专用线每年都必须做一遍计划维修，次要的站线、专用线可每两年做一遍计划维修。计划维修是预防病害，保持线路经常良好的重要方法。

2. 经常保养

经常保养既不同于综合维修对线路做全面综合性修理，又不同于临时补修仅限于整修单个超限病害。它是在综合维修和临时补修之后，根据线路的变化情况，在全年度和线路全长范围内，有计划、有重点地进行养护，以保持线路质量经常处于均衡状态，是一个使轨道经常保持质量目标管理的修程。

3. 临时补修

临时补修主要是及时整修超过临时补修容许偏差限度的轨道几何尺寸和突发性病害以及其他不良处所，以保证行车平稳和安全。

4. 巡道工作

巡道工作是保证线路状态完好，维护行车安全所必需的重要措施。巡道工人的任务是在工区管内负责巡视钢轨、道岔及联结零件等的状态；查看路基是否有沉陷、塌方、水害、雪害等情况，以及信号及线路标志是否完好等。此外，巡道工人还应对所发现的不良现象尽力做好处理工作。

5. 基本作业

基本作业包括起道、拨道、改道、调整轨缝、捣固、清筛道砟等。起道是矫正线路的纵断面，即将钢轨和轨枕向上抬至必要高度；拨道是矫正线路的平面，即将钢轨和轨枕一起横移至规定位置；改道是改正轨距；捣固是将钢轨底部轨枕下的道砟捣压密实。

经常维修工作应当贯彻“预防为主，防治结合，修养并重”的原则，全面安排计划维修、紧急维修、重点病害整治，做到无病防病、有病根治。由于线路残余变形与其运输繁忙程度、轨道类型及等级有密切关系，线路经常维修周期是按通过线路的列车总重计算的，且因线路而异。

二、线路大修

线路大修是以解决钢轨伤损疲劳为重点，按周期有计划地对设备进行更新、改善和全面修理。在安排大修工作时要全面规划，有步骤地解决线路设备的薄弱环节。线路大修施工的内容有：矫正并改善线路的平面和纵断面；全面更换或抽换、修理钢轨；更换或补充轨枕；清筛和更换道床、补充道砟，全面起道并捣固、改善道床断面；整治路基和安装防爬设备等。线路经过大修后，其质量标准应符合设计要求或得到加强。

三、线路中修

线路中修是以解决道床脏污和板结为重点，按周期有计划地对设备进行全面修理。中修的目的是消灭上次线路大修以后由于列车运行而积累下来的，但又不是经常维修所能消除的病害。中修的主要内容是加强道床，解决道床不洁及厚度不足问题，同时更换失效轨枕，整修钢轨，使线路质量基本上恢复到或接近于原来的标准，但工作量较少、标准较低。中修是在两次大修之间的修理，是延长大修周期的重要手段。

四、线路作业的机械化

线路作业过去是一项既费时费工，又极为繁重的体力劳动，它需要占用大量的人力、物力和财力。为了改变人工作业的落后面貌，提高维修质量和作业效率，节约劳动力和维修费用，世界各国都在努力研制各种养路机具。目前养路机械已由小型到大型、由低级到高级、由单机到联合机械，逐步发展到采用先进技术设备的大型、高效、多功能的机械。实践证明，由于实现维修作业机械化，使线路质量和作业效率大为提高，维修费用和人力也得到大量节省。

目前，我国线路作业机械化程度约为 30%。为了加快发展步伐，在工务段普遍设立了机械化工队和养路工区，配备了以单项、小型为主的养路机械，如电动捣固机、扒砟机、边坡回填机、液压起道机等，从而减轻了劳动强度，提高了作业效率。

案例与职工素养

“4.12”京广下行线线路塌陷事故

一、事故概况

2018 年 4 月 11 日 23 时 41 分，T123 次旅客列车运行至中国铁路武汉局集团公司管内京广铁路下行线武昌南 II 场至 I 场间，因严重晃车，司机采取紧急制动措施，列车停于 K1219 + 716 处。经检查发现线路塌陷（见图 2-23），于 4 月 12 日 0 时 48 分封锁线路，4 月 13 日 23 时 48 分经抢修开通线路，中断京广铁路下行线行车 47 h，构成铁路交通较大事故。事故未造成人员伤亡，造成直接经济损失 38 361 278.12 元。

图 2-23 “4.12”京广下行线线路塌陷现场

二、职业素养

要严格落实工程质量安全管理法律法规和标准规范，加大对相关法律法规和标准规范的对标落实力度。对影响铁路运输安全的问题，要积极协调解决，采取必要的安全防护措施，确保铁路行车安全。

拓展知识

线路捣固车

线路捣固车是大型养路机械的一种，适用于铁路线路的新线施工、既有线大中修清筛作业和运营线路维修作业，如图 2-24 所示。捣固车能够对轨道进行自动抄平、起拨道、道砟捣固作业，提高道床石砟的密实度，增加轨道的稳定性，消除轨道的方向偏差，左、右水平偏差和前、后高低偏差，使轨道线路达到线路设计标准和线路维修规则的要求，保证列车的安全运行。

2005 年，我国在引进、消化、吸收国外先进制造技术的基础上，成功地实现了对大型养路机械捣固车、清筛机、动力稳定车和配砟整形车等设备的国产化，使我国的大型养路机械装备规模、综合能力、作业水平都有了显著提高，为提速扩能、保证繁忙干线和快速线路的运输安全、实现养路机械的现代化做出了巨大的成绩。

图 2-24　D09-32 型连续式捣固车

复习与思考

1. 轨道的作用是什么？轨道由哪几部分组成？
2. 钢轨有哪些作用？钢轨的断面形式如何？
3. 钢轨类型是如何划分的？普通钢轨的标准长度有几种？

视频：轨道铺设

4. 轨缝大小如何规定？
5. 轨枕的作用是什么？轨枕按材料分为哪几种？
6. 轨道联结零件有哪几种？
7. 何谓轨底坡？设置轨底坡有何作用？
8. 何谓道床？道床的作用是什么？
9. 何谓轨道爬行？轨道爬行的危害是什么？
10. 哪些地方易发生轨道爬行？如何防止轨道爬行？
11. 何谓轨距？我国铁路直线地段、曲线地段的轨距标准是什么？
12. 我国直线地段轨距允许误差为多少？
13. 我国铁路直线地段、曲线地段的水平标准是如何规定的？
14. 曲线外轨超高如何确定？我国最大设计超高值有何规定？
15. 何谓轨向？我国直线地段轨向有何规定？
16. 何谓无缝线路？无缝线路有哪些优越性？
17. 简述温度应力式无缝线路的应力特征。
18. 什么叫锁定轨温？如何选定锁定轨温？
19. 无缝线路区段如何划分？
20. 跨区间无缝线路的关键技术有哪些？
21. 我国铁路线路设备的修理主要包括哪几种？
22. 什么叫线路维修？线路维修的基本任务是什么？
23. 什么叫线路大修？线路大修施工的内容有哪些？
24. 什么叫线路中修？线路中修施工的内容有哪些？

第三章 道 岔

主要内容

单开道岔的构造，提速道岔概况；其他类型道岔的构造；道岔辙叉号数的概念及列车过岔速度；禁止使用的道岔。

重点掌握

单开道岔，道岔辙叉号数的概念及列车过岔速度与道岔辙叉号数的关系。

道岔是一种使机车车辆能从一条线路转往或越过另一条线路的连接设备，通常铺设在车站内，是铁路轨道的一个重要组成部分。

道岔种类很多，常见的有：单开道岔、单式对称道岔、三开道岔、交分道岔、交叉设备等。各种类型道岔中，用得最多的是单开道岔，其数量占各类道岔总数的 90% 以上。

微课：道岔

道岔可以用钢轨作用边和中心线两种方法表示，本章所介绍的道岔都是用钢轨作用边表示的，道岔用中心线表示法将在第六章介绍。

第一节 单开道岔

一、普通单开道岔

普通单开道岔主要由转辙器部分、连接部分、辙叉及护轨部分组成，如图 3-1 所示。

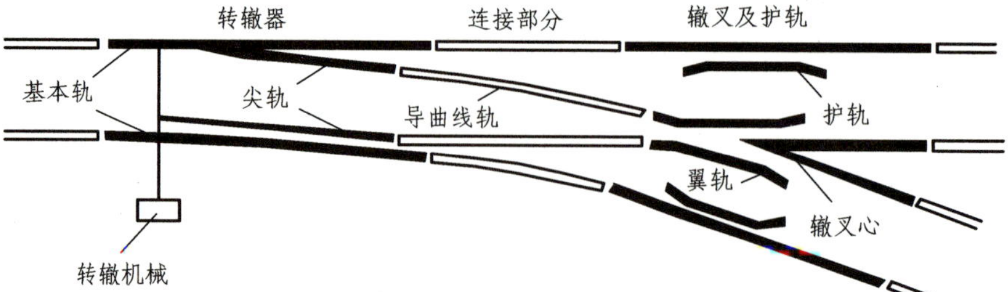

图 3-1 单开道岔

（一）转辙器部分

转辙器部分是由两根尖轨、两根基本轨、各种联结零件和转辙机械组成，如图 3-2 所示。尖轨是转辙器的主要部件，通过连接杆与转辙机械相连，操纵转辙机械可以改变尖轨的位置，以确定道岔的开通方向。

单开道岔有左开道岔和右开道岔之分。站在转辙器部分，面向尖轨，若侧线从主线左侧岔出即为左开道岔；若侧线从主线右侧岔出即为右开道岔。如图 3-1 所示道岔为右开道岔。

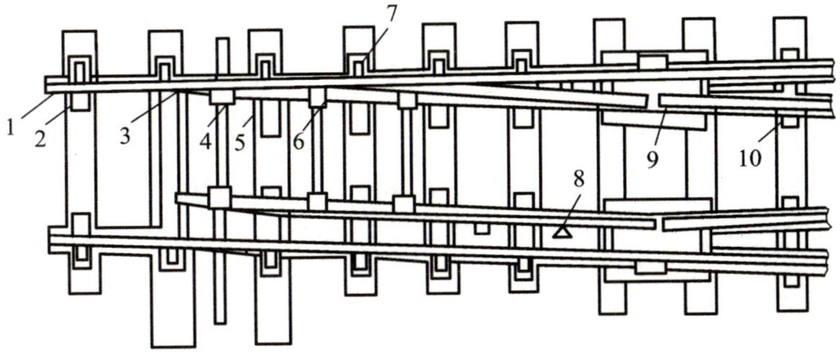

1—基本轨；2—辙前垫板；3—尖轨；4—拉杆；5—滑床板；6—连接杆；7—轨撑；8—顶铁；9—尖轨根部；10—辙后垫板。

图 3-2 转辙器

1. 基本轨

基本轨是用标准断面的普通钢轨制成，位于尖轨外侧，其作用包括承受车轮的垂直压力并将其传递于岔枕上，以及与尖轨共同承受车轮的横向水平推力，并保持尖轨位置的稳定。由于尖轨与基本轨密贴时，产生一个转辙角，因此转辙部分的轨距必须加宽，以满足机车车辆固定轴距和车轮与钢轨良好接触的需要。尖轨尖端、尖轨跟端的轨距见表 3-1 和表 3-2。

表 3-1 尖轨尖端轨距

尖轨种类	尖轨长度/mm	轨距/mm	附注
直线型尖轨	6 250 以下	1 435	
	6 250～7 700 以下	1 450	
	7 700	1 445	
12 号道岔 AT 弹性可弯尖轨	—	1 437	道岔允许速度大于 120 km/h 时为 1 435 mm
其他曲线型尖轨	—	按标准图办理	无标准图时按设计图办理

表 3-2　尖轨跟端轨距

尖轨种类	直向/mm	侧向/mm	附注
直线型尖轨	1 439	1 439	
12 号道岔 AT 弹性可弯尖轨	1 435	1 435	尖轨轨头刨切范围内曲股轨距构造加宽除外
其他曲线型尖轨	1 435	按标准图办理	无标准图时按设计图办理

2. 尖　轨

尖轨是转辙器的主要部分，用与基本轨同类型的标准钢轨或特种断面钢轨刨制而成。按其平面状态分为直线型尖轨和曲线型尖轨两种，如图 3-3 和图 3-4 所示，我国目前主要采用直线型尖轨。直线型尖轨左右开道岔可通用，加工制造简单，尖轨尖端刨削部分短，横向刚度大，尖轨动程与跟端轮缘槽小；缺点是道岔长，尖轨的转折角大，列车产生摇晃，尖轨尖端易磨耗。曲线型尖轨与同号数的直线型尖轨道岔相比，道岔长度短，增大了导曲线半径，列车侧向过岔速度高；但其制造复杂，左右开道岔不能通用。两根尖轨用连杆连接在一起，通过转辙机械同时动作，并且总是一根尖轨同一根基本轨密贴，另一根两尖轨与另一根基本轨分离。

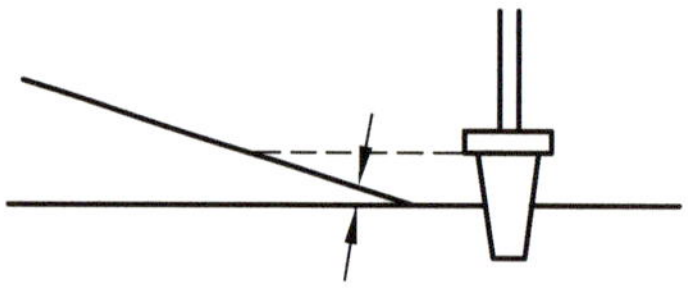

图 3-3　直线型尖轨

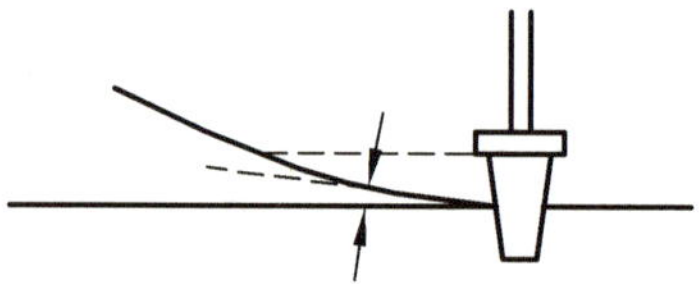

图 3-4　曲线型尖轨

3. 道岔联结零件

1）轨　撑

轨撑安设于基本轨外侧用以撑住轨腰，防止基本轨横向移动，兼防爬作用。通常由基本轨始端第二根岔枕至跟端前一根岔枕范围内每根岔枕上的基本轨外侧都安设轨撑。

2）连　杆

连杆将两根尖轨联结成一个整体，形成框架，使之同时左右摆动，同时保持两尖轨在平面上的相对位置，一般设 2 ~ 3 根。安装在尖轨最前面与转辙机械相连的一根为拉杆，用以拉动尖轨左右贴靠基本轨。

3）顶　铁

顶铁安装于尖轨轨腰上，当尖轨与基本轨贴靠时，顶铁顶端恰好与基本轨轨腰接触，以防止轨距变大，同时保证基本轨与尖轨共同承受车轮横向压力。

4）辙前垫板

又称轨撑垫板，设于尖轨尖端前部一段基本轨下面，用以固定轨撑的位置，并与轨撑共同防止基本轨向外横向移动。辙后垫板设于尖轨跟后一段长度内，用以保持尖轨跟后导曲线支距的准确。

5）滑床板

设在尖轨范围的轨枕上，支撑尖轨和基本轨，保证尖轨在滑床板顶部的滑床平台上能左右滑动，同时还有阻止基本轨内移的作用。为此，对滑床平台要经常清扫并涂以润滑剂。

6）跟端结构

跟端结构分为间隔铁式和弹性可弯式两种。

间隔铁式尖轨跟端结构由间隔铁、夹板、辙跟轨撑以及用于联结的套管、螺栓等组成，如图 3-5 所示。间隔铁可保持尖轨跟端处与基本轨有固定的间隔宽度，保证车轮正常通过；夹板与螺栓相配合可保证跟端连接牢固和尖轨摆动灵活；辙跟轨撑可固定跟端结构的位置。这种跟端结构简单、零件少，尖轨转动灵活，但稳定性较差，易发生病害，一般用在小号码道岔上。

弹性可弯式尖轨跟端结构是在尖轨跟端前 1.5 ~ 2.0 m 处，把尖轨轨底两侧边缘切掉，使之与钢轨头部宽度相同，形成柔性点，尖轨可绕该处弹性弯曲，如图 3-6 所示。这种跟端结构坚固、稳定、简单，易于保养，在我国一些高速行车线上的大号码道岔上广泛采用。

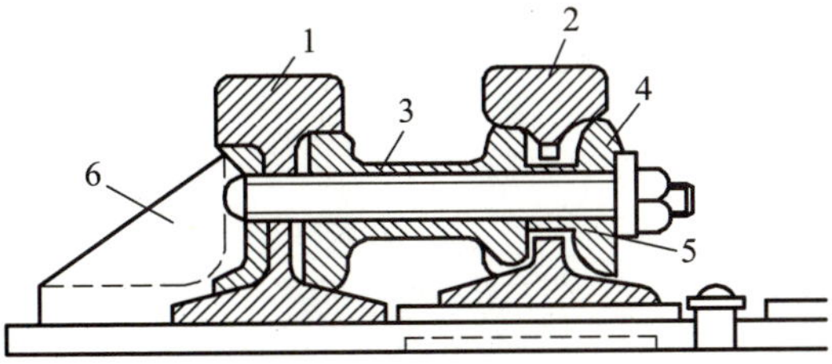

1—基本轨；2—尖轨；3—间隔铁；
4—夹板；5—套管；6—轨撑。

图 3-5　尖轨跟端结构

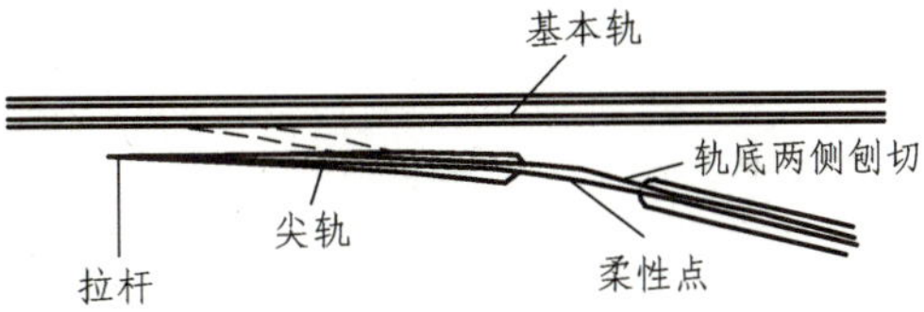

图 3-6　可弯式尖轨

4. 转辙机械

转辙机械是道岔控制系统的执行机构，用于转换锁闭道岔尖轨或心轨，表示监督联锁区内道岔尖轨或心轨的位置和状态。

（二）辙叉及护轨

辙叉及护轨部分由辙叉、护轨及联结零件等组成。辙叉与护轨组成一个整体，共同配合发挥作用，如图 3-7 所示。

1. 辙　叉

我国目前单开道岔上常用的辙叉有：

（1）锰钢整铸式辙叉，如图 3-8 所示。它是用含锰量 10% ~ 14%的高锰钢把心轨和翼轨铸成整体的辙叉。此种辙叉不仅整体性、稳定性好，而且使用寿命长，维修工作量小，广泛用于干线铁路上。

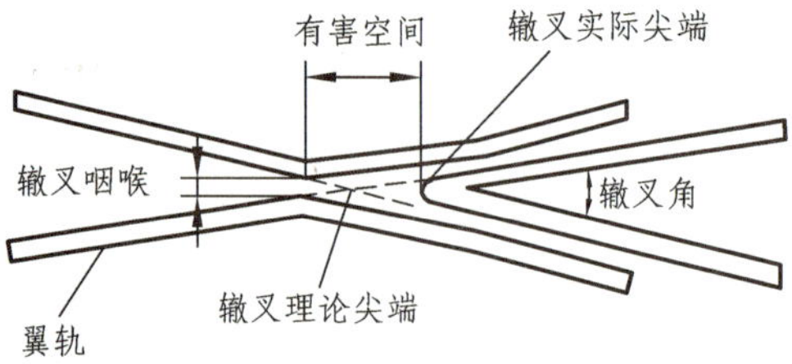

图 3-7 辙叉示意图

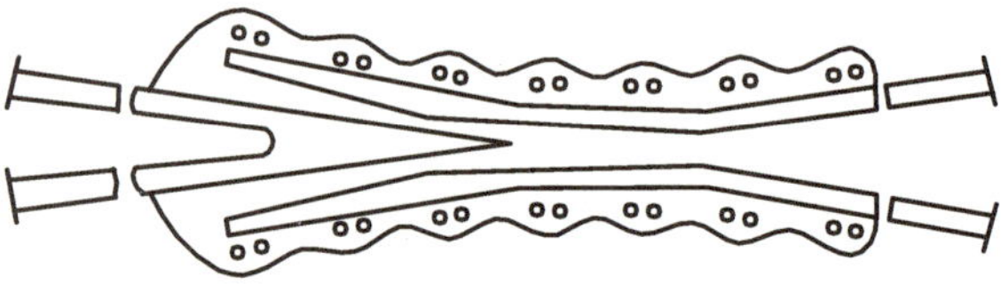
图 3-8 整体铸造式辙叉

（2）钢轨组合式辙叉，如图 3-9 所示。它是由长心轨、短心轨和用普通钢轨经弯折、刨切加工而成的翼轨，用不同尺寸的间隔铁和螺栓联结拼装紧固而成整体的辙叉。

（3）可动心轨辙叉，如图 3-10 所示。

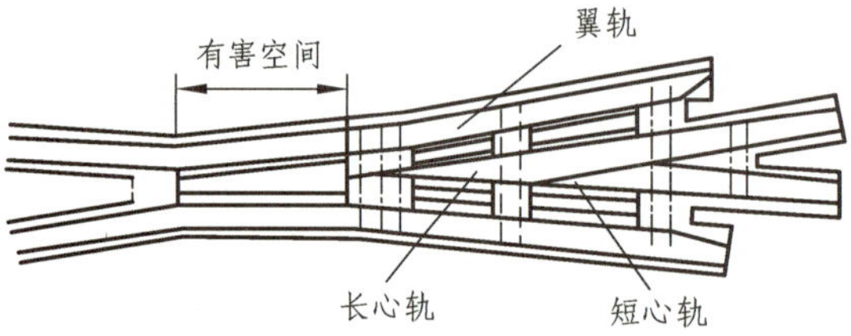

图 3-9 钢轨组合式辙叉

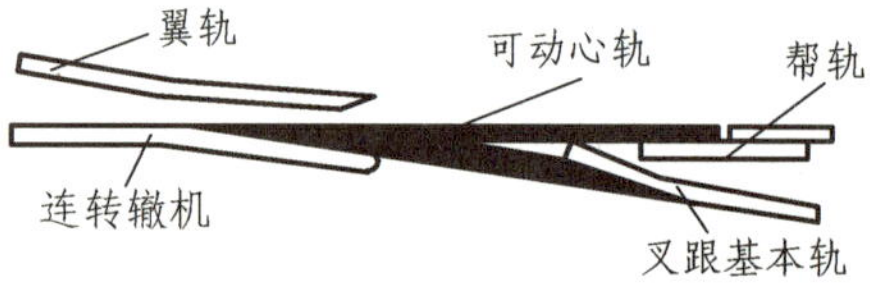

图 3-10 可动心轨辙叉

可动心轨辙叉是由长心轨、短心轨拼装成的可动心轨和翼轨、叉跟基本轨、帮轨等组合而成。此种辙叉利用心轨可摆动与翼轨密贴的特征，消除了有害空间，不仅避免了车轮对心轨和翼轨的冲击，而且还提高了列车直向过岔速度，广泛用于高速行车的铁路线上。

2. 护 轨

护轨必须与辙叉配合使用，它有两个作用：一是控制车轮的运行方向，使之正常通过有害空间；二是保护辙叉尖端不被轮缘冲伤。

护轨在中间的一段应为与主轨平行的直线，其长度为由辙叉咽喉至辙叉心顶宽 50 mm 间的距离再附加 100 ~ 300 mm，该直线段内护轨与主轨轮缘槽宽度为 42 mm。然后两端各向轨道内侧弯折一段长度，称为过渡段或缓冲段，其弯折角应近似等于尖轨的冲击角，使车轮进入护轨时起缓冲和引导作用。护轨末端的外侧面，将轨头在 150 mm 长度内斜切去一部分，形成喇叭口，该处的宽度规定为 90 mm。

护轨是用普通钢轨经过刨切弯折成的，并用间隔铁、螺栓等零件与主轨联结。护轨内侧安设轨撑。

3. 常用名词

1）辙叉角

辙叉心轨两工作边所夹的角，称为辙叉角，通常用 α 表示。

2）辙叉号数

辙叉号数 (N) 又称道岔号数，是用辙叉角 (α) 的余切值来表示的，即 $N=\cot\alpha$，如图 3-11 所示。其计算公式为：

$$N=\cot\alpha=\frac{FE}{AE}$$

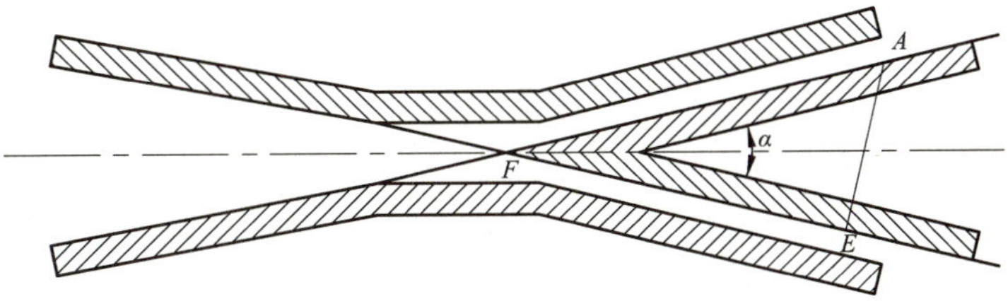

图 3-11 辙叉号数示意图

3）辙叉理论尖端

辙叉心轨两工作边的交点称为辙叉理论尖端。由于制造工艺的缘故，实际上的辙叉尖端有 6 ~ 8 mm 的顶面宽度，叫辙叉实际尖端。

4）辙叉咽喉

辙叉两翼轨间的距离最小处，称为辙叉咽喉。

5）有害空间

从辙叉咽喉至辙叉实际尖端之间有一段轨线中断地带，称为有害空间。车轮在有害空间有失去引导误入异线而发生脱轨事故的可能，为保证车轮在有害空间处进入正确的轮缘槽，防止进入异线，通常在辙叉两侧相对应位置的基本轨内侧设护轨。

（三）连接部分

在单开道岔中连接部分主要包括四根钢轨，主线上为两根直线轨，侧线上为两根曲线轨（导曲线）。导曲线一般采用圆曲线，其半径的大小决定于道岔的号数及列车侧向过岔的速度。辙叉角、道岔号数、导曲线半径之间的关系见表 3-3，即辙叉角越小，辙叉号数越大，同时导曲线半径越大，列车侧向通过道岔的速度越快。

表 3-3 辙叉角、道岔号数、导曲线半径对应关系

道岔号数（N）	6（对称）	7（三开）	9	12	18
辙叉角（α）	9′27″44	8′07″48	6′20″25	4′45″49	3′10″47
导曲线半径（R）	180 m	180 m	180 m	330 m	800 m

《普速铁路线路修理规则》中规定，单开道岔的导曲线可根据需要设置 6 mm 的超高，并在导曲线范围内按不大于 2‰顺坡。

二、提速道岔

1. 提速道岔的类型

提速道岔辙叉号数主要有 12 号、18 号、30 号、38 号四种。提速道岔的类型主要有以下四种：混凝土岔枕固定型辙叉、混凝土岔枕可动心轨辙叉、木枕固定型辙叉和木枕可动心轨辙叉。

2. 提速道岔使用条件

（1）列车直向通过速度 120 km/h≤v＜160 km/h 的区段，正线道岔采用固定型辙叉、分动外锁闭Ⅱ型道岔。

（2）旅客列车设计速度 160 km/h≤v＜200 km/h 或货车轴重 250 kN 的区段，正线道岔应采用可动心轨辙叉、分动外锁闭Ⅰ型道岔。

3. 提速道岔的锁闭装置特点

普通道岔尖轨均采用内锁闭装置，而提速道岔尖轨则采用分动外锁闭装置。

普通道岔采用的是内锁闭方式，道岔锁闭是在转辙机内部实现的，尖轨与基本轨的锁闭方式属于间接锁闭，不适于提速的需要。而提速道岔采用外锁闭方式，其锁闭地点在转辙机的外部。外锁闭装置是将道岔的密贴尖轨与基本轨在线路上直接进行锁闭。外锁闭装置有连动与分动两种方式。所谓连动，是指道岔两尖轨通过连接杆连在一起，构成框架结构进行转换；所谓分动，是指道岔两尖轨间无连杆，靠外锁闭装置进行转换。

目前的外锁闭装置有燕尾式和钩锁式两种。

三、允许过岔速度

列车通过道岔的速度分为直向过岔速度与侧向过岔速度两种。

1. 直向过岔速度

列车直向过岔速度主要受以下因素影响：

（1）尖轨与基本轨的高差及尖轨部分轨距变化等，造成车体的振动和摇晃。

（2）车轮驶入缓冲段冲击护轨和翼轨。行车速度过高，会加剧道岔构件和机车车辆走行部分的损伤，同时危及行车安全。

（3）车辆通过有害空间时，车轮瞬间起落很大，造成车辆重心上下起伏、振动和强烈摇晃，列车速度越大颠簸越大。

提高道岔直向过岔速度的主要办法是：

（1）采用大号数道岔，增加构件的几何平顺性。

（2）采用可动心轨辙叉，消灭有害空间。

（3）采用特种断面翼轨、新型外锁闭装置，增加钢轨抗冲击强度。

2. 侧向过岔速度

列车侧向过岔速度主要受以下因素影响：

（1）列车由直线进入侧线时，外轮轮缘对尖轨和导曲线外轨的冲击，迫使车辆不断改变运行方向。冲击角越大，车轮对钢轨冲击越大，动能损失越大，旅客越不舒服。

（2）导曲线半径较小，且一般不设外轨超高（设 6 mm 超高可忽略不计），所以存在未被平衡的离心加速度，直接影响侧向过岔速度。

采用大号数道岔，可以增大导曲线半径，减少冲击角，从而提高列车侧向过岔速度。

客货共线铁路车站，除一些特殊情况外，应优先选用混凝土岔枕道岔。列车直向通过速度大于 120 km/h 的正线上应采用混凝土岔枕；路段设计行车速度 120 km/h 以下的正线和站线宜优先采用混凝土岔枕的道岔。

由于正线上列车运行速度高，行车密度大，为了保证行车平稳以及延长道岔的使用寿命，规定道岔轨型应与线路轨型一致。线路允许速度 120 km/h 及以下区段的正线道岔，采用固定型辙叉道岔；线路允许速度 120 km/h 以上至 160 km/h 及以下，或货车轴重 150 kN 及以上区段的正线道岔，采用可动心轨道岔或固定型辙叉道岔；线路允许速度 160 km/h 以上区段的正线道岔，须采用可动心轨道岔。

相关案例

我国自行研制的 38 号可动心轨辙叉道岔

秦沈客运专线是我国第一条快速客运专线，也是我国高速铁路的技术和装备试验基地，为我国后来修建高速铁路积累了宝贵的经验。秦沈客运专线的所有列车侧向通过车站的道岔全部采用 60 kg/m 钢轨的 38 号可动心轨辙叉道岔。该道岔是由宝鸡桥梁厂研制生产的，列车侧线通过道岔的速度可达 140 km/h，直线运行通过速度可达 200 km/h，该道岔在转辙器尖轨部分有 6 个牵引点，可动心轨辙叉有 3 个牵引点，当道岔转换方向时，共有 9 个电动转辙机同时工作，如图 3-12 所示。该 38 号道岔全面满足秦沈客运专线的需要，填补了当时我国铁路道岔生产的一项空白。

图 3-12 38 号可动心轨道岔

拓展知识

道岔密贴检查器

道岔密贴检查器主要是检查道岔牵引点之间的密贴和斥离状态（见图 3-13）。道岔密贴直观上理解是指道岔尖轨和基本轨贴紧，没有间隙。实际上应是道岔尖轨和基本轨间的间隙，在一定的范围内，且不影响行车安全时，就认为道岔处于密贴状态。

图 3-13　道岔密贴检查器

道岔密贴检查器可起到下面两个作用：

（1）检查挤岔事故：挤岔事故发生时，转辙机外锁闭机构均未解锁，道岔斥离尖轨发生位移，转辙机、密贴检查器其中之一或全部切断表示电路，均检查到了挤岔事故发生。

（2）检查道岔故障：在转辙机牵引点较远处，由于尖轨、基本轨间夹有异物或尖轨变形等原因，使基本轨和尖轨的间隙变大，影响行车安全时，设于该处的密贴检查器可及时切断表示电路并报警。

第二节　其他类型的道岔

除了普通单开道岔外，按照构造上的特点及所连接的线路数目，还有对称双开道岔、三开道岔、复式交分道岔和菱形交叉等。

一、对称道岔

对称道岔又称双开道岔，其全部钢轨及配件都与主线轨道中心线或辙叉角中分线左右对称布置，如图 3-14 所示。

对称道岔和单开道岔都属于单式道岔，两种道岔相同之处有：

（1）组成结构基本相同，都由转辙器部分、辙叉及护轨部分和连接部分组成；

（2）两种道岔都开通两个方向。

两种道岔不同之处有：

（1）对称道岔无直线、侧线之分，两个方向均为侧线；而单开道岔有直线、侧线之分。

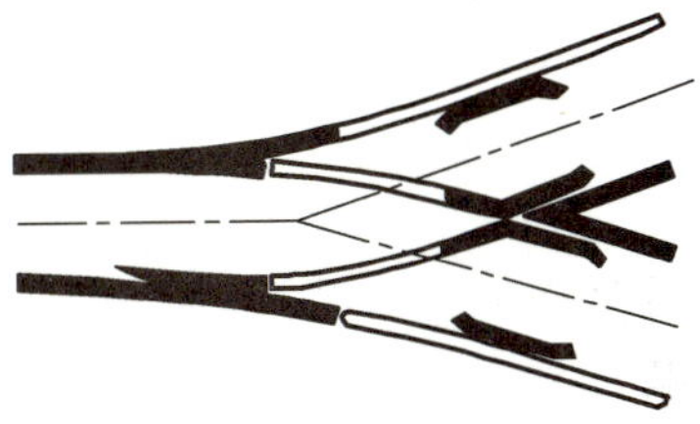

图 3-14 对称道岔

（2）对称道岔的连接部分为四根曲轨，而单开道岔的连接部分为二直二曲。

（3）对称道岔与单开道岔的辙叉号数相同时，其辙叉工作边与直线中心线之间的夹角为单开道岔辙叉角的一半；导曲线半径比单开道岔的约大一倍。

（4）对称道岔与单开道岔的导曲线半径相同时，对称道岔的长度比单开道岔的短。

对称道岔常铺设于编组站调车场头部或尾部、机务段三角线和货场内。

二、三开道岔

当地形条件受到限制，没有足够的长度连续铺设两组单开道岔时，可把一组道岔纳入另一组道岔中，形成三开道岔，如图 3-15 所示。

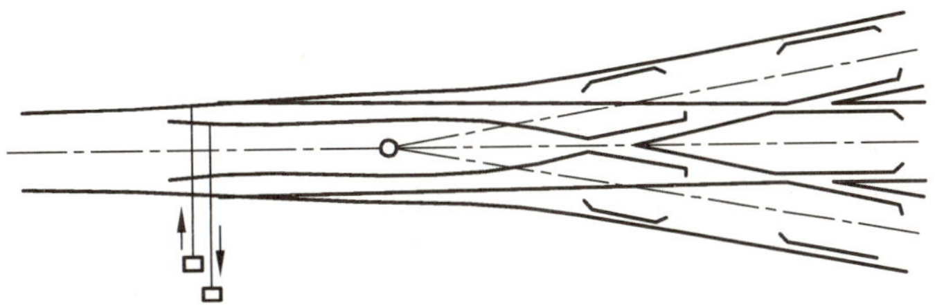

图 3-15 三开道岔

三开道岔的转辙器部分有两对尖轨（一长一短为一对），由一组转辙机控制每对尖轨的位置。辙叉及护轨部分有三副辙叉、四根护轨。连接部分有两根直轨、两对导曲线轨。

三开道岔的优点是道岔长度短；缺点是结构复杂，尖轨削弱较大，使用寿命短，后面的辙叉无法在主线中间设护轨，主线行车速度受到限制。

三开道岔一般铺设于编组站、货场和机务段内。

三、菱形交叉

一条线路与另一条线路在同一平面上相交，使机车车辆能跨越线路运行的连接设备称菱形交叉。它由两组锐角辙叉和两组钝角辙叉组成，但没有转辙器，所以股道之间不能转线，如图 3-16 所示。

锐角辙叉的结构与单开道岔中的辙叉结构基本相同，钝角辙叉分为固定型和可动心轨型两种。

固定型钝角辙叉由弯折基本轨、长心轨、短心轨、护轨、帮轨及连接零件等组成，如图 3-17 所示。

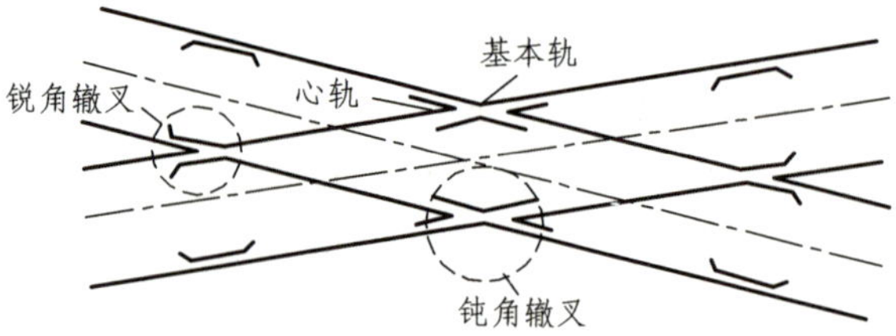

图 3-16　菱形交叉

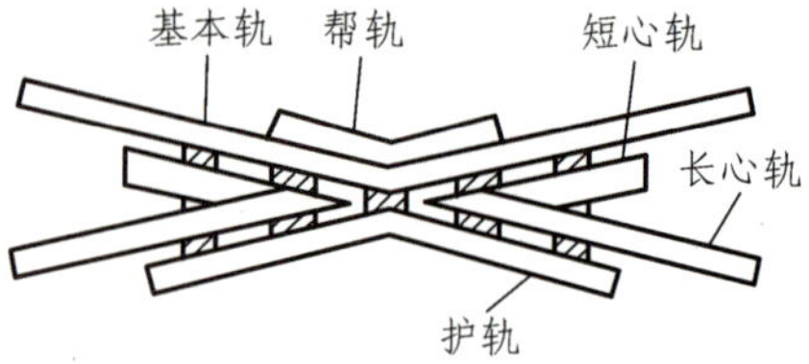

图 3-17　固定式钝角辙叉

可动心轨型钝角辙叉由弯折基本轨、可动心轨、帮轨、扶轨及连接杆等组成，如图 3-18 所示。

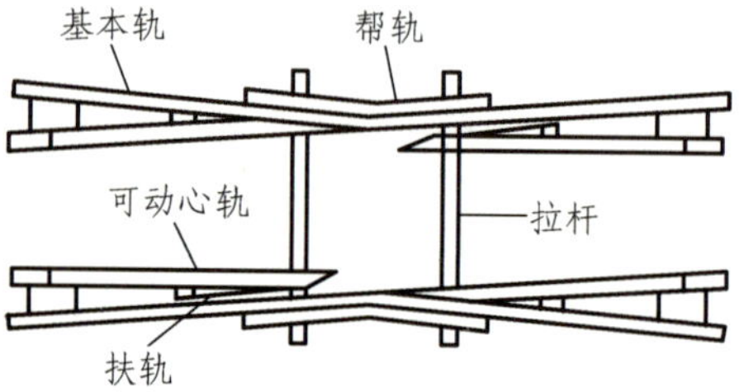

图 3-18　可动心轨辙叉

菱形交叉一般不单独使用，可以与四组相同的单开道岔组成交叉渡线，如图 3-19 所示；也可以与四条曲钢轨组成复式交分道岔，如图 3-20 和图 3-21 所示。

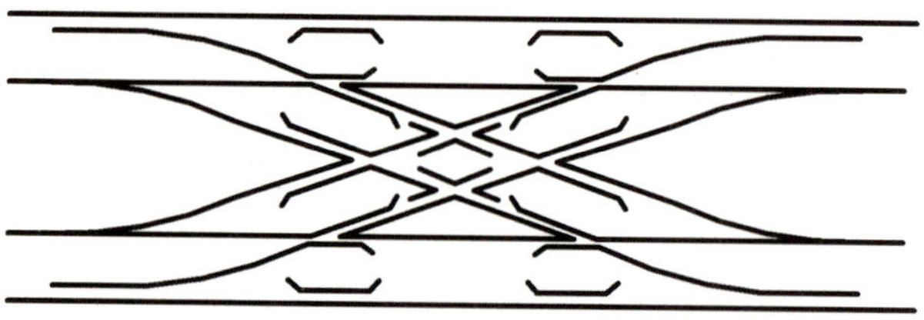

图 3-19　交叉渡线

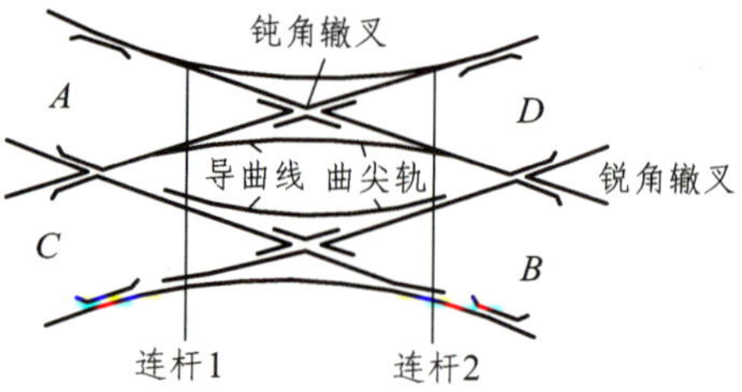

图 3-20　固定式交分道岔

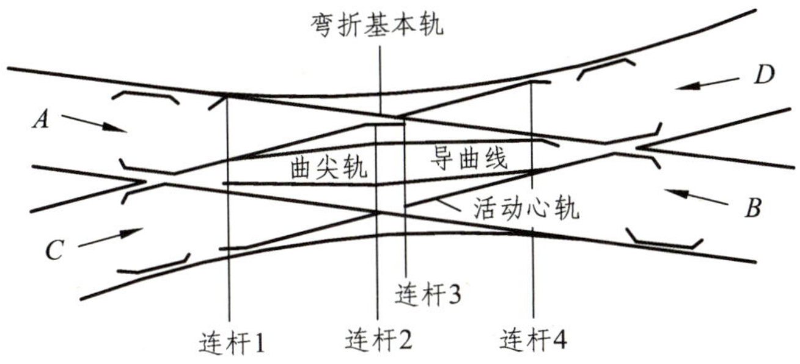

图 3-21 活动式交分道岔

四、交分道岔

交分道岔分为复式和单式两种。在菱形交叉一侧增添两副转辙器和一对连接曲线，即构成单式交分道岔；在菱形交叉两侧各增添一对连接曲线，则构成复式交分道岔，复式交分道岔相当于两组对向铺设的单开道岔，可以开通四个方向。

复式交分道岔又分为固定式和活动式两种。固定式交分道岔由下列几部分组成：

（1）转辙器部分主要包括两组转辙机八条尖轨，每端的四条尖轨固定在一根拉杆上与转辙机相连，操纵转辙机，四条尖轨同时动作。

（2）辙叉及护轨主要包括两组固定式钝角辙叉和两组锐角辙叉。

（3）连接部分主要包括两组导曲线。

活动式交分道岔主要是将固定式交分道岔的两组固定钝角辙叉，改为两组活动钝角辙叉，增设了两组转辙机控制可动心轨的摆动，消除了此处的“有害空间”。

固定式交分道岔与活动式交分道岔拉杆位置与线路开通方向的关系，如表 3-4 所示。

表 3-4 复式交分道岔拉杆位置与线路开通方向

固定式交分道岔			活动式交分道岔				
连杆扳动方向		线路开通方向	连杆扳动方向				线路开通方向
连杆 1	连杆 2		连杆 1	连杆 2	连杆 3	连杆 4	
↑	↓	A←→B	↑	↓	↑	↓	A←→B
↓	↓	A←→D	↓			↓	A←→D
↓	↑	C←→D	↓	↑	↓	↑	C←→D
↑	↑	B←→C	↑			↑	B←→C

交分道岔长度短，可缩短咽喉区长度，减少用地面积，所以一般铺设于狭窄而又繁忙的站场咽喉区。道岔各种零件应齐全，作用良好，缺少时应及时补充。出现伤损或病害，应有计划地进行修理或更换。

相关案例

轨道接头夹板脱落引起火车脱轨事故

2013 年 7 月 12 日下午，在巴黎以南约 40 km 处的埃松省布雷蒂尼火车站，一辆巴黎驶往利摩日市方向的城际火车在进站时发生脱轨事故（见图 3-22）。脱轨列车高速冲入车站后断成两截，造成 6 人死亡。这是 1988 年以来法国发生的最严重火车事故。事故的原因是行驶中的火车撞击到一块脱落在道岔中的轨道接头夹板。

图 3-22　火车脱轨现场

拓展知识

《技规》中关于道岔定位的规定

道岔除使用、清扫、检查或修理外，均须保持定位。道岔定位的规定如下：

（1）单线车站正线进站道岔，为车站两端向不同线路开通的位置。

（2）双线车站正线进站道岔，为各正线开通的位置；进站道岔指列车在进站时经过的正线上的第一副道岔。

（3）区间内正线道岔及站内正线上其他道岔（引向安全线、避难线的除外），为正线开通的位置。

（4）引向安全线、避难线的道岔，为安全线、避难线开通的位置。

（5）其他由车站负责管理的道岔，由车站规定。

道岔的定位，应在《车站行车工作细则》（后简称《站细》）内记明。集中操纵的道岔（引向安全线、避难线的除外）可不保持定位。段管线道岔的定位由各段自行规定。

视频：单开道岔转换

视频：普通单开道岔转辙器动作

视频：提速道岔转换

视频：提速道岔转辙器动作

复习与思考

1. 何谓道岔？常见道岔有哪几种？
2. 试用钢轨作用边表示法绘出单开道岔示意图，并在其上标注各组成部分。
3. 简述护轨的作用。护轨应如何设置？
4. 何谓道岔号数？道岔号数如何确定？
5. 何谓有害空间？如何消除有害空间？
6. 简述辙叉号数、辙叉角、导曲线半径、列车行车速度之间的关系。
7. 提速道岔的类型有哪几种？
8. 简述提速道岔与非提速道岔的区别。
9. 影响列车直向过岔速度的因素有哪些？如何提高列车直向过岔速度？
10. 影响列车侧向过岔速度的因素有哪些？如何提高列车侧向过岔速度？
11. 简述对称道岔与单开道岔的区别。各自适用在什么地方？
12. 简述三开道岔、交分道岔的主要优缺点及适用场合。
13. 试分析判断固定式和活动式交分道岔连杆位置与开通方向的关系。

第四章　线路平面和纵断面

主要内容

线路平面组成，缓和曲线的概念，曲线附加阻力的确定；线路纵断面组成，坡道的坡度，坡道附加阻力的确定，换算坡度，限制坡度；线路平纵断面图；线路标志。

重点掌握

线路平、纵断面组成，曲线、坡道附加阻力及换算坡度的计算。

微课：线路平面和纵断面

铁路线路在空间的位置是用它的线路中心线表示的。线路中心线是指距外轨半个轨距的铅垂线 AB 与两路肩边缘水平连线 CD 交点 O 的纵向连线，如图 4-1 所示。

线路中心线在水平面上的投影，叫作铁路线路的平面，表示线路直曲情况。线路中心线（展直后）在垂直面上的投影，叫作铁路线路的纵断面，表示线路起伏情况。

选定铁路线路的空间位置，应该综合考虑工程和运营的要求，通过方案比较，在满足运营基本要求的前提下尽量减少工程量，降低造价。

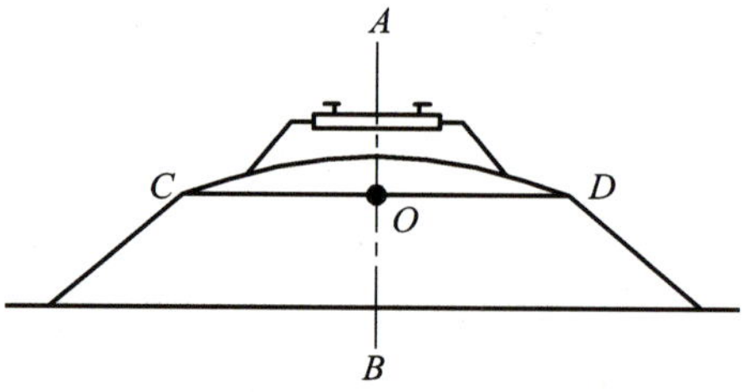

图 4-1　铁路线路横断面

第一节　线路平面

线路平面由直线、圆曲线以及连接直线与圆曲线的过渡曲线（也叫作缓和曲线）组成，如图 4-2 所示。

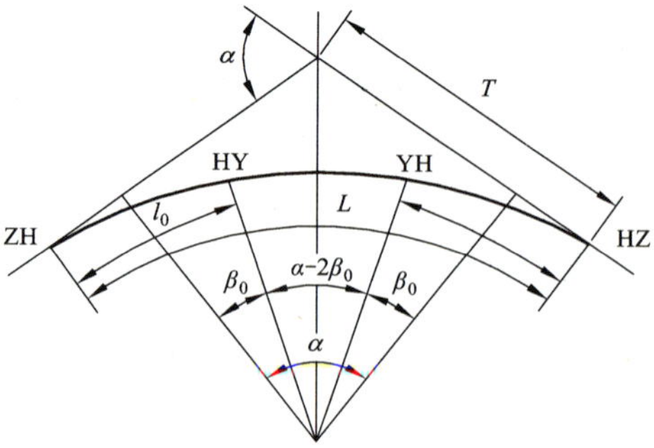

图 4-2　铁路曲线

一、曲　线

1. 圆曲线

铁道线路在转向处所设的曲线为圆曲线，其基本要素有：曲线半径（R）、曲线转向角（α）、曲线长度（L）、切线长度（T），如图 4-3 所示。

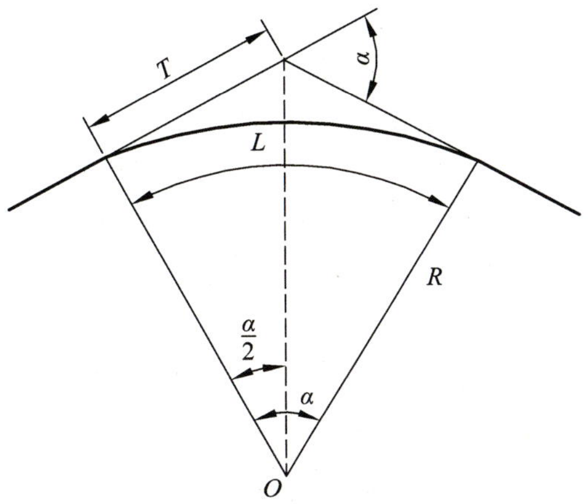

图 4-3　圆曲线组成要素

在线路设计时，一般是先设计出α和 R，再按以下公式算出 T 及 L：

$$T = R \cdot \tan\frac{\alpha}{2} \text{（m）}$$

$$L = \frac{\pi}{180} \cdot R \cdot \alpha \text{（m）}$$

曲线转向角（α）的大小由线路走向、绕过障碍物的需要等确定。

曲线半径（R）的大小，反映了曲线弯曲度的大小。圆曲线半径越小，弯曲度越大。一般情况下，曲线半径越大，行车速度可以越高，但工程费用越高，且线形也不易保持，一般不超过 12 000 m。而小半径曲线具有容易适应地形困难的优点，对工程条件有利，但恶化了行车条件。

因此，正确地选用曲线半径就显得十分必要。设计线路时，可根据具体条件，因地制宜由大到小地合理选用曲线半径。为了测设、施工和养护的方便，曲线半径一般应取 50 m、100 m 的整倍数。为了保证线路的通过能力，并有一个良好的运营条件，《技规》还对区间线路的最小曲线半径做了具体规定，见表 4-1。

表 4-1　客货共线Ⅰ、Ⅱ级铁路区间线路最小曲线半径　　　　单位：m

铁路等级	Ⅰ			Ⅱ	
路段设计行车速度/（km/h）	200	160	120	120	80
一般	3 500	2 000	1 200	1 200	600
特殊困难	2 800	1 600	800	800	500

列车在曲线上行驶的速度越快，所产生的离心力也就越大，为了保证列车运行的安全、平稳，必须限制列车通过曲线时的速度。

2. 缓和曲线

在直线与圆曲线之间要设置缓和曲线，以保证行车平顺。缓和曲线的作用是：在缓和曲线范围内，其半径由无限大渐变到圆曲线半径，从而使车辆产生的离心力逐渐增加，有利于行车平稳；在缓和曲线范围内，外轨超高由零递增到圆曲线上的超高量，使向心力逐渐增加，与离心力的增加相配合；当曲线半径小于 350 m，轨距需要加宽时，可在缓和曲线范围内，由标准轨距逐步加宽到圆曲线上的加宽量，如图 4-4 所示。

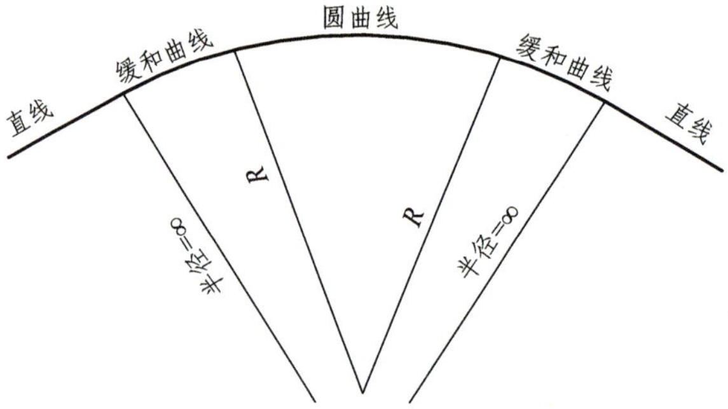

图 4-4 缓和曲线示意图

缓和曲线长度应根据曲线半径、该地段的行车速度和地形条件选用。有条件时，应尽量采用较长的缓和曲线，以便创造更有利的运营条件。

二、夹直线

转向相同的两相邻曲线，称为同向曲线；转向相反的称为反向曲线。车辆运行在相邻曲线上，由于两曲线可能半径不同、转向方向不同，外轨超高不同，所以列车会受到大小、方向变化的离心力的作用，会造成车体运行不平顺，严重时会危及行车安全，所以为了列车运行的安全与平顺，两相邻曲线间应设置夹直线，如图 4-5 所示。

（a）同向曲线　　（b）反向曲线

图 4-5 相邻曲线间夹直线段

《铁路线路设计规范》规定，圆曲线或夹直线的最小长度应根据路段最高行车速度及地形条件等因素确定，不得小于表 4-2 中的数值。改建既有线和增建第二线的并行地段，若采用上述圆曲线和夹直线标准将引起大量工程时，圆曲线和夹直线长度不得小于 25 m。

表 4-2 圆曲线或夹直线最小长度

路段旅客列车设计行车速度/（km/h）	160	140	120	100	80
夹直线段长度/m	130（80）	110（70）	80（50）	60（40）	50（30）

注：括号内为困难条件下取值。

三、曲线附加阻力

线路平面上有了曲线（弯道）后，给列车运行造成阻力增大和限制行车速度等不良影响。列车通过曲线时，由于离心力的作用，使得外侧车轮轮缘挤压外轨，摩擦增大；同时还由于外轨长于内轨，外侧车轮在轨面上滚动时产生相对滑动，从而给运行中的列车带来一种附加阻力，称为曲线附加阻力。

曲线附加阻力与列车重量之比，称为单位曲线附加阻力，用ω_r（N/kN）来表示，我国通常用下面的试验公式来计算。

$$\omega_r = \frac{600}{R} \quad (\text{N/kN})$$

或

$$\omega_r = \frac{10.5\alpha}{L_r} \quad (\text{N/kN})$$

式中 ω_r——单位曲线附加阻力，即列车单位重量（kN）所摊曲线附加阻力值，N；

R——曲线半径，m；

600——根据试验得出的常数；

L_r（$L_{曲}$）——曲线长度，m。

这一公式适用于曲线长度大于或等于列车长度的情况，如图 4-6（a）所示。

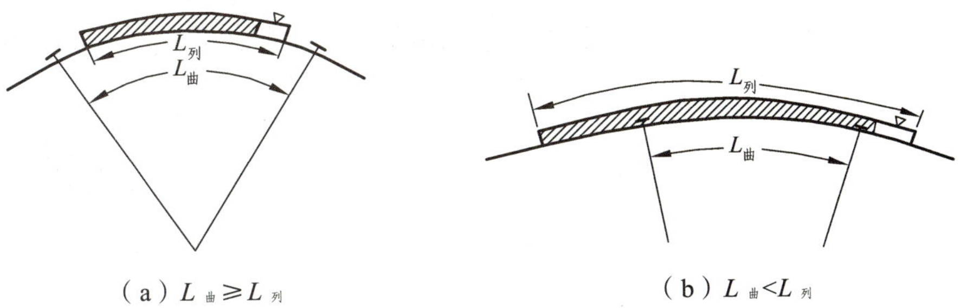

图 4-6 列车运行在曲线上

当曲线长度小于列车长度，列车只有一部分运行在曲线上时，如图 4-6（b）所示，ω_r 计算公式如下：

$$\omega_r=\frac{600}{R}\times\frac{L_r}{l}\ (\text{N/kN})$$

或
$$\omega_r=\frac{10.5\alpha}{l}\ (\text{N/kN})$$

式中　l —— 列车长度，m。

同理，列车同时运行在几条曲线上时：

$$\omega_r=\frac{600}{R_1}\times\frac{L_r^1}{l}+\frac{600}{R_2}\times\frac{L_r^2}{l}+\cdots\ (\text{N/kN})$$

从式中可知，曲线阻力与曲线半径成反比。曲线半径越小，曲线阻力越大，列车运营条件就越差，同时还会增加轮轨磨耗、轨道设备和养护维修费用。

四、线路平面图

铁路线路平面图是指用一定比例尺（1∶2 000 或 1∶10 000）和规定的符号，把线路中心线以及两侧地形、地物，投影到水平面上绘出的图，如图 4-7 所示。

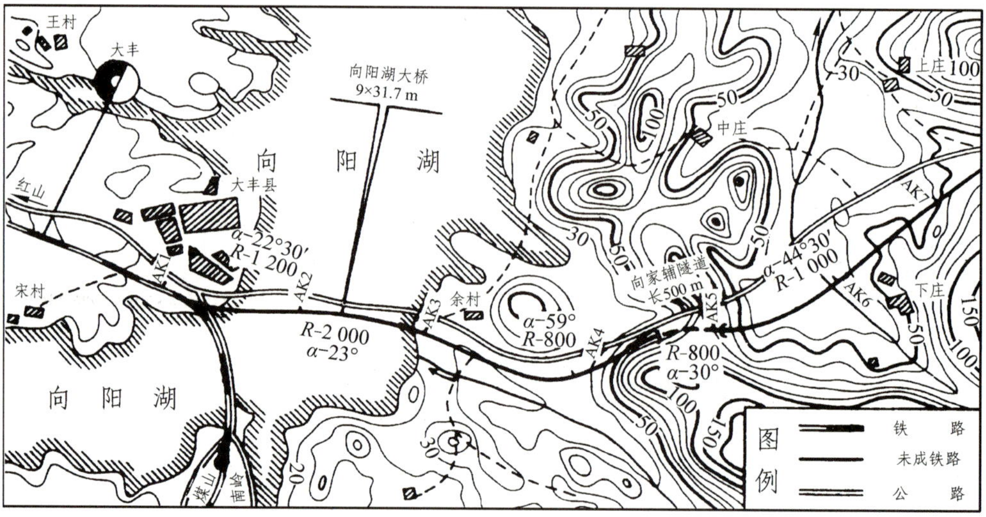

图 4-7　铁路线路平面图

线路平、纵断面图是铁路设计的基本文件。在各个设计阶段都要编制要求不同、用途不同的各种平面图。由图 4-7 可以看出图中线路的中心线走向、里程、直曲线情况，以及沿线的车站、桥隧建筑物的数量和位置；同时还可以看到用等高线表示的沿线地形地物及地面起伏情况等。

所谓等高线是指地面上高程相等各点的连线。在等高线图上，两相邻等高线的高程差称为等高线高距；两相邻等高线间的水平距离称为等高线的平距。我国规定以黄海平均海水面为等高线高程的起算面，作为零点高程。在局部工作中，可任意假设一个高程起算面，由此测定其他点的高程。典型地形的等高线的形状有：山头，中部地面较四周高；洼地，四周高中部低；山脊，中部高两侧低；鞍部，沿山脊线出现的低凹部分；山谷，中部低两侧高，如图 4-8 所示。

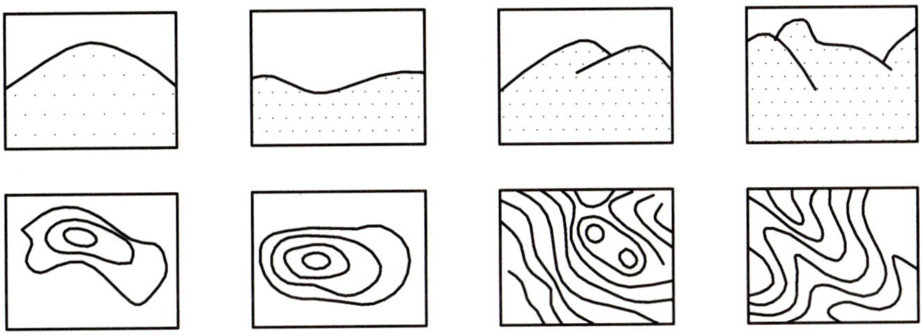

（a）山头　（b）洼地　（c）鞍部　（d）山脊、山谷

图 4-8　等高线图

相关案例

为什么铁路会有大量的曲线

如图 4-9 所示，某铁路线路要从 *A*、*B*、*C* 三点经过。方案一是走最短路径，可将 *A*、*B* 和 *B*、*C* 分别用直线相连，这样在 *AB* 线段上要修两座桥梁跨越河流，在 *BC* 线段上要开挖隧道穿越山岭；方案二是用折线 *ADB* 和 *BEC* 来代替 *AB* 和 *BC*，使其绕避障碍，在折线的转角处，就需用曲线连接。

曲线的设置一是为了改变线路的走行方向，二是可用来绕避地面障碍或地质不良地段，从而减少工程量，缩短工期，降低造价，获得较好的经济效益。

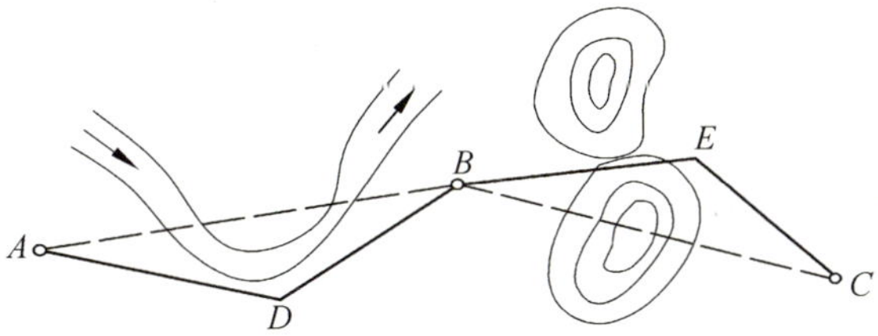

图 4-9　铁路线路绕避地形障碍示意图

拓展知识

铁路（线路）等级如何划分？

我国《普速铁路线路修理规则》中规定，铁路线路实行分级管理，根据线路允许速度、年通过总质量、在路网中的重要性以及客货运输特点等情况，划分线路等级为 5 级。

Ⅰ级铁路：年通过总质量大于 5 000 万 t 或线路允许速度 120 km/h 以上的铁路正线。

Ⅱ级铁路：年通过总质量大于 3 000 万 t 且不大于 5 000 万 t 或线路允许速度大于 100 km/h 且不大于 120 km/h 的铁路正线。

Ⅲ级铁路：年通过总质量不大于 3 000 万 t 且线路允许速度不大于 100 km/h 的铁路正线。

Ⅳ级铁路：支线铁路、到发线。

Ⅴ级铁路：其他线路。

注：支线铁路是指从干线引出、为地区或企业服务，且不开行客车、对路网运输影响较小的尽头式铁路。

第二节　线路纵断面

线路纵断面由平道、坡道及设于变坡点处的竖曲线组成。

一、坡道的坡度

坡道的陡与缓常用坡度来表示。坡度为该坡段两端变坡点的高差 h 与坡段长度 L 的比值，用 $i‰$ 表示，如图 4-10 所示。

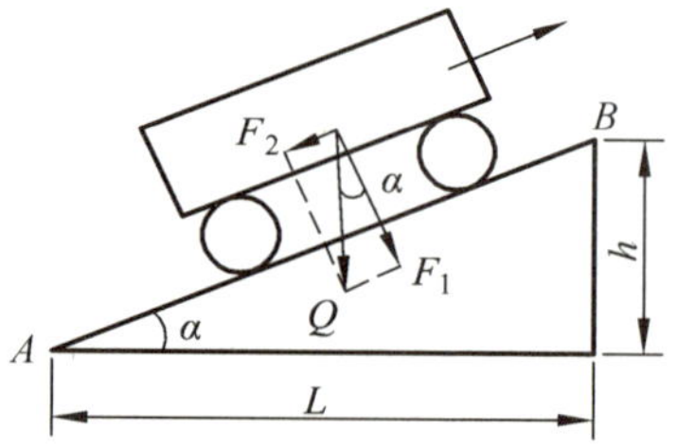

图 4-10　坡度与坡道阻力示意图

$$i‰ = \frac{h}{L} = \tan\alpha$$

铁路线路根据地形的变化，可分为上坡、下坡和平道。上、下坡是按列车运行方向来区分的，通常用“+”号表示上坡，用“–”号表示下坡，平道用“0”表示。

二、竖曲线

平道与坡道、坡道与坡道的交点，叫作变坡点。列车经过变坡点时，由于坡度的突然变化，车钩内产生附加应力；坡度变化越大，附加应力越大，两车钩上下错移量过大，容易发生断钩、脱钩等事故，如图 4-11 所示。

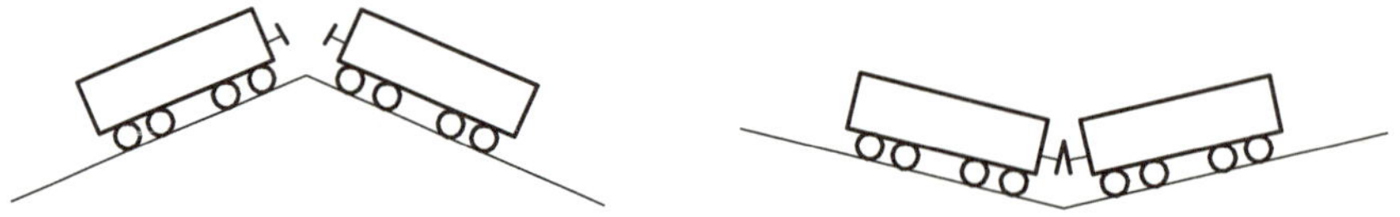

图 4-11　车辆经过变坡点的状态

当相邻坡段的坡度代数差超过一定数值，为了保证列车的运行平稳和安全，应在相邻坡段间用一圆顺曲线连接，使列车顺利地由一个坡段过渡到另一坡段，这个纵断面变坡点处所设的圆曲线，叫作竖曲线，如图 4-12 所示。

《铁路线路设计规范》规定，路段设计速度为 160 km/h 的地段，当相邻坡段的坡度代数差的绝对值大于 1‰时，竖曲线的半径 $R_{竖}$ 为 15 000 m；路段设计速度小于 160 km/h 的地段，当相邻坡段的坡度代数差的绝对值大于 3‰时，竖曲线半径 $R_{竖}$ 为 10 000 m。

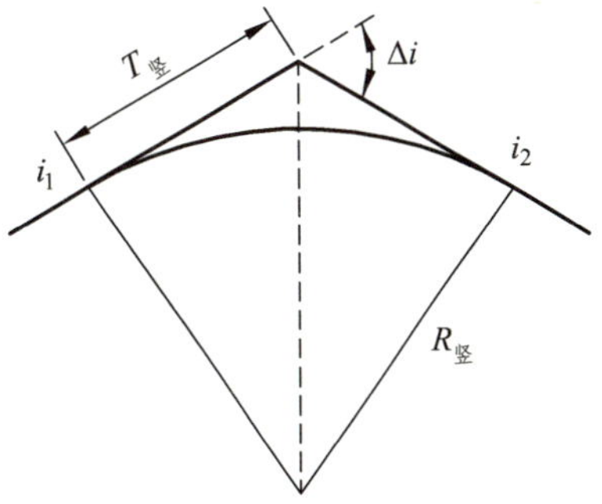

图 4-12　竖曲线

从图 4-12 可知，竖曲线切线长 $T_{竖}$可由下式计算：

$$T_{竖}=R_{竖}\tan\frac{\alpha}{2}=\frac{1}{2\ 000}R_{竖}\Delta i\ \ (\mathrm{m})$$

式中　Δi ——相邻坡段坡度代数差的绝对值。

《铁路线路设计规范》规定，下列地段不得设置竖曲线。

1. 缓和曲线地段

如果在线路平面上缓和曲线范围内外轨超高以一定的递增（或递减）坡度升高（或降低），同时在线路纵断面上竖曲线范围内的轨顶也以一定的曲率圆顺地变化，这两种变化重叠在一起，不但轨道铺设和养护时外轨超高不易控制，而且影响行车的平顺。为了不使竖曲线与缓和曲线重叠，竖曲线的变坡点应距缓和曲线起点或终点不少于一个竖曲线的切线长度，如图 4-13 所示。

2. 明桥桥面上

明桥桥面上如设有竖曲线时，则需要用轨枕厚度来调整以满足竖曲线的形状，这就给施工和养护维修带来很大困难。所以，应使竖曲线的变坡点离开明桥两端各不少于一个竖曲线的切线长度，如图 4-14 所示。

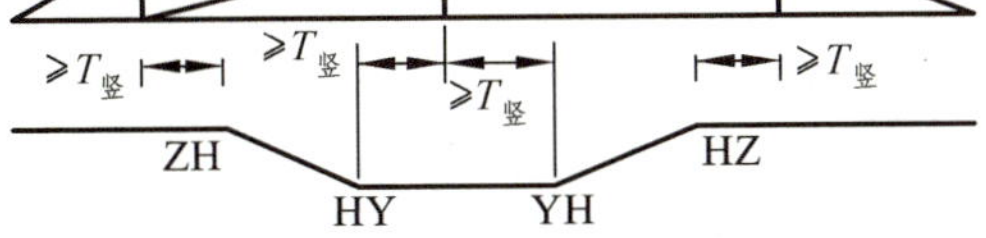

图 4-13　变坡点距缓和曲线的距离

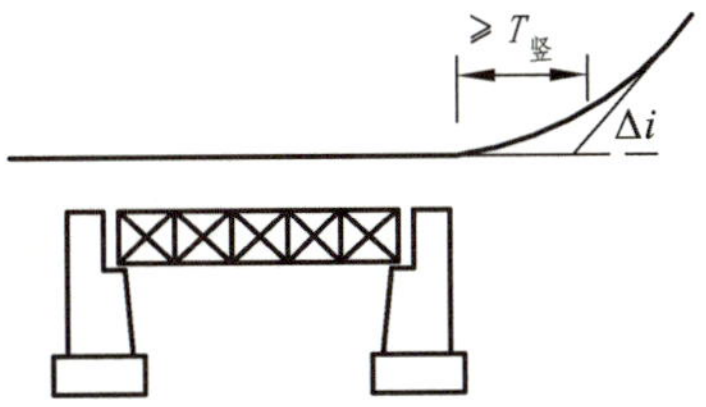

图 4-14　变坡点距明桥面的距离

3. 正线道岔范围内

道岔的辙叉与尖轨是轨道的薄弱环节，应尽量避免将道岔设于竖曲线上，以免影响道岔的正常使用和增加养护维修的困难。一般情况下，竖曲线的变坡点至道岔始端基本轨接缝和道岔末根岔枕中心的距离不应小于竖曲线的切线长，如图 4-15 所示。

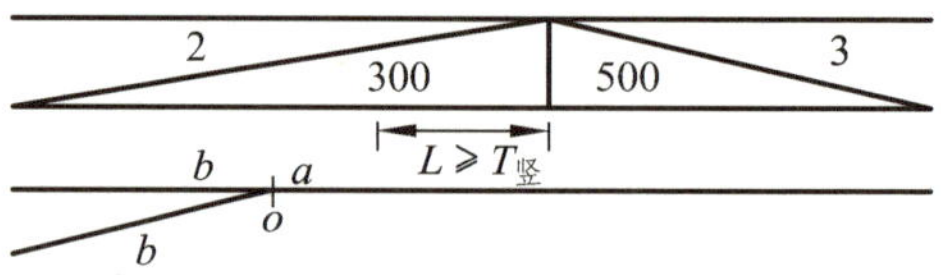

图 4-15　道岔对变坡点的要求

三、坡道附加阻力

由于有了坡道，就给列车运行带来了不良的影响。列车在坡道上运行时，会受到一种由坡道引起的阻力，这一阻力称为坡道附加阻力。如图 4-10 所示，机车车辆所受的重力 Q（kN）可以分解为垂直于坡道的分力 F_1 和平行于坡道的分力 F_2。前一个分力 F_1 和轨道的支持力是一对平衡力，后一个分力 F_2 就成为坡道附加阻力，用 W_i 来表示。W_i 的计算公式为：

$$W_i = Q\sin\alpha \approx Q\tan\alpha = Qi‰ = Qi \quad (\text{N})$$

列车平均每单位重量所受到的坡道阻力，叫作单位坡道阻力，用 ω_i 来表示。

当列车整列位于坡道上时：

$$\omega_i = \frac{W_i}{Q} = \frac{Qi}{Q} = \pm i \quad (\text{N/kN})$$

当列车一部分位于坡道上，而另一部分位于平道上时：

$$\omega_i = \pm i \times \frac{L_i}{l} \quad (\text{N/kN})$$

当列车同时位于几个不同坡道上时：

$$\omega_i = \frac{\pm i_1 \times L_i^1 \pm i_2 \times L_i^2 \pm \cdots \pm i_n \times L_i^n}{l} \quad (\text{N/kN})$$

列车上坡时，坡道阻力规定为“+”，而当下坡时，坡道阻力规定为“-”。

由上述内容可见，坡度越大，列车上坡时的坡道阻力也就越大，同一台机车（在列车运行速度相同的条件下）所能牵引的列车重量也就越小。

四、限制坡度

每一铁路区段都是由许多平道和不同坡度的坡道组成的。坡道的坡度不同，对列车牵引重量的影响也就不同。

限制坡度 (i_x) 是指用一台机车牵引规定重量的货物列车，以规定的计算速度做等速运行时所能爬上的最大坡度。在一般情况下，限制坡度的数值往往和区段内陡长上坡道的最大坡度值相当。

如果在坡道上又有曲线，那么这一坡道的单位坡道阻力值和单位曲线阻力值之和，不能大于该区段规定的限制坡度的阻力值，即：

$$i+i_r \leqslant i_x$$

限制坡度的大小，会影响一个区段甚至全铁路线的运输能力。限制坡度小，列车重量可以增加，运输能力就大，运营费用就越省。但是限制坡度过小时，就不容易适应地面的天然起伏，特别是在地形变化很大的地段，使工程量增大，造价提高。因此，限制坡度的选定是一个很重要的问题，要经过仔细的综合研究，才能得出合理的结论。《技规》规定的最大限制坡度的数值，见表 4-3。

表 4-3　客货共线Ⅰ、Ⅱ级铁路区间线路最大限制坡度　　单位：‰

铁路等级		Ⅰ		Ⅱ	
		一般	困难	一般	困难
牵引种类	电力	6.0	15.0	6.0	20.0
	内燃	6.0	12.0	6.0	15.0

在个别线路的越岭地段，由于地形障碍显著而集中，若仍采用表 4-5 所列规定的限制坡度，实际上有困难或工程造价太高时，在经过详尽的技术经济比较后，允许采用大于限制坡度的加力牵引坡度。加力牵引坡度是指在大于限制坡度的坡道地段，为了统一全区段的列车重量标准，保证必要的线路通过能力，而进行多机牵引的坡度。内燃牵引的加力牵引坡度可增至 25‰，电力牵引的可增至 30‰。

五、线路纵断面图

用一定的比例尺（水平方向为 1∶10 000，垂直方向为 1∶1 000）和规定的符号，把线路中心线（展直后）投影到垂直面上，并标明平面、纵断面的各项有关资料的图纸，叫作线路纵断面图，如图 4-16 所示。

铁路线路纵断面图的上部是图的部分，表示线路纵断面概貌和沿线主要建筑物特征。主要部分是设计坡度线，即设计的路肩标高的连线。此外，还有地面线、填方与挖方的高度、桥隧建筑物资料、车站资料及其他有关情况。

在纵断面图的下部是表格部分，主要是路肩设计标高（在变坡点处和百米标、加标处都标出路肩设计标高）和设计坡度（每个坡段分别标出）。同时，用公里标、百米标和加标（在桥涵中心位置等必要地点都设置加标，并标明加标和前后百米标之间的距离）标明线路上各个坡段和设备的位置。此外，还有地面标高等。

在线路纵断面图上，还附有线路平面情况，以便和线路纵断面情况相对照，看清线路全貌。

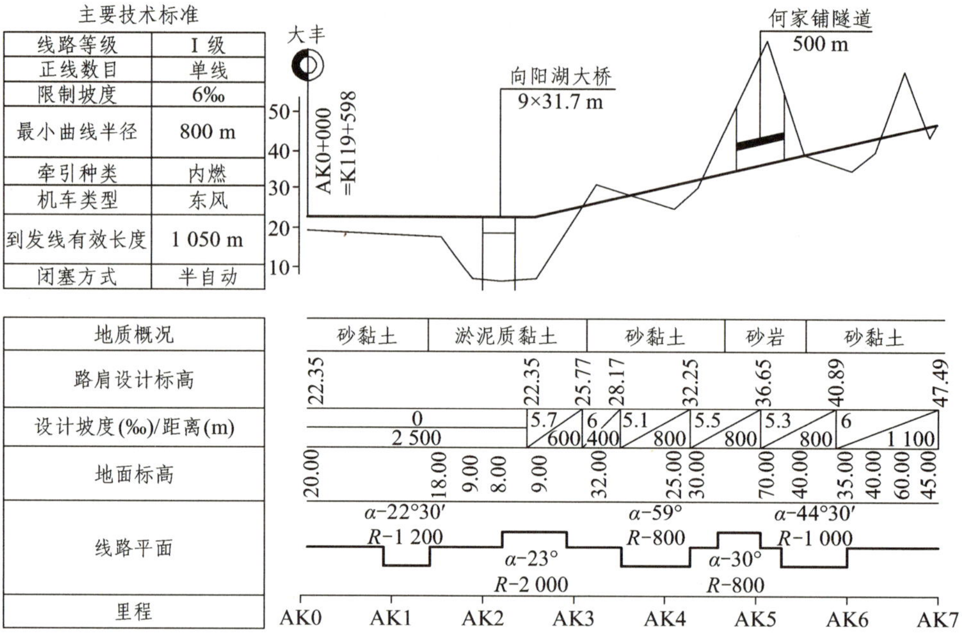

图 4-16　线路纵断面图

铁路线路平面图和纵断面图是全面、正确反映线路主要技术条件的重要文件，也是线路施工工作和在线路交付运营后仍需使用的技术资料。

相关案例

京哈高铁京沈段

京哈高铁京沈段是连接北京市与辽宁省沈阳市的高速铁路，是京哈高速铁路的一部分。该线与哈大高铁共同构成了沈阳及东北地区进出关内的第二条快速铁路通道。京哈高铁京沈段由北京朝阳（原星火站）站至沈阳站，该线起于沈阳站，经新民、阜新、朝阳、承德进入北京，全长 698.294 km，设 20 座车站，设计时速 350 km。2014 年 3 月 5 日，该线开工建设，2021 年 1 月 22 日开通运营。开通后，北京至沈阳最快 2 小时 44 分可达。京哈高铁京沈段线路图如图 4-17 所示。

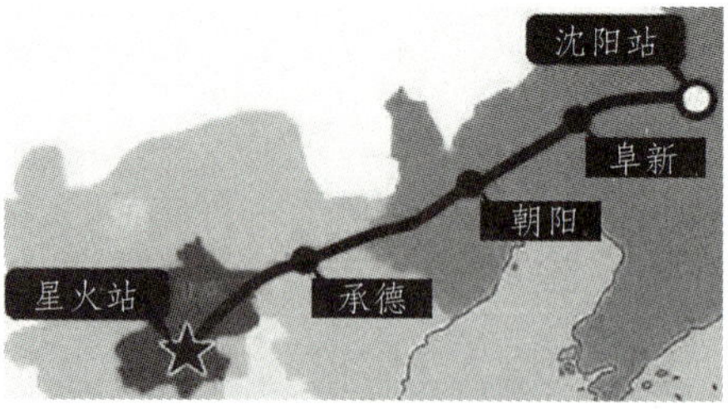

图 4-17　京哈高铁京沈段线路图

拓展知识

何谓长大坡道?

《技规》规定：长大下坡道是指线路坡度超过 6‰，长度为 8 km 及以上；线路坡度超过 12‰，长度为 5 km 及以上；线路坡度超过 20‰，长度为 2 km 及以上的线路。

第三节　换算坡度

前面所讲的单位曲线附加阻力是只考虑列车运行在曲线上的受力情况；单位坡道附加阻力是仅考虑列车运行在坡道上的受力情况；如果列车运行在坡道上，且坡道上有曲线，那么列车运行时所受到的总的单位附加阻力就应为单位曲线附加阻力与单位坡道附加阻力之和。总的单位附加阻力可由下式计算得出：

$$w_{总} = w_r + w_i \quad (\text{N/kN})$$

前面已经得出结论 $w_i = \pm i‰$，根据对应关系，将总的单位附加阻力换算为坡度，即为换算坡度，又称加算坡度。换算坡度可由下式计算：

$$i_{换}‰ = (w_{总})‰ = (w_r + w_i)‰ = (i_r \pm i)‰$$

从上式可知，当坡道上有曲线时，列车上坡运行时坡道就显得更陡；而下坡运行时，坡道则显得缓了。

【例 4-1】 如图 4-18 所示，试求长度为 800 m 的列车运行在 BC 段时所受到的总的最大单位附加阻力。

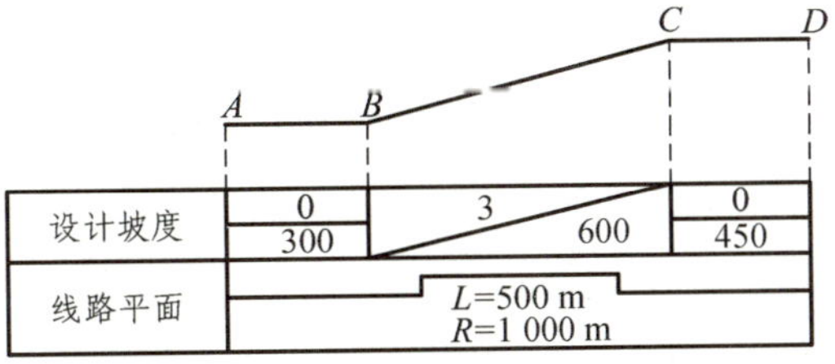

图 4-18　某段线路纵断面示意图

解： 单位曲线附加阻力 ω_r：

$$\omega_r = \frac{600}{R} \times \frac{L_r}{l} = \frac{600}{1\,000} \times \frac{500}{800} = 0.375 \quad (\text{N/kN})$$

单位坡道附加阻力 ω_i：

$$\omega_i = \pm i \times \frac{L_i}{l} = \pm 3 \times \frac{600}{800} = \pm 2.25 \quad (\text{N/kN})$$

总的单位坡道附加阻力$\omega_{总}$：

（1）当列车上坡运行时：

$$w_{总}=w_r+w_i=0.375+2.25=2.625\ (\mathrm{N/kN})$$

（2）当列车下坡运行时：

$$w_{总}=w_r+w_i=0.375-2.25=-1.875\ (\mathrm{N/kN})$$

答：列车上坡运行时所受到的总的最大单位附加阻力是 2.625 N/kN；列车下坡运行时所受到的总的最大单位附加阻力是 – 1.875 N/kN。

【例 4-2】《技规》规定：进站信号机外制动距离内，进站方向为超过 6‰的下坡道，而接车线末端无隔开设备时，禁止办理相对方向同时接车和同方向同时发接列车。试按图 4-19 所示条件，检算该站能否办理相对方向同时接车和同方向同时发接列车作业（列车长 800 m）。

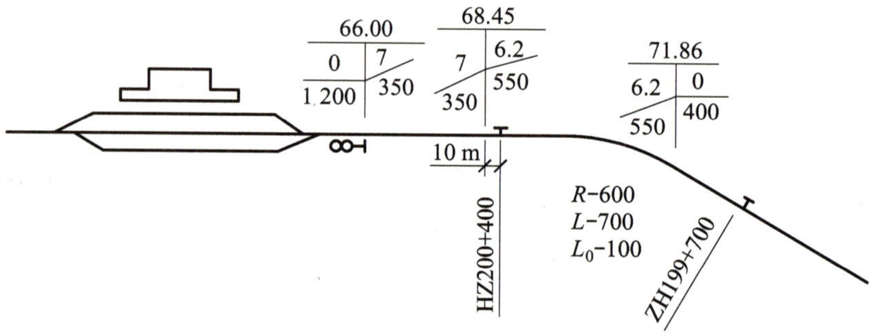

图 4-19　某车站线路平面图

解：制动距离内的单位曲线附加阻力为：

$$\omega_r=\frac{600}{R}\times\frac{L_r}{l}=\frac{600}{600}\times\frac{800-350-10-\dfrac{100}{2}}{800}=0.487\,5\ (\mathrm{N/kN})$$

制动距离内进站方向的单位坡道附加阻力为：

$$\omega_r=\frac{\pm i_1\times L_i^1\pm i_2\times L_i^2}{l}=\frac{-7\times350-6.2(800-350)}{800}=-6.55\ (\mathrm{N/kN})$$

制动距离内的换算坡度为：

$$i_{换}‰=(w_r+w_i)‰=(0.4875-6.55)‰\approx-6.1\ ‰$$

答：该站进站信号机外制动距离内，进站方向的换算坡度为 6.1‰的下坡道，超过 6‰的规定，如果该站接车线末端无隔开设备，则不可以办理相对方向同时接车和同方向同时发接列车作业。

相关案例

制动距离的规定

《技规》(高速铁路部分)第 260 条规定,列车在任何线路上的紧急制动距离限值按表 4-4 规定。

表 4-4 列车紧急制动距离限值表

列车类型	最高运行/(km/m)	紧急制动距离限值/m
旅客列车(动车组列车除外)	120	800
	140	1 100
	160	1 400

拓展知识

铁路主要技术标准有哪些?

铁路的主要技术标准应根据远期运量或国家要求的年输送能力、客车对数和确定的铁路等级,并结合设计线路的地形、地质、气象等自然条件,经过综合比选慎重确定。

铁路主要技术标准包括:正线数目、限制坡度、最小曲线半径、牵引种类、牵引重量、最小曲线半径、机车类型、机车交路、车站分布、到发线有效长度和闭塞类型等。同时这些标准是确定铁路能力大小的决定性因素。

第四节 线路标志

为满足行车和线路养护维修的需要,在铁路沿线设有许多线路标志。线路标志按计算公里方向设在线路左侧。双线区段须另设线路标志时,应设在列车运行方向左侧。其内侧设在距线路中心线应不小于 3.1 m 处(警冲标除外)。

常见的线路标志有公里标、半公里标、曲线标、圆曲线与缓和曲线始终点标、桥梁及坡度标等。

1. 公里标、半公里标

公里标、半公里标是线路的里程标。公里标表示从铁路线路起点开始计算的连续里程,每整公里设一个;半公里标设于线路的每半公里处,如图 4-20 所示。

2. 曲线标

曲线标设在曲线的中点处,标明曲线中心里程、半径大小、曲线和缓和曲线长度、超高等,如图 4-21 所示。

3. 圆曲线和缓和曲线始终点标

圆曲线和缓和曲线始终点标设于直线与缓和曲线、圆曲线与缓和曲线的连接处，表明缓和曲线的起点与终点。在该标上分别写有直缓、缓圆、圆缓、缓直字样，如图 4-22 所示。

图 4-20　公里标、半公里标

图 4-21　曲线标

图 4-22　曲线始终点标

4. 坡度标设于变坡点处

它的正面和背面分别表示两边的坡度和坡段长度，并用箭头表示上坡或下坡，侧面则标明它所在的里程，如图 4-23 所示。

图 4-23　坡度标

5. 桥梁标

一般设于桥梁两端桥头处，标明桥梁编号、中心里程和长度，如图 4-24 所示。

6. 管界标

设在铁路局、工务段、领工区、养路工区、供电段、电力段的管辖地段的分界点处，两侧标明所向的单位名称，如图 4-25 所示。

此外，还有隧道标、鸣笛标、作业标等。

图 4-24　桥梁标

图 4-25　管界标

案例与职业素养

“12.10” 京广线安阳站铁路交通事故

一、事故概况

2016 年 12 月 10 日上午，郑州铁路局新乡电务段安阳信号车间安阳北检修工区在京广线安阳站组织加装道岔融雪装置作业，现场共 10 名作业人员。其中，安阳北检修工区人员 3 人，卫辉市之月建筑工程修建处 7 人。9 时 41 分，X103 次行包列车运行至安阳站 166#道岔区域处，撞轧现场作业人员 6 人，造成 6 人死亡。

二、职业素养

要强化责任意识，加强现场安全盯控和专业管理，及时纠正简化作业程序和违章作业行为。

拓展知识

轨道板上的编号

高速铁路的每块轨道板上都有独立的编号，这些编号就是轨道板的“身份证”，每个编号都对应轨道板的相关技术信息。设计院对每块轨道板都规定了对应特定的线路平面及高程信息等参数。企业在生产每块轨道板时都要严格按照规定的参数进行打磨，然后再送到高铁线路上的指定位置进行铺设。轨道板从完成打磨到被送去高铁线路铺轨施工现场时，每块板都有自己专用的“身份证”（编号），代表着它在高铁线路的哪一段、哪个位置，同时又能确保每块轨道板质量控制的可追溯性。

例如，京沪高速铁路全线共计 40.7 万块轨道板，为了保障高速列车的平稳运行，每块轨道板在工厂内预制时都进行了编号（见图 4-26），现场施工时根据每块板的编号，可实现轨道板的精确铺设。

图 4-26　轨道板的编号

复习与思考

1. 铁路线路在空间的位置是如何表示的?
2. 何谓线路平面?线路平面组成要素有哪些?
3. 缓和曲线的作用是什么?
4. 相邻曲线间为什么要设置夹直线? 夹直线最短长度是如何规定的?
5. 曲线附加阻力产生的原因是什么? 单位曲线附加阻力如何确定?
6. 小半径曲线对铁路运营工作有何不利影响?
7. 何谓线路纵断面? 简述线路纵断面组成要素。
8. 何谓坡道的坡度?
9. 坡道的长度如何规定?
10. 何谓竖曲线? 竖曲线的设置应避开哪些地方?
11. 单位坡道附加阻力如何确定?
12. 何谓限制坡度? 我国限制坡度有何规定?
13. 换算坡度如何确定?
14. 铁路沿线常见的线路标志有哪些?

第五章 限界及线间距

主要内容

限界的作用及分类；直线地段机车车辆限界及建筑接近限界，曲线地段建筑限界加宽；车站、区间线间距的确定。

重点掌握

直线地段机车车辆限界及建筑接近限界；车站、区间线间距的确定。

为了确保机车车辆在铁路线路上运行的安全，防止机车车辆撞击邻近线路的建筑物和设备，而对机车车辆和邻近线路的建筑物、设备所规定的不允许超越的轮廓尺寸线，称为限界。铁路基本限界可分为机车车辆限界和建筑限界两种。

微课：限界及线间距

第一节 限 界

一、限界的种类

1. 机车车辆限界

机车车辆限界是限制机车车辆横断面的最大容许尺寸的轮廓。它规定了机车车辆不同部位的宽度、高度的最大尺寸和底部零件至轨面的最小距离。机车车辆限界是和桥梁、隧道等建筑限界起相互制约作用的，当机车车辆在满载状态下运行时，也不会因产生摇晃、偏移等现象而与桥梁、隧道及线路上其他设备相接触，以保证行车安全。

机车车辆限界如图 5-1 和 5-2 所示，在任何情况下（除特殊情况外）都不得超出机车车辆限界规定的尺寸。

从图中可以看出：

（1）机车车辆的中心最大高度为 4 800 mm，机车车辆顶部的任何装置不得超越，以防机车车辆顶部与桥梁、隧道上部相撞。

（2）机车车辆在钢轨水平面上部 1 250 ~ 3 600 m 范围内，其半宽为 1 700 mm，但为悬挂列车尾部的侧灯，在 2 600 ~ 3 100 mm 范围内允许两侧各加宽 100 mm。

（3）机车车辆在钢轨水平面上部 350 ~ 1 250 mm，其宽度为 1 675 mm；在 350 mm 以内，其宽度逐渐缩减，因为在此范围内建筑物和设备较多。

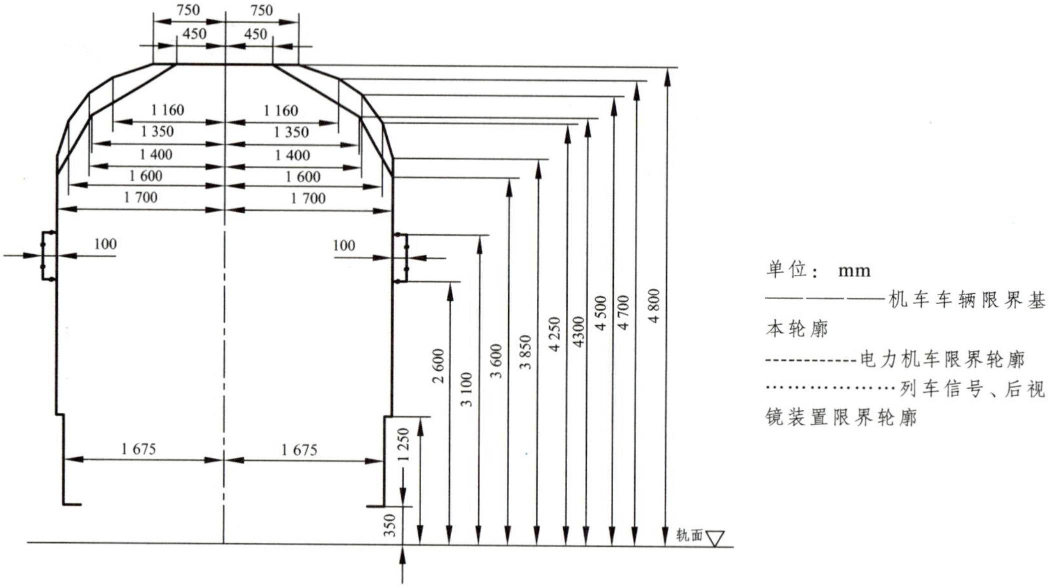

图 5-1 机车车辆上部限界图

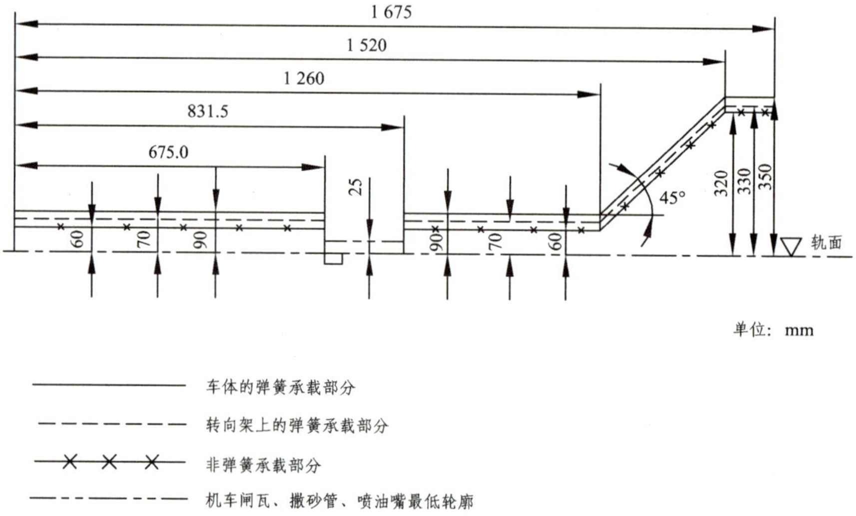

图 5-2 机车车辆下部限界图

2. 建筑限界

建筑限界是邻近线路的建筑物或设备（与机车车辆相互作用的设备除外）不得侵入的最小横断面尺寸轮廓。

建筑限界与机车车辆限界之间的空隙为安全空间，如图 5-3 所示。留有安全空间的目的：一是为适应运行中的列车横向晃动偏移和竖向上下振动，防止与邻近的建筑物或设备发生碰撞；二是为组织“超限货物列车”运行，机车车辆限界在装载货物时作为货物的装载限界，当货物装车后，货物任何部分的高度和宽度都不得超过机车车辆限界。

建筑限界包括基本建筑限界、隧道建筑限界和桥梁建筑限界。

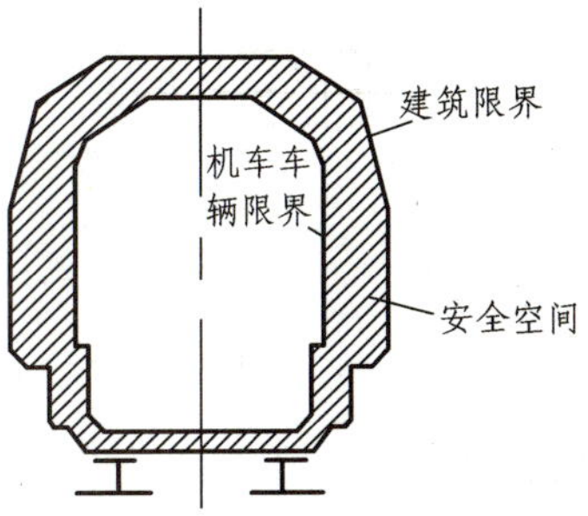

图 5-3 建筑限界示意图

二、直线建筑限界

《技规》对客货共线铁路直线建筑限界，在 $v \leqslant 160$ km/h 和 $v > 160$ km/h 两种情况下分别规定。图 5-4 为 $v \leqslant 160$ km/h 时线路的直线建筑限界，图中实线轮廓为各种建筑物的基本限界。

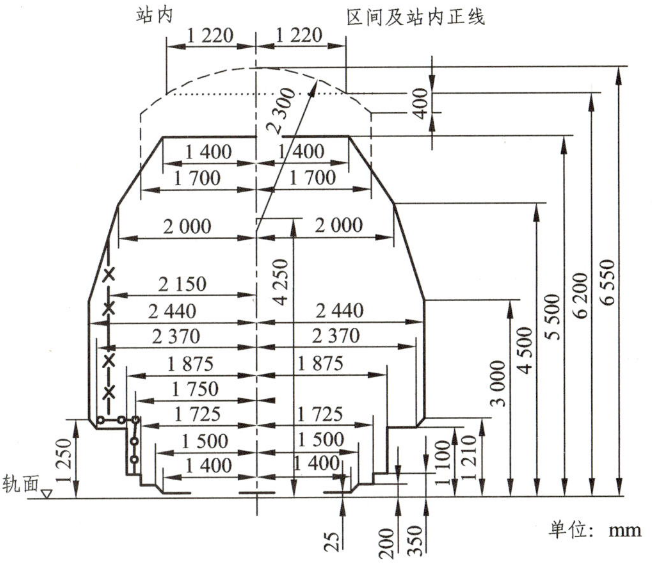

—×—×—×—信号机、高架候车室结构柱和接触网、跨线桥、天桥、电力照明、雨棚等杆柱的建筑限界（正线不适用）

—υ—υ—υ—站台建筑限界（正线不适用）

————————各种建（构）筑物的基本限界

--------------适用于电力牵引区段的跨线桥、天桥及雨棚等建（构）筑物

…………………电力牵引区段的跨线桥在困难条件下的最小高度

图 5-4 直线建筑限界

从图中可以看出：

（1）从轨顶面算起纵向最大高度为 5 500 mm（电力机车牵引时为 6 500 mm），最小高度为 25 mm。

（2）从线路中心线算起横向最大半宽为 2 440 mm，最小半宽为 1 400 mm。

（3）信号机限界：距一般站线的距离为 2 150 mm；距正线和通行超限货物列车的站线为 2 440 mm。

（4）旅客站台限界：侧线站台及高 300 mm 的正线站台为 1 750 mm。

（5）跨线桥、天桥、雨棚、接触网等支柱距线路中心线的距离，邻线为站线和正线时分别为 2 150 mm 和 2 440 mm。

从图 5-4 中还可查出各种站台及其他建筑物距轨面的高度。

隧道建筑限界的高度稍高于直线建筑限界的高度，宽度与直线建筑限界的宽度相同。桥梁建筑限界的高度和宽度与隧道建筑限界基本相同。

三、曲线地段建筑限界的加宽

列车运行在曲线上时，由于车体中心线与轨道中心线不吻合，两转向架中心销之间的连线，即车体中心线向曲线内侧偏移，车体纵向两端向轨道外侧突出，车体与建筑限界之间的安全空间减小，如图 5-5 所示。同时由于曲线地段的外轨超高使车体向曲线内侧倾斜，也使车体与建筑限界之间的安全空间减小，如图 5-6 所示。为保证列车在曲线上的运行安全，曲线地段建筑限界应在直线建筑限界的基础上适当加宽。

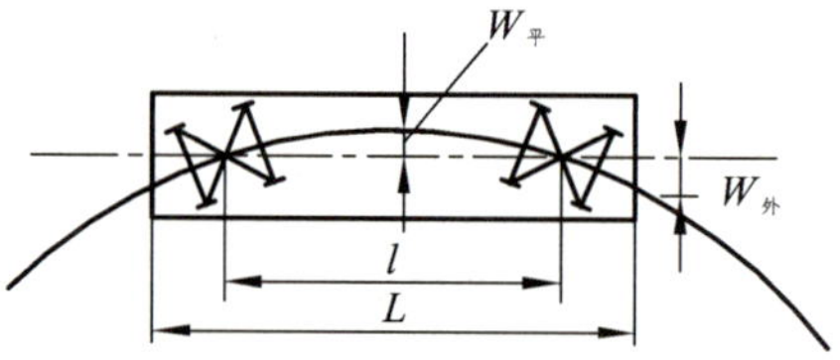

图 5-5　曲线地段车体平面偏移

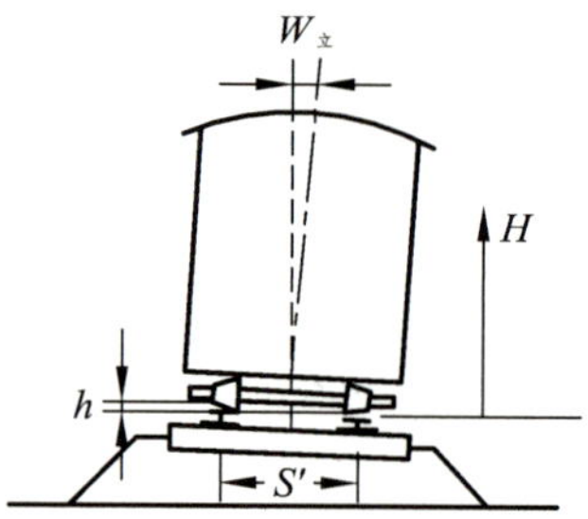

图 5-6　曲线地段车体立面偏移

1. 曲线内侧限界加宽

曲线内侧限界加宽（$W_内$）由车体中心向轨道中心内侧的平面偏移（$W_平$）和车体内倾的立面偏移（$W_立$）两部分构成。

从图 5-7 可以看出，车体中心线向轨道中心内侧的平面偏移主要决定于车体两转向架中心销之间的距离 l 和曲线半径 R 的大小，如果 l 大 R 小，车体偏入曲线内侧的距离 $W_平$ 也就越大。根据相交弦定理：

$$(2R-W_平)\times W_平=\frac{l}{2}\times\frac{l}{2}$$

展开后 $W_平^2$ 数值很小略去，得

$$W_平=\frac{l^2}{8R}$$

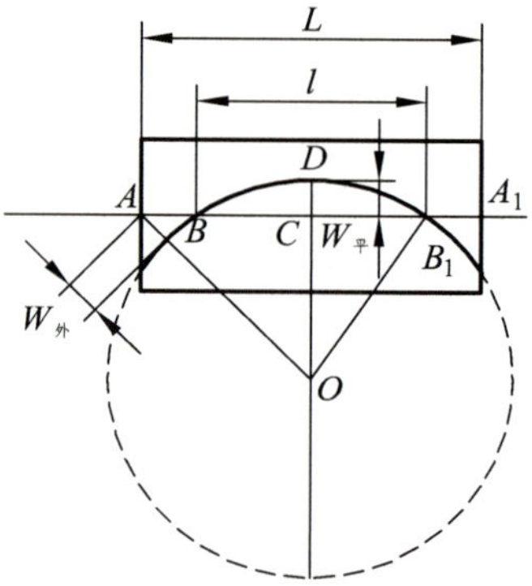

图 5-7　车体平面偏移计算图

为满足各种车辆的需要，我国采用车体长 $L = 26$ m、$l = 18$ m 的大型车体作为计算车辆，将 l 值代入上式，得

$$W_{平}=\frac{18\times18}{8R}\times1\ 000=\frac{40\ 500}{R}\quad(\text{mm})$$

从图 5-7 可以看出，因曲线外轨设置超高而引起的车体内倾的立面偏移 $W_{立}$ 有如下关系：

$$\frac{W_{立}}{H}=\frac{h}{S'}$$

式中　H——轨面至计算点的高度，当建筑物或设备的高度大于或等于车体突出点的高度 3 600 mm 时，H 值采用车体突出点的高度 3 600 mm，当建筑物或设备的高度小于车体突出点的高度时，H 值采用建筑物或设备的高度；

S'——内外侧钢轨中心线间的距离，采用 1 500 mm。

于是有：

$$W_{立}=\frac{H}{1\ 500}\times h\quad(\text{mm})$$

所以曲线内侧限界加宽 $W_{内}$ 为：

$$W_{内}=W_{平}+W_{立}=\frac{40\ 500}{R}+\frac{H}{1\ 500}\times h\quad(\text{mm})$$

2. 曲线外侧限界加宽

从图 5-7 可以看出，车体纵向两端向轨道中心线外侧突出的偏移，即曲线外轨限界加宽根据勾股定理有：

$$(R+W_{外})^2=\left(\frac{L}{2}\right)^2+(R-W_{平})^2$$

展开后略去 $W_{外}^2$ 和 $W_{平}^2$，将 $L=26$ m 代入，则

$$W_{外}=\frac{L^2}{8R}-W_{平}=\frac{26^2}{8R}\times1\ 000-\frac{40\ 500}{R}=\frac{44\ 000}{R}\quad(\text{mm})$$

各加宽量的计算通常进整成 5 mm 的整数倍。

3. 曲线上建筑限界加宽办法

曲线上建筑限界的加宽范围，包括全部圆曲线、缓和曲线和部分直线，加宽方法可采用图 5-8 所示阶梯形方式，或采用曲线圆顺方式。

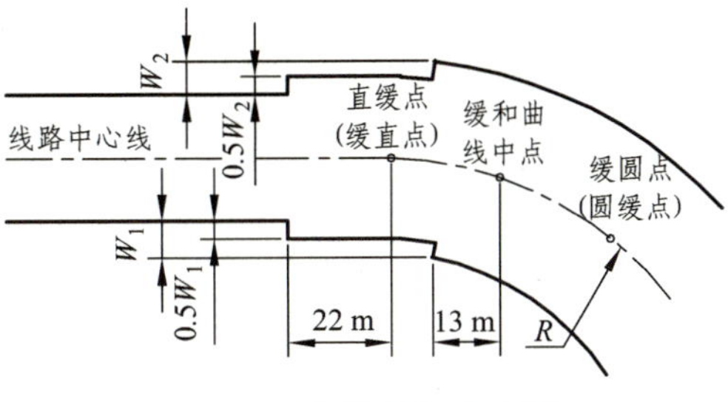

图 5-8　阶梯减加宽方法

图 5-8 中 W_1 即 $W_{内}$，W_2 即 $W_{外}$。

【例 5-1】 某车站如图 5-9 所示，已知Ⅱ道的曲线半径为 800 m，外轨超高为

40 mm，Ⅱ、3 道间的中间站台长、宽、高为 400 m×5 m×0.3 m。试确定Ⅱ道上、下行方向的出站信号机边缘和中间站台边缘至Ⅱ道线路中心线的最小距离。

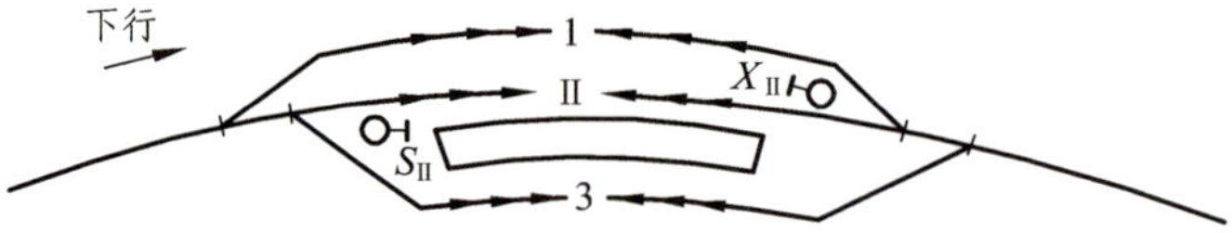

图 5-9 某车站示意图

解：Ⅱ道下行信号机 $X_{Ⅱ}$ 位于曲线的外侧，其边缘至Ⅱ道线路中心线的最小距离为：

$$2\ 440+W_{外}=2\ 440+\frac{44\ 000}{R}=2\ 440+\frac{44\ 000}{800}=2\ 495\ (\text{mm})$$

Ⅱ道上行信号机 $S_{Ⅱ}$ 位于曲线的内侧，其边缘至Ⅱ道线路中心线的最小距离为：

$$\begin{aligned}2\ 440+W_{内}&=2\ 440+\frac{40\ 500}{R}+\frac{H}{1\ 500}\times h\\&=2\ 440+\frac{40\ 500}{800}+\frac{3\ 600}{1\ 500}\times 40\\&=2\ 586.625\approx 2\ 590\ (\text{mm})\end{aligned}$$

中间站台位于Ⅱ道曲线内侧，其边缘至Ⅱ道线路中心线的最小距离为：

$$\begin{aligned}1\ 750+W_{内}&=1\ 750+\frac{40\ 500}{R}+\frac{H}{1\ 500}\times h\\&=1\ 750+\frac{40\ 500}{800}+\frac{300+2\ 000}{1\ 500}\times 40\\&=1\ 861.958\approx 1\ 865\ (\text{mm})\end{aligned}$$

式中 H 的值为站台的高度和站台上旅客身高之和，旅客身高按 2 000 mm 取值。

四、车站线路线间距

相邻两线路中心线之间的距离叫作线间距。线路间距一方面要保证行车安全及车站工作人员进行有关作业的安全和便利；另一方面还要考虑通行超限货物列车和在两线间装设行车设备的需要。

线间距决定于下列各项因素：

（1）机车车辆限界；

（2）建筑限界；

（3）超限货物装载限界；

（4）设置在相邻线路间有关设备的计算宽度；

（5）在相邻线路间办理作业的性质。

【例 5-2】 如图 5-10 所示，（a）图中 1 道、Ⅱ道的线间装有高柱信号机，信号机机柱最大宽度为 410 mm；（b）图中Ⅱ道、4 道间设有中间站台，站台长宽高为 400 m×6 m×0.3 m。试计算 1 道、Ⅱ道间和Ⅱ道、4 道间线间距。

解：1 道、Ⅱ道间线间距为：

$$2\ 150 + 410 + 2\ 440 = 5\ 000\ (\text{mm})$$

Ⅱ道与 4 道的线路间距为：

$$1\ 750 + 6\ 000 + 1\ 750 = 9\ 500\ (\text{mm})$$

答：1 道、Ⅱ道间线间距为 5 000 mm；Ⅱ道与 4 道的线路间距为 9 500 mm。

（a）　　　　　　（b）

图 5-10　线间距计算

《技规》中规定，在客货共线的车站，铁路直线地段区间及站内两相邻线路中心线间的最小距离应符合表 5-1 中的规定，曲线地段的线间距相应加宽。

表 5-1　铁路线间距

<table>
<tr><th>顺序</th><th colspan="4">名　称</th><th>线间最小距离/mm</th></tr>
<tr><td rowspan="3">1</td><td colspan="2" rowspan="3">区间双线</td><td colspan="2">v≤120 km/h</td><td>4 000</td></tr>
<tr><td colspan="2">120 km/h<v≤160 km/h</td><td>4 200</td></tr>
<tr><td colspan="2">160 km/h<v≤200 km/h</td><td>4 400</td></tr>
<tr><td>2</td><td colspan="4">三线及四线区间的第二线与第三线</td><td>5 300</td></tr>
<tr><td>3</td><td colspan="4">站内正线</td><td>5 000</td></tr>
<tr><td rowspan="7">4</td><td rowspan="7">站内正线与相邻到发线</td><td colspan="3">无列检作业</td><td>5 000</td></tr>
<tr><td rowspan="6">有列检作业或上水作业</td><td rowspan="2">v≤120 km/h</td><td>一般</td><td>5 500</td></tr>
<tr><td>改建特别困难</td><td>5 000</td></tr>
<tr><td rowspan="2">120 km/h<v≤160 km/h</td><td>一般</td><td>6 000</td></tr>
<tr><td>改建特别困难</td><td>5 500</td></tr>
<tr><td rowspan="2">160 km/h<v≤200 km/h</td><td>一般</td><td>6 500</td></tr>
<tr><td>改建特别困难</td><td>5 500</td></tr>
<tr><td>5</td><td colspan="4">到发线间或到发线与其他线</td><td>5 000</td></tr>
<tr><td>6</td><td colspan="4">站内线间设有高柱信号机时，相邻两线（含正线）均需通行超限货物列车</td><td>5 300</td></tr>
<tr><td>7</td><td colspan="4">站内线间设有高柱信号机时，相邻两线（含正线）只有一条通行超限货物列车</td><td>5 000</td></tr>
<tr><td rowspan="2">8</td><td colspan="2" rowspan="2">牵出线与其相邻线</td><td colspan="2">调车作业繁忙车站</td><td>6 500</td></tr>
<tr><td colspan="2">改建困难或仅办理摘挂取送作业</td><td>5 000</td></tr>
</table>

注：线间有建（构）筑物或有影响限界的设施，最小线间距按建筑限界计算确定。既有线列车最高运行速度提速到 140～160 km/h 时，可保持 4 m 线间距。

相关案例

侵入限界、区间停车

2008 年 12 月 3 日，中铁某局租用的 2 台吊车前往申中特大桥 113 号墩吊运模板。行驶至青藏线 K52 + 530 处时，将铁路贯通线线杆的斜拉线挂断，导致线杆倾斜，侵入铁路限界。

由于青海省湟源县四位农民及时发出停车信号，采取有效措施，避免了一起重大铁路交通事故的发生，但造成 21002 次货物列车区间停车 1 h 11 min，给铁路造成了严重的经济损失。

拓展知识

何谓超限货物？

《铁路超限超重货物运输规则》中规定：货物装车后，车辆停留在水平直线上，货物的任何部位超出机车车辆限界基本轮廓者或车辆行经半径为 300 m 的曲线时，货物的计算宽度超出机车车辆限界基本轮廓者，均为超限货物。

根据货物的超限程度，超限货物分为三个等级：一级超限、二级超限和超级超限。

根据货物超限部位所在的高度，超限货物分为三种类型：上部超限、中部超限和下部超限。

第二节　区间相邻线路中心间的距离

一、直线地段线间距

《技规》规定，双线区间直线地段最小线路间距为 4 000 mm，如图 5-11 所示。它是由机车车辆限界半宽、侧灯宽度、两侧灯之间保证不停车会车的安全宽度相加而得：

$$2\times(1\ 700+100)+400=4\ 000\ (\text{mm})$$

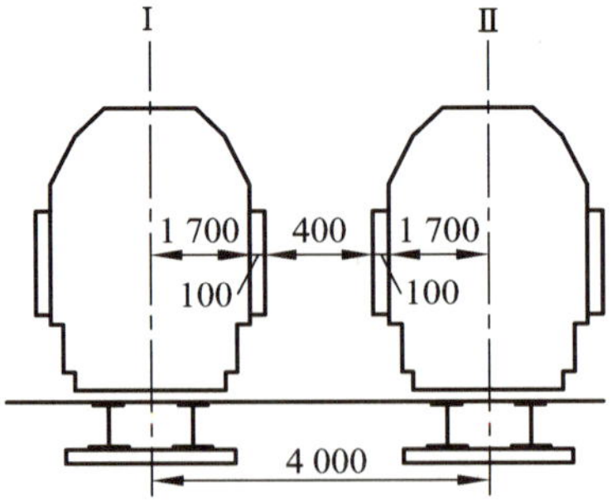

图 5-11　双线区间直线地段线间距（mm）

三线及四线区间的第二线与第三线的最小线路间距为 5 300 mm，如图 5-12 所示。它是根据第二线与第三线间装有高柱信号机，且两线均通行超限货物列车确定的：

$$2\times2\,440+410=5\,290\ (\text{mm})\ (\text{采用 }5\,300\ \text{mm})$$

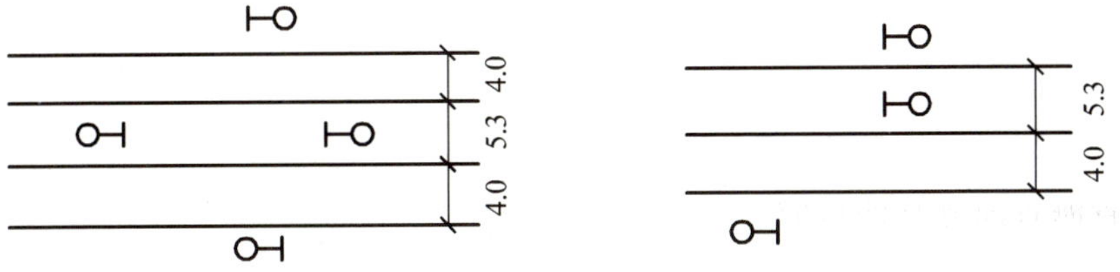

图 5-12　多线区间直线地段线间距

二、曲线地段线间距

由于曲线地段外侧线路上的车体中部向曲线内侧偏移，内侧线路上的车体两端外角向曲线外侧偏移，及相邻两曲线的超高度不同，如图 5-13 所示。若相邻两曲线线间距与直线地段的线间距相同，将会使处于曲线地段两列车间的净空较直线地段小，影响列车运行安全。

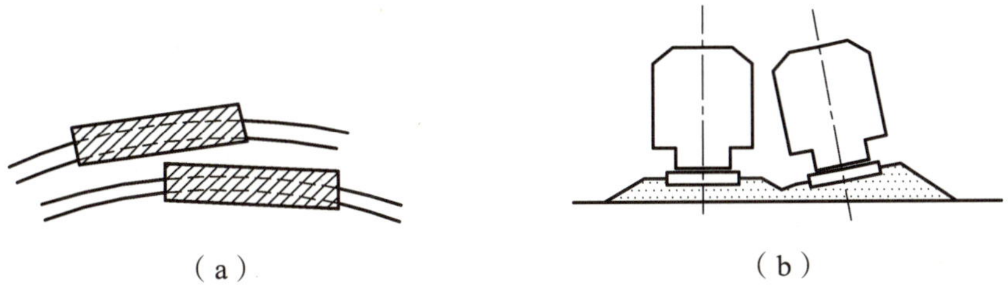

图 5-13　车体间净空减小

为了保证列车运行安全，使曲线地段两列车间的净空等于直线地段两列车间的净空，曲线地段线间距应适当加宽。其加宽量与曲线地段建筑限界加宽量相同。

若曲线地段，相邻两线路间设有建筑物或设备时，相邻线路间距应考虑曲线地段的建筑限界的内外侧加宽，分别计算出建筑物或设备的边缘距线路中心线的距离，再加上建筑物或设备的宽度。

若曲线地段，相邻两线路间无建筑物或设备时，两曲线半径相同，最小线路间距可按下列两种情况计算确定：

（1）当外侧线路的外轨超高大于内侧线路的超高，此时由于外侧线路上的车体内倾，在立面上车体上部间减少了两线间的净空；而内侧线路上的车体内倾，又增加了两线间的净空。因此，在计算曲线内侧加宽时，应减去内侧曲线超高造成的净空增加值，即：

$$S_{曲}=S_{直}+\frac{84\ 500}{R}+\frac{H}{1\ 500}\times(h_{外}+h_{内})\ (\mathrm{mm})$$

（2）当内侧线路外轨超高大于或等于外侧线路的超高，此时内侧线路上的车体内倾加大，增大了车体上部两线间的净空，即：

$$S_{曲}=S_{直}+\frac{84\ 500}{R}\ (\mathrm{mm})$$

相关案例

24 小时内连续发生三起侵入铁路限界事故

2013 年 1 月 27 日 6 时 40 分，成都铁路局成渝铁路 41769 次列车运行到石燕桥至李市镇间，一辆载重汽车突然从上跨铁路线的立交桥上掉下，砸向机车，造成机车脱轨，接触网受损，幸无人员伤亡。

2013 年 1 月 27 日 19 时，太原铁路局南同蒲铁路 2464 次列车运行到辛置至赵城间时，司机发现一辆装货大卡车掉入运行方向左侧，侵入铁路限界，立即报告并停车处理。

2013 年 1 月 28 日 0 时 40 分，济南铁路局桃威铁路 K8264 次列车运行到铺集站至下初站间时，一辆汽车从跨铁路桥的桥头处沿公路路基冲下，撞断树木冲向铁路线路，撞上列车。

拓展知识

严禁行人或牲畜违章侵入限界

列车在固定的线路上运行，一旦出现行人和道路车辆违反铁路法律法规的规定闯入铁路限界时，列车驾驶员除采取紧急制动措施外，无法躲避和改变方向；此外，列车速度快，制动距离长，特殊情况即使采取制动措施也很难避免与违章侵入限界的行人、道路车辆发生碰撞，只能被动地接受事故。正因为如此，国家有关法律、法规，都有严禁行人在铁道线路上行走、坐卧等规定。

《铁路交通事故应急救援和调查处理条例》中规定：违章通过平交道口或者人行过道，或者在铁路线路上行走、坐卧造成的人身伤亡，属于受害人自身的原因造成的人身伤亡。铁路运输企业不承担赔偿责任。

《铁路法》明文规定：严禁在铁路两侧 20 m 范围内放牧。牧畜侵入铁路限界存在诸多的安全隐患，由此造成的后果也只能由责任人自负。

复习与思考

1. 何谓限界？简述铁路基本限界的分类。
2. 何谓机车车辆限界？机车车辆限界主要有哪些规定？
3. 何谓建筑接近限界？分为哪几种？
4. 何谓安全空间？设置安全空间的目的是什么？
5. 直线建筑限界主要有哪些规定？
6. 曲线地段建筑限界为什么要进行加宽？其内、外侧加宽量如何计算？
7. 什么叫线间距？确定线间距的主要因素有哪些？
8. 铁路线间距如何规定？

第二篇

铁路站场与枢纽

第六章　站场基础知识

主要内容

铁路线路种类；车站线路及道岔编号的规定；相邻两道岔中心间的距离；线路的连接形式；车站线路有效长的推算。

重点掌握

车站线路有效长的推算。

第一节　铁路线路种类

一、铁路线路种类

微课：铁路线路种类

铁路线路按用途分为正线、站线、段管线、岔线及特别用途线，如图 6-1 所示。

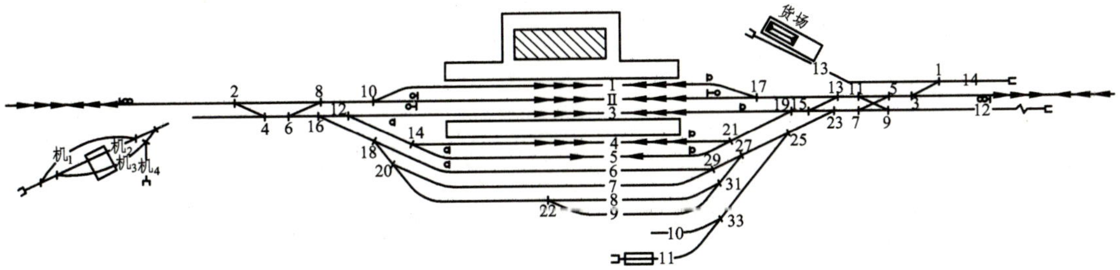

Ⅱ—正线；1、3、4、5—到发线；6、7、8、9—调车线；10、11—站修线；12、14—牵出线；13—货物线；机$_{1}$—机车走行线；机$_{2}$、机$_{3}$—机车整备线；机$_{4}$—卸油线。

图 6-1　车站线路详图

（1）正线是指连接车站并贯穿或直股伸入车站的线路，可分为区间正线及站内正线，连接车站的部分为区间正线，贯穿或直股伸入车站的部分为站内正线。

（2）站线是指车站内除正线外，根据业务性质、运量大小及技术作业的需要而铺设的其他配线。

站线包括以下几类：

① 到发线是指供列车到达、出发使用的线路。

② 调车线是指进行列车编组与解体作业使用的线路。

③ 牵出线是指设在调车场的一端，并与到发线连接，专供车列解体、编组及转线等牵出使用的线路。

④ 货物线是指专供办理货物装卸使用的线路。

⑤ 站内指定用途的其他线路，是指站内救援列车停留线、机车走行线、机车等待线、车辆站修线、轨道衡线、加冰线、换装线、货车洗刷线、驼峰迂回线等。

（3）段管线是指机务、车辆、工务、电务专用，并由其管理的线路。如机务段内机车整备线、三角线，车辆段内车辆检修作业用的线路以及工务、电务段内停留轨道车及其他车辆的线路。

（4）岔线是指在区间或站内接轨，通往路内外单位（厂矿企业、砂石场、港湾、码头及货物仓库）的专用线路。

（5）特别用途线，包括安全线和避难线。

① 安全线是为防止列车或机车车辆从一进路进入另一列车或机车车辆占用的进路而发生冲突的一种安全隔开设备。

② 避难线是指在长大下坡道上能使失控列车安全进入的线路。

二、线路和道岔编号

为便于车站生产指挥作业的联系和对设备的维修管理，应对站内线路和道岔进行统一编号。同一车站或车场内的线路和道岔不得有相同的编号。

1. 车站线路编号方法

站内正线用罗马数字编号（Ⅰ、Ⅱ、Ⅲ…），站线用阿拉伯数字编号（1、2、3…）。

（1）单线车站：由靠近站房的线路起向站房对侧依次顺序编号；位于站房左右或后方的线路，在站房前的线路编完后，再由正线方向起，向远离正线顺序编号，如图 6-2 所示。

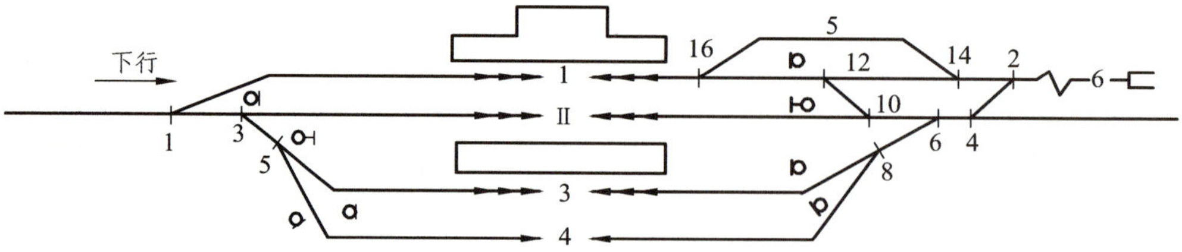

图 6-2 单线车站

（2）双线车站：从正线起按列车运行方向分别向外顺序编号，上行编双数，下行编单数，如图 6-3 所示。

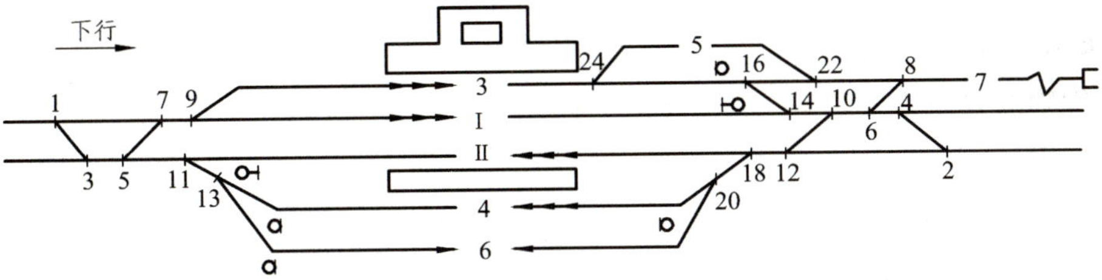

图 6-3　双线车站

（3）尽端式车站：站房位于线路一侧时，从靠近站房的线路起，向远离站房方向顺序编号，如图 6-4（a）所示；站房位于线路终端时，面向终点方向由左侧线路起顺序向右编号，如图 6-4（b）所示。

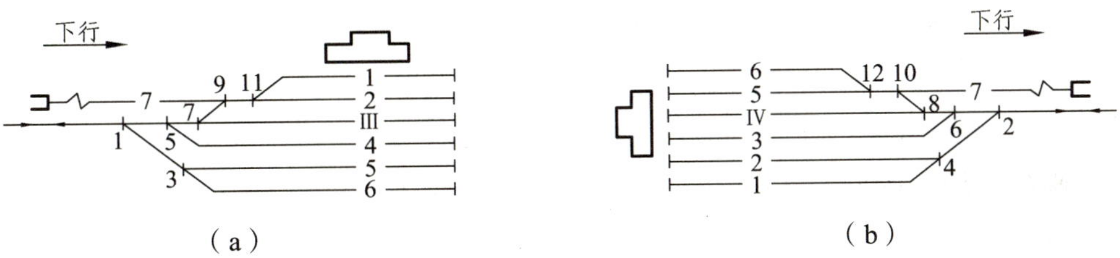

图 6-4　尽头式车站

（4）多车场车站：应分别车场编号。车场靠站房时，从靠近站房线路起，向站房对侧顺序编号；车场远离站房时，顺公里标前进方向从左向右顺序编号；在线路编号前冠以罗马数字表示车场，如Ⅱ场 2 道，写为Ⅱ2。

2. 道岔编号方法

道岔用阿拉伯数字进行编号，一般遵循以下原则：

（1）从车站两端由外向内、由主（主要进路）到次（次要进路）依次编号，上行列车到达一端用双数，下行列车到达一端用单数。尽头式线路上的道岔，向线路终点方向顺序编号。

（2）每一组道岔均应单独编号，对于同一条渡线上的道岔或梯线上的道岔，应编为连续的单号或连续的双号。

（3）站内道岔一般以站房为中心划分上、下行区域，若站房远离车站中心时，以车站或车场中心线划分。

（4）当车站一端衔接两个及以上方向，既有上行又有下行时，应按主要方向编号。

（5）当车站有数个车场时，每一车场的道岔必须单独编号。为区别车场，左边第一位数字表示车场号码。

第二节　道岔用中心线表示法

微课：道岔用中心线表示法

一、道岔用中心线表示法

用道岔处的两线路中心线及其交点表示道岔，绘图比较简便，而且也能满足设计和施工的需要，这种方法已在设计中广泛采用。

为了进一步明确道岔用中心线表示法，必须明确道岔的几何要素，如图 6-5 所示。

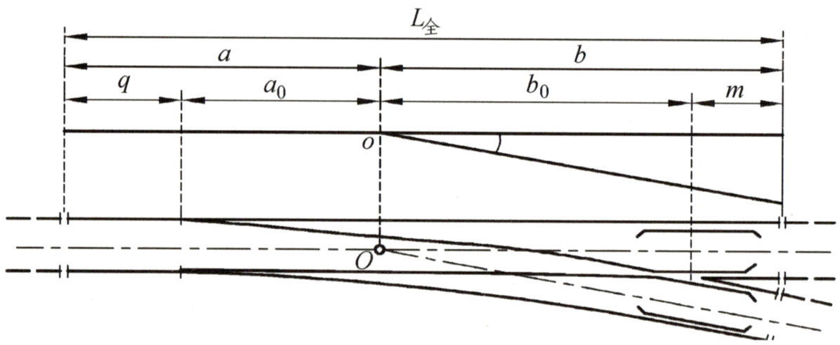

q—从道岔基本轨始端轨缝中心至尖轨始端的距离；a_0—从尖轨始端至道岔中心的距离；
a—从基本轨始端轨缝中心至道岔中心的水平距离；b_0—从道岔中心至辙叉心理论尖端的距离；
b—从道岔中心至辙叉后跟轨缝中心的距离；m—从辙叉理论尖端至辙叉后跟的距离；
$L_全$—从道岔基本轨始端轨缝中心至辙叉后跟轨缝中心的距离。

图 6-5　道岔几何要素

在已知道岔两线路中心线的交点和辙叉号数、道岔类型时，可按选定的比例尺用单线把道岔表示出来。例如画 9 号左开单开道岔时，可在主线的中心线上，先确定两线路中心线交点的位置，然后从交点沿主线线路中心线画等于辙叉号数的 9 个等分线段，并在最后一个线段末端画一等分线段，使其垂直于主线的线路中心线，将垂直线段的终点与道岔中心连接，即得支分线方向，如图 6-6（a）所示。

如画对称道岔，只需将垂直于主线线路中心线的线段平分于中心线两侧，然后把线段两端的终点与道岔支线相连接，这就是用线路中心线表示的对称道岔。图 6-6（b）表示的是 6 号对称道岔。

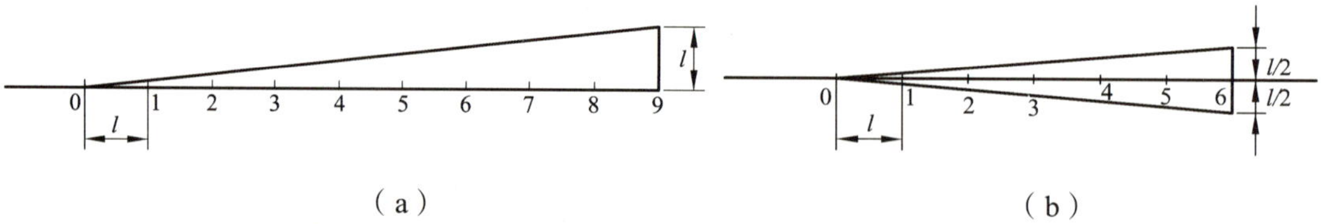

图 6-6　道岔用中心线表示法的绘制

二、道岔辙叉号数的选用

道岔是轨道的薄弱环节，也是对列车运行速度起限制作用的设备，在铁路站场设计时应合理选择道岔，在满足设计行车速度的前提下，尽量节省用地。

在第三章中已经得出结论：道岔辙叉号数越大，辙叉角越小，导曲线半径越大，侧向过岔允许速度越高；但辙叉号数越大，道岔全长越长，占地长度也越长，工程费用增加。故设计站场时，辙叉号数应根据路段旅客列车设计行车速度，查阅相关标准规范确定。

《技规》中规定，道岔辙叉号码应按以下规定选用：

（1）正线道岔的直向通过速度不应小于路段设计行车速度。

（2）用于侧向通过列车的单开道岔的辙叉号数应根据列车侧向通过的最高速度合理选用。

（3）侧向接发停车旅客列车的单开道岔，不得小于 12 号。

（4）侧向接发停车货物列车并位于正线的单开道岔，在中间站不得小于 12 号，在其他车站不得小于 9 号。

（5）列车轴重大于 25 t 的铁路正线单开道岔不得小于 12 号。

（6）其他线路的单开道岔不得小于 9 号。

（7）狭窄的站场采用交分道岔不得小于 9 号，但尽量不用于正线，必须采用时不得小于 12 号。

（8）峰下线路的对称道岔不得小于 6 号，三开道岔不得小于 7 号。

（9）段管线的对称道岔不得小于 6 号。

第三节　相邻两道岔中心间的距离

设计车站时，为了缩短车站咽喉长度以及机车车辆在站内走行距离，并节省工程投资及运营费用，相邻道岔应力求排列紧凑。但如果两岔心间距离太短，则会影响行车的安全、平稳及道岔使用年限。为此有关规章规定了两相邻道岔间的最小距离，该距离与道岔配列的形式及其办理的作业性质有关。

微课：相邻两道岔中心间的距离

一、道岔配列形式

两相邻道岔常见的配列形式有以下几种，如图 6-7 所示。

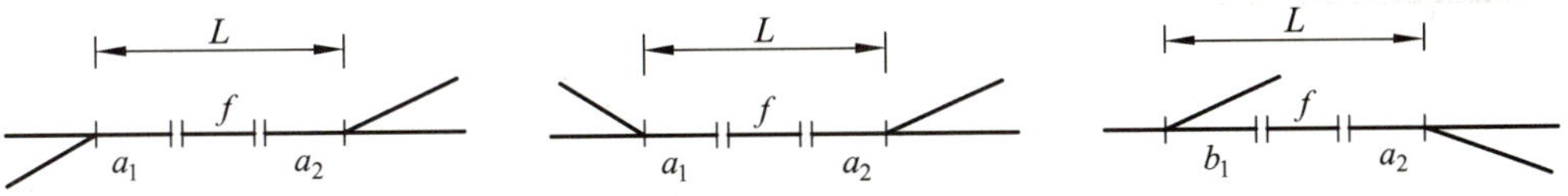

（a）　　（b）　　（c）

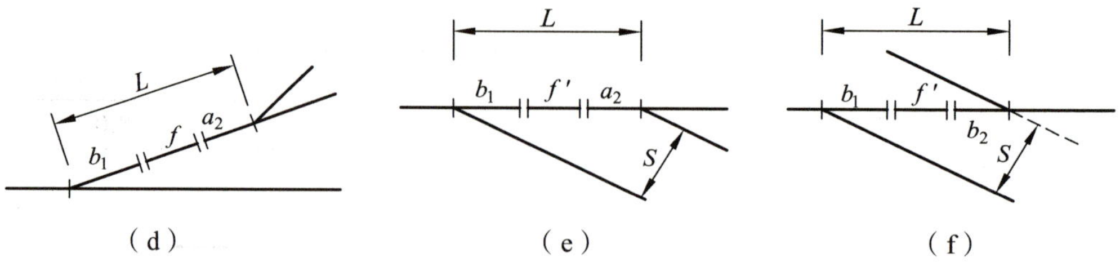

图 6-7　常见道岔配列形式

1. 两单开道岔对向布置

如图 6-7（a）和 6-7（b）所示，两相邻道岔中心间的最小距离（L）为：

$$L = a_1 + f + a_2 + \sum \varDelta \text{（m）} \tag{6-1}$$

式中　a_1 ——第一组道岔的基本轨始端轨缝中心至该道岔中心的距离；

a_2 ——第二组道岔的基本轨始端轨缝中心至该道岔中心的距离；

f ——两对向道岔基本轨始端间插入钢轨的最小长度；

$\sum \varDelta$ ——累计的轨缝长度，$\varDelta$ 为一个轨缝的长度，对于 25 m 或 12.5 m 标准轨取值 0.012 m，12.5 m 以下的短轨取值 0.008 m。每插入一根钢轨，就产生一个轨缝，轨缝的累计长度需根据插入钢轨的根数计算确定。

考虑列车通过时的平稳性以及方便今后站场的改造和养护维修，要在两组道岔间插入一段直钢轨。直钢轨的长度需满足车辆通过前一组道岔导曲线所产生的振动在到达后一组道岔导曲线前消失，而不与后一组道岔导曲线所产生的振动叠加的要求。f 的取值可按表 6-1 确定。

表 6-1　两对向单开道岔间插入钢轨的最小长度　　单位：m

线别		有正规列车同时通过两侧线时		无正规列车同时通过两侧线时
		一般情况	困难情况	
正线	$v \leqslant 120$ km/h	12.5	6.25	6.25
	120 km/h $< v \leqslant 160$ km/h	12.5	12.5	12.5
	$v > 160$ km/h	50.0	33.0	25.0
到发线（客货共线）		6.25	6.25	0
其他站线和次要站线		—	—	0

注：表中 v 为路段设计行车速度（下同）。

2. 两单开道岔顺向布置

如图 6-7（c）和 6-7（d）所示，两相邻道岔中心的最小距离 (L) 为：

$$L = b_1 + f + a_2 + \varDelta \text{（m）} \tag{6-2}$$

式中　b_1 ——第一组道岔的辙叉后跟到该道岔中心的距离。

插入钢轨长度主要受道岔结构的影响，f 的取值可按表 6-2 确定。

表 6-2　两顺向道岔间插入钢轨的最小长度　　单位：m

线别	木岔枕道岔	混凝土岔枕道岔
正线	6.25	8.0
到发线（客货共线）	4. 5	8.0
其他站线和次要站线	0	8.0

3. 两顺向道岔基线同侧布置

如图 6-7（e）所示。这种布置方式的两相邻岔心间的最小距离 (L) 取决于相邻线路的最小容许间距 (S)，其长度为：

$$L = \frac{S}{\sin\alpha} \text{（m）} \tag{6-3}$$

4. 两相对道岔基线异侧布置

如图 6-7（f）所示，这种布置方式的两相邻岔心间的最小距离 (L) 取决于相邻线路的最小容许间距 (S)，其长度为：

$$L = \frac{S}{\sin\alpha_{\min}} \text{（m）} \tag{6-4}$$

相邻两道岔中心间的距离除应满足最小距离的要求外，还需满足站场线路布置几何形状的要求。

【例 6-1】 如图 6-8 所示，铁路客货共线区段 K 站，车站采用木岔枕，选用图号为 TB 399—75 的道岔（道岔主要尺寸见附录表一），中间站台为宽 6 m 的普通站台，试确定该咽喉各道岔的辙叉号数和相邻道岔岔心间的距离。若该站采用混凝土岔枕，试确定道岔 5、13 岔心之间的最小距离。

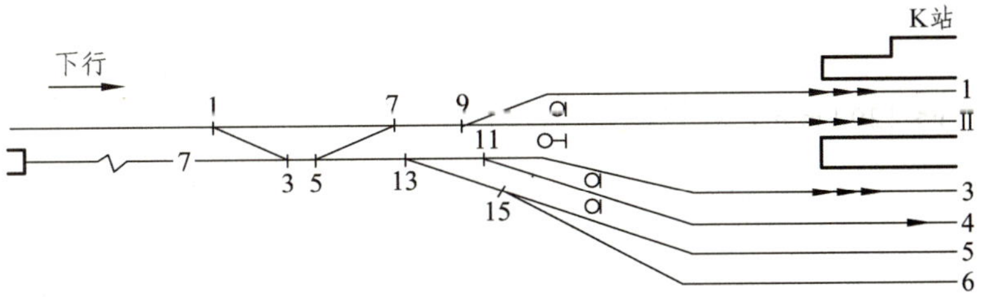

图 6-8　K 站一端咽喉区布置

1. 确定线间距

1 道至 II 道线间距：$S_{1\text{-}II} = 5$ m；

II 道至 3 道线间距：$S_{II\text{-}3} = 1\ 750 + 6\ 000 + 1\ 750 = 9\ 500$ mm；

3 道至 4 道线间距：$S_{3\text{-}4} = 5$ m；

4 道至 5 道线间距：$S_{4\text{-}5} = 6.5$ m；

5 道至 6 道线间距：$S_{5\text{-}6} = 5$ m；

II 道至 7 道线间距：$S_{II\text{-}7} = 6.5$ m。

2. 确定各道岔辙叉号码

1、3、9 道岔需侧向接发旅客列车，采用 12 号辙叉，其他道岔采用 9 号辙叉。

3. 确定相邻两道岔岔心间的最小距离

（1）道岔 3、5 为两对向布置的配列形式：

$$
\begin{aligned}
L_{3-5} &= a_1 + f + a_2 + \sum \Delta \\
&= 16.853 + 0 + 13.839 + 0 \\
&= 30.692\ (\text{m})
\end{aligned}
$$

（2）道岔 7、9 为两对向布置的配列形式：

$$
\begin{aligned}
L_{7-9} &= a_1 + f + a_2 + \sum \Delta \\
&= 13.839 + 6.25 + 16.853 + 0.008 \\
&= 36.950\ (\text{m})
\end{aligned}
$$

（3）道岔 5、13 为两顺向布置的配列形式：

$$
\begin{aligned}
L_{5-13} &= b_1 + f + a_2 + \Delta \\
&= 15.009 + 4.5 + 13.839 + 0.008 \\
&= 33.356\ (\text{m})
\end{aligned}
$$

（4）道岔 11、13 为基线同侧两顺向配列形式：

$$
L_{11-13} = \frac{S}{\sin\alpha} = \frac{6.5}{\sin 6°2'025''} = 58.850\ (\text{m})
$$

（5）道岔 13、15 为同侧顺向配列形式：

$$
\begin{aligned}
L_{13-15} &= b_1 + f + a_2 + \Delta \\
&= 15.009 + 0 + 13.839 + 0 \\
&= 28.848\ (\text{m})
\end{aligned}
$$

若该站采用混凝土岔枕，则道岔 5、13 岔心之间的最小距离为：

$$
\begin{aligned}
L_{5-13} &= b_1 + f + a_2 + \Delta \\
&= 15.009 + 8.0 + 13.839 + 0.008 \\
&= 36.856\ (\text{m})
\end{aligned}
$$

在设计车站时，相邻两道岔岔心间的最小距离 (L) 可从书末附录表中查出。

第四节　线路连接形式

常用的车站线路连接主要有线路终端连接、渡线连接、梯线连接及线路平行错移等。

一、线路终端连接

微课：线路连接形式

1. 普通线路终端连接

在站场设计中，将相邻两平行线路中的一条线路终端与另一条线路连接起来，便构成了普通线路终端连接。它是由一副单开道岔、一段连接曲线及道岔与曲线间的直线段组成，如图 6-9 所示。

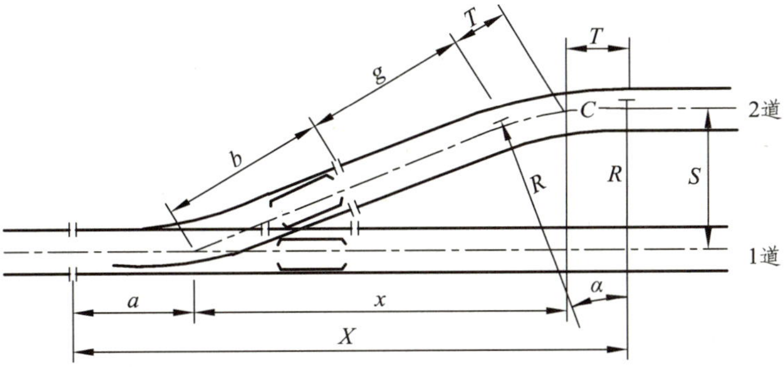

图 6-9　普通线路终端连接

为了标定曲线及全部连接长度，应确定角顶 C 的坐标，即：

$$x=(b+g+T)\cos\alpha \tag{6-5}$$

$$y=(b+g+T)\sin\alpha \tag{6-6}$$

全部连接长度在水平方向的投影为：

$$X=a+x+T \tag{6-7}$$

连接曲线切线长度为：

$$T=R\tan\frac{\alpha}{2} \tag{6-8}$$

式中　R——连接曲线半径，m，其值一般不应小于连接道岔的导曲线半径，根据道岔辙叉号数不同，可选用 200 m、300 m、400 m、800 m 和 1 200 m。

道岔与连接曲线间的直线段 g 的长度受线路几何形状的限制，同时还受线路间距 S、曲线半径 R 及外轨超高等因素的影响，其计算公式如下：

$$g=\frac{s}{\sin\alpha}-(b+T) \tag{6-9}$$

站线上道岔前后至曲线的直线长度应满足表 6-3 的要求。

表 6-3　站线上道岔前后至圆曲线最小直线长度　　单位：m

道岔前后圆曲线半径 R	轨距加宽	最小直线段长度					
		一般			困难		
		轨距加宽或曲线超高递减率 2‰			轨距加宽递减率 3‰		
		岔前	岔后		岔前	岔后	
		木、混凝土岔枕	木岔枕	混凝土岔枕	木、混凝土岔枕	木岔枕	混凝土岔枕
$R \geqslant 350$	0	2	2	0	0	2	0
$300 \leqslant R < 350$	5	2.5	4.5	2.5	2	4	2
$R < 300$	15	7.5	9.5	7.5	5	7	5

注：道岔前后两端连接曲线设有缓和曲线时，可不插入直线段。

2. 缩短式线路终端连接

当两平行线路的线间距很大时（如机务段、货场、车辆段等地），如使用普通线路终端连接，则全部连接的长度就很长。为了缩短全部连接的长度，可将道岔岔线向外转一个角（ϕ），形成缩短式的线路终端连接，如图 6-10 所示。这种线路连接方式需要加铺一段附加曲线，并在道岔终点与附加曲线起点间设置直线段 g，在反向曲线间设置直线段（d）。直线段（g）应根据连接曲线对轨距加宽的要求确定。直线段（d）在通行正规列车的线路上应不短于 20 m，在不通行正规列车的站线上应不短于 15 m，在困难条件下亦不能短于 10 m。

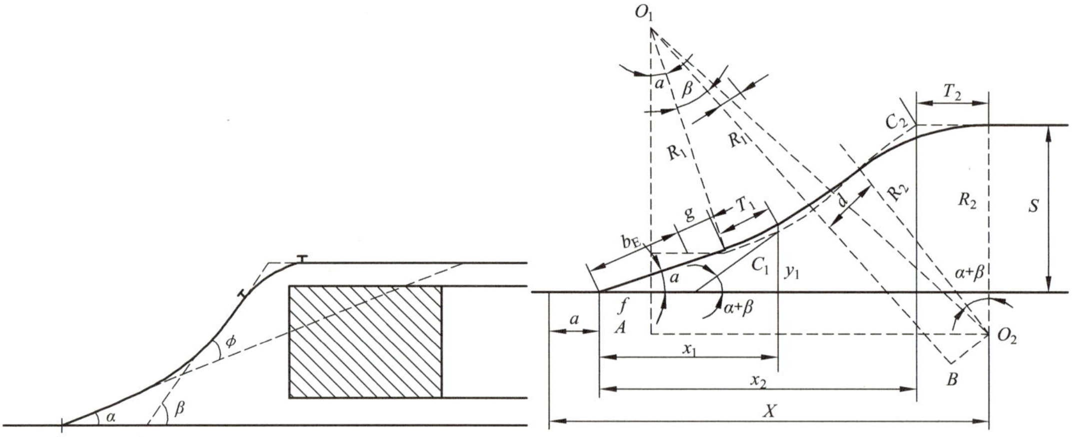

图 6-10　缩短式线路终端连接

二、渡　线

为了使机车车辆能从一条线路进入另一条线路，应设置渡线。渡线又分为普通渡线、交叉渡线。

1. 普通渡线

普通渡线设在两平行线路之间，由两副辙叉号数相同的单开道岔及两道岔间的直线段组成，如图 6-11 所示。

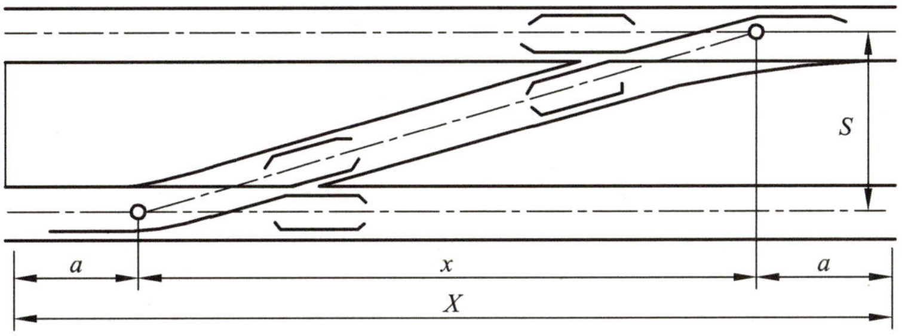

图 6-11　普通渡线

若两道岔的辙叉号数及线间距为已知，则普通渡线在水平方向的投影长度为：

$$x = S\cot\alpha = SN \tag{6-10}$$

全部连接长度在水平方向的投影长度为：

$$X = 2a + x \tag{6-11}$$

2. 交叉渡线

交叉渡线是由四副辙叉号数相同的单开道岔和一副菱形交叉组成。在需要连续铺设两条方向相反的普通渡线而受地面长度限制时，可采用这种渡线，如图 6-12 所示。

交叉渡线的计算与普通渡线相同。

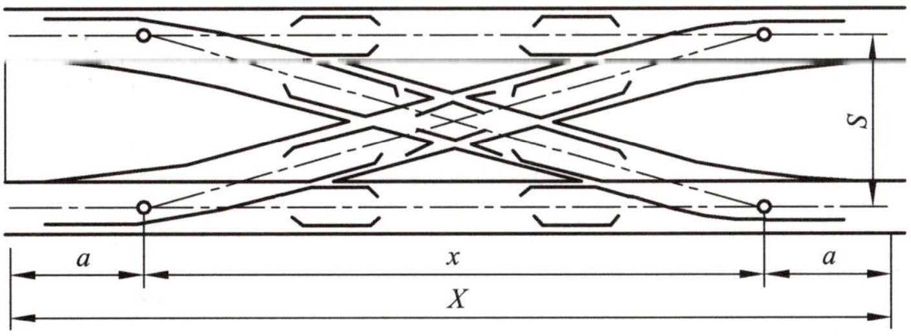

图 6-12　交叉渡线

三、线路平行错移

在车站两平行线路间的某一段需要修建站台或其他建筑物，以及为某种作业需要而变更线间距离时，其中一条线路要平行移动，移动后的线路与原线路之间用反向曲线连接，这种连接形式称为线路平行错移，如图 6-13 所示。

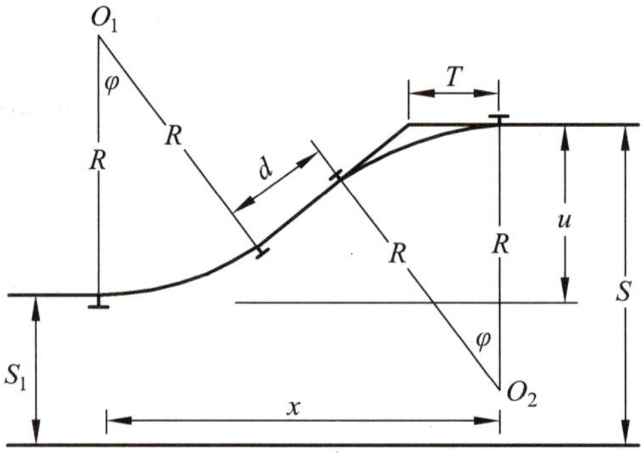

图 6-13　线路平行错移的连接

平行错移连接反向曲线半径，在站内正线应根据铁路等级、旅客列车行车速度及工程条件比选确定。不设缓和曲线时，曲线半径不得小于表 6-4 中规定的数值。设缓和曲线时，曲线半径不得小于该区段的最小曲线半径（见表 4-1），且不得小于表 6-5 中规定的数值。

表 6-4　反向曲线不设缓和曲线的最小圆曲线半径

路段旅客列车设计行车速度/（km/h）	140	120	100	80
可不设缓和曲线的最小圆曲线半径/m	10 000	5 000	4 000	3 000

表 6-5　车站平面最小曲线半径

路段设计行车速度/（km/h）	最小曲线半径/m		
	区段站	中间站、会让站、越行站	
		一般	困难
80	800	600	600
120		1 200	800
160	1 600	2 000	1 600
200	2 000	3 500	2 800

四、梯线连接

将几条平行线路连接在一条公共线上，这条公共线就叫梯线。按道岔位置的布置不同，梯线可分为直线梯线、缩短梯线及复式梯线三种。

1. 直线梯线

直线梯线的特点是各道岔依次排列在一条直线上，如图 6-14 所示。

图 6-14（a）所示是常见的梯线，该梯线与各平行线路的倾角为道岔辙叉角α，各道岔辙叉号数相同。

图 6-14（b）所示梯线与各平行线路平行。

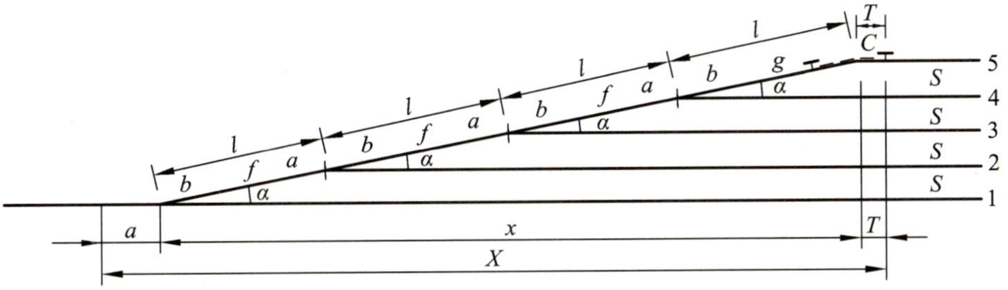

（a）

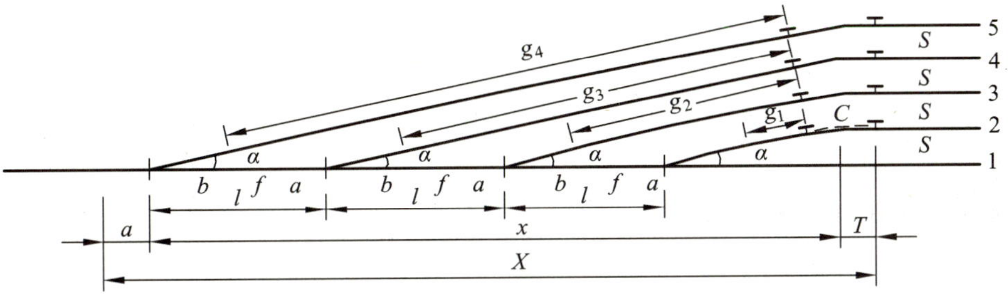

（b）

图 6-14　直线梯线

直线梯线的优点是采用非集中联锁时扳道员扳道不需要跨越线路，较安全；瞭望条件好，便于作业上的联系。它的缺点是当线路较多时，梯线较长，进入各线经过的道岔数也不均匀，影响调车作业效率，同时，内外侧线路长度相差较大。因此，这种梯线仅适用于线路较少的到发场和调车场。

2. 缩短梯线

当平行线路间距较大时，为了缩短梯线的长度，将梯线在与平行线路成一道岔角的基础上再转一个γ角，而与平行线路成β角（$\beta > \alpha$），这样就形成缩短梯线，如图 6-15 所示。从图中可以看出，倾斜角β越大，梯线就越短。

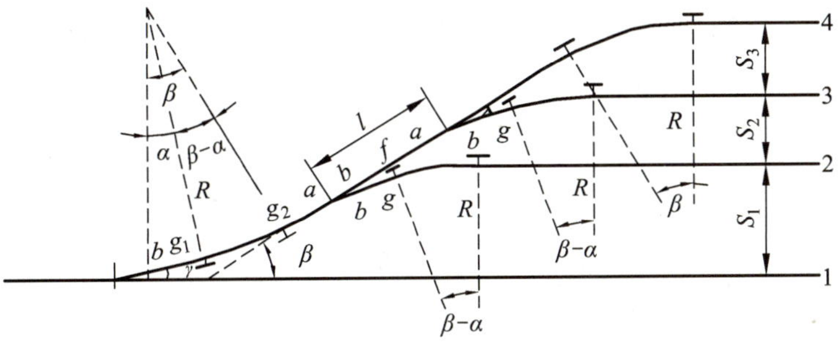

（a）

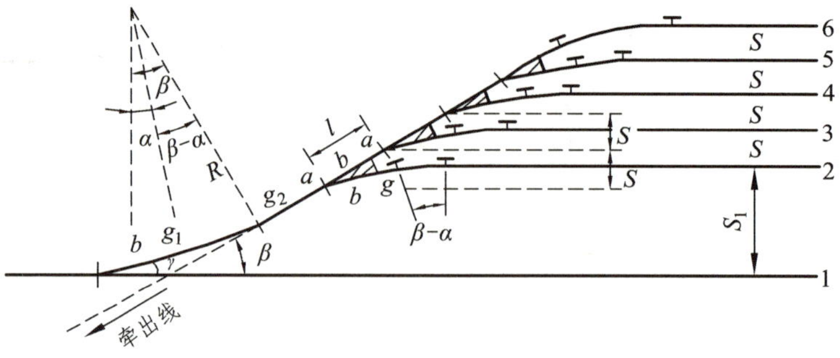

（b）

图 6-15　缩短式梯线

缩短梯线的主要优点是缩短了梯线的连接长度，使内外线路长度相差悬殊的情况得到改善。线路间距较大时，还能提高土地有效使用面积，另外还可保持直线梯线扳道员扳道时不需跨线的优点。其缺点是连接曲线较多，对调车作业不利，同时，由于 β 角受到一定限制，当连接线路较多时，缩短梯线连接长度的优点不显著。因此，这种梯线仅适用于连接线路数量较少且线间距较大的地方（如货场、车辆段及机务段燃料场等处）。

3. 复式梯线

将几条与基线成不同倾斜角的梯线组合起来，连接较多的平行线路，这种连接形式称为复式梯线，如图 6-16 所示。

与直线梯线相比，复式梯线的优点是缩短了梯线的长度，可使进入各条线路的车辆经过道岔数目相等或相差不多，可根据需要适当变化梯线结构来调整各线路有效长等。其缺点是曲线多且长，道岔布置分散，当道岔非集中操纵时，扳道员扳道要跨越线路，安全性较差。

当调车线较多时，常用复式梯线连接。有时，调车线数量不多，但用直线梯线连接不能保证各条线路需要的有效长时，也可采用复式梯线。

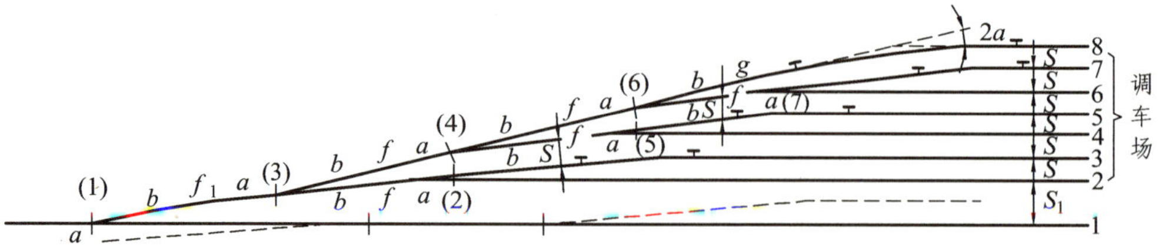

（a）

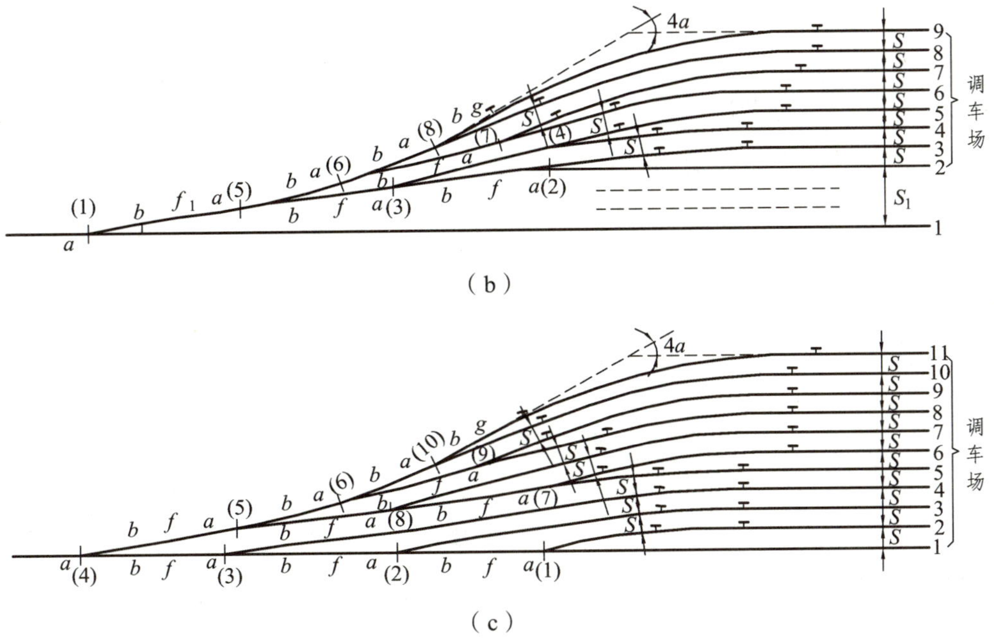

图 6-16　复式梯线

第五节　车站线路长度

微课：车站线路长度（一）

一、线路全长及有效长

车站线路的长度分为全长和有效长两种。

线路全长是指车站线路一端的道岔基本轨接头至另一端道岔基本轨接头的长度。如为尽头式线路，则指道岔基本轨接头至车挡的长度，如图 6-17 所示。线路全长减去该线路上所有道岔的长度，叫作铺轨长度。确定线路全长，主要是为了设计时便于估算工程造价，比较设计方案。站内正线铺轨长度已在区间正线合并计算，故不另计全长。

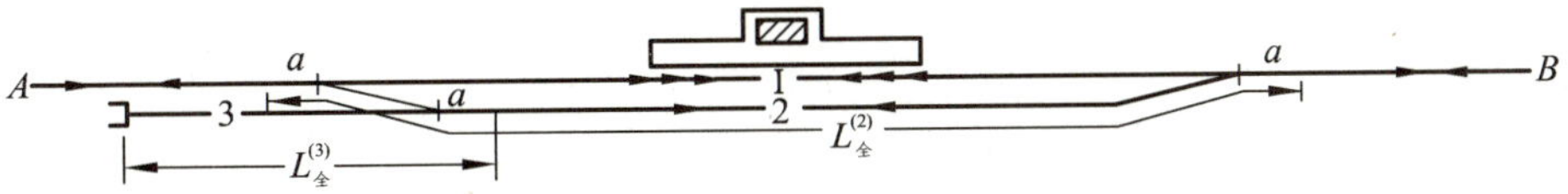

图 6-17　线路全长的确定

线路有效长是指在线路全长范围内可以停留机车车辆而不妨碍信号显示、道岔转换及邻线行车的部分。线路有效长起止范围主要由下列因素确定：

（1）警冲标；

（2）道岔的尖轨始端（无轨道电路时）或道岔基本轨接头处的钢轨绝缘（有轨道电路时）；

（3）出站信号机（或调车信号机），客运专线车站到发线上不设出站信号机时，应为出站信号机对应的钢轨绝缘；

（4）车挡（为尽头式线路时）。

线路有效长的具体标定如图 6-18 所示。

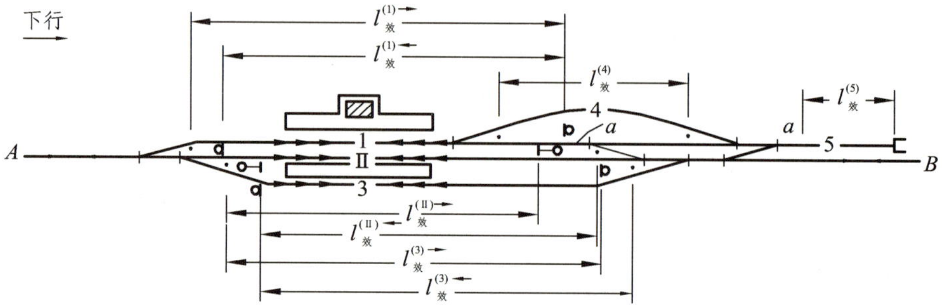

图 6-18　线路有效长的确定

线路需要的有效长，主要视其用途及能力而定，到发线有效长主要由列车长度及列车停车时的附加距离组成。

货物列车到发线有效长的确定应综合考虑输送能力、牵引重量、地形条件和相邻区段统一牵引等因素，其计算公式为：

$$l_{效}=\sum l_{机}+\frac{Q}{W}+l_{附} \tag{6-11}$$

式中　$l_{效}$ ——计算的线路有效长，m；

$\sum l_{机}$ ——机车长度，m；

Q ——重车方向的货物列车牵引质量，t；

W ——车列平均每单位长度的质量，t/m；

$l_{附}$ ——列车停车时的附加距离，目前采用 30 m。

$\sum l_{机}+\frac{Q}{W}$ ——列车长度，受设计路段的牵引机车类型、车辆类型、限制坡度以及空车率等因素影响。

我国铁路采用的货物列车到发线有效长按 1 050 m、850 m、750 m 及 650 m 等标准选用。开行组合列车为主的铁路可采用大于 1 050 m 的到发线有效长。

货物列车到发线有效长度过长或过短对运营都会产生不利的影响。在满足一定运量的条件下，采用较长的有效长度，可以提高列车牵引质量，相对减少列车对数及与对数有关的费用，对单线铁路还可减少会车次数，提高旅行速度，从而提高运营效率。但有效长度过长，会增加车辆集结时间和费用，对组织直达运输带来不便。采用何种有效长，应根据输送能力的要求、机车类型及所牵引列车的长度，结合地形条件，并考虑与相邻各铁路到发线有效长相配合等因素综合确定。

二、警冲标的位置

微课：车站线路长度（二）

警冲标应安设在两汇合线路中心线间垂直距离为 4 m 处。按照上述规定，当警冲标内方停有机车车辆时，列车或机车车辆可沿邻线安全通过。4 m 是根据机车车辆限界再加一些富余间隙确定的。

当警冲标位于两直线之间时，如图 6-19（a）所示，警冲标至线路中心线的垂直距离为 $P_1 = P_2 = 2$ m；当警冲标位于直线与曲线（包括道岔导曲线）之间时，警冲标与直线的距离仍为 $P_1 = 2$ m，与曲线的距离则为 $P_2 + W_{内}$（$W_{内}$ 为曲线内侧加宽值），如图 6-19（b）所示；道岔中心至警冲标的水平投影距离与辙叉角、线间距及连接曲线半径等因素有关。当警冲标位于道岔后分歧线路的曲线间时，要考虑外侧内加宽和内侧外加宽，如图 6-19（c）所示。

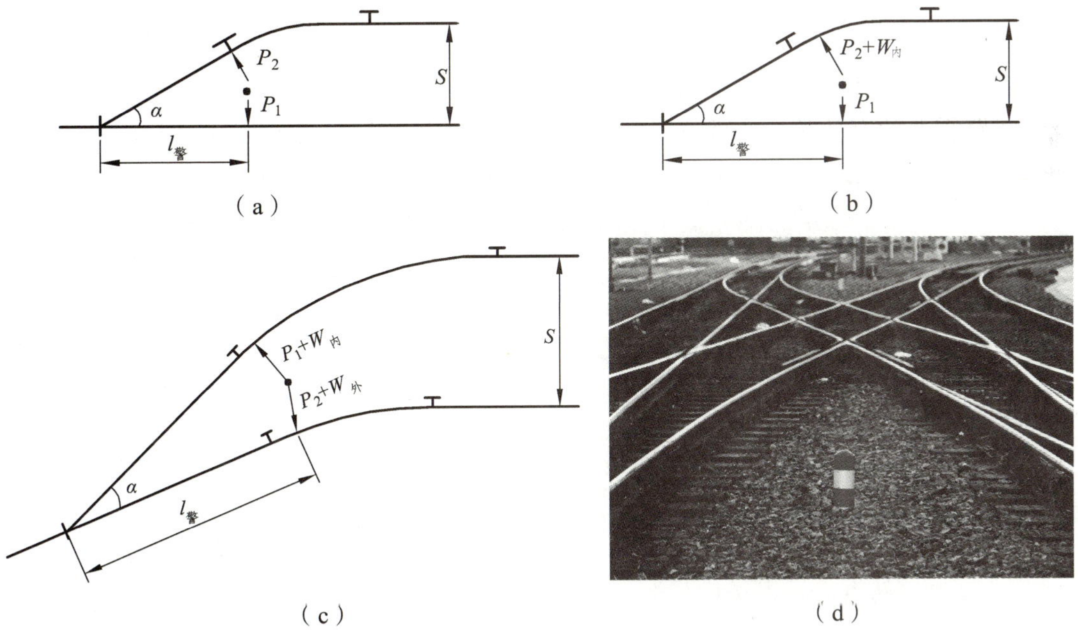

图 6-19　警冲标位置设置

按上述计算方法计算的警冲标至道岔中心的距离见附录（七）。

三、出站信号机的位置

在车站内正线、到发线列车运行方向的左侧应装设出站信号机，它的位置除应满足限界要求外，还决定于信号机处道岔的方向（顺向或逆向）、信号机类型及有无轨道电路等。

1. 出站信号机机柱中心与两侧线路中心的最小距离

1）高柱色灯信号机

我国采用的高柱色灯信号机的基本宽度有 380 mm 和 410 mm 两种。若信号机相邻线路通行超限货物列车时，直线建筑限界为 2 440 mm，图 6-20 所示 P_1 值为 2 440 + 380/2 = 2 630 mm（或 2 440 + 410/2 = 2 645 mm）；若信号机相邻线路不通行超限货物列车时，直线建筑限界为 2 150 mm，此时 P_1 值为 2 150 + 380/2 = 2 340 mm（或 2 150 + 410/2 = 2 355 mm）。

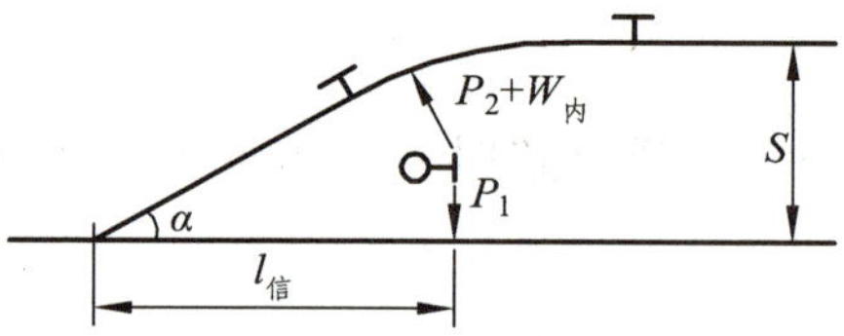

图 6-20　出站信号机设置位置

2）矮型色灯信号机

透镜式矮型一机构色灯信号机中心至相邻线路中心的距离为 2 029 mm；矮型双机构色灯信号机基础中心至相邻线路中心的距离为 2 199 mm。

2. 出站信号机与道岔中心或道岔尖轨始端（或道岔基本轨接缝）的距离

1）当车站未装设轨道电路时

出站信号机后方为逆向道岔，可将信号机安设在道岔尖轨始端处，如图 6-21（a）所示。

出站信号机后方为顺向道岔，信号机应设在警冲标内方适当地点，如图 6-21（b）所示。信号机至道岔中心的距离 $l_信$可从附录（八）、（九）中查定。

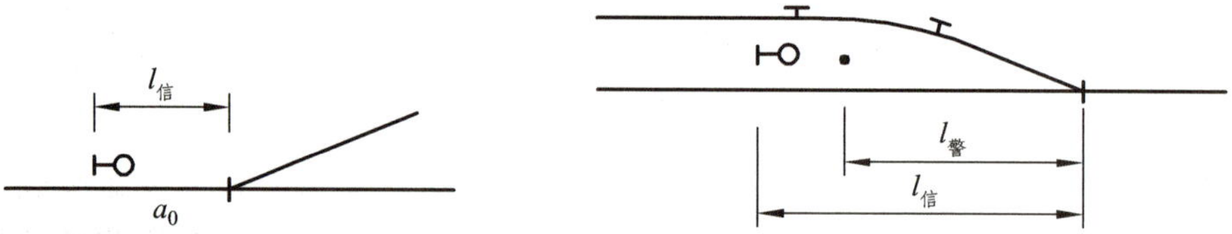

（a）　（b）

图 6-21　出站信号机位置（无轨道电路）

2）当车站装设轨道电路时

出站信号机后方为逆向道岔时，可将信号机安设在道岔基本轨接缝处，如图 6-22（a）所示。

出站信号机后方为顺向道岔时，信号机仍应设在警冲标内方适当地点，如图 6-22（b）所示。信号机至道岔中心的距离 $l_信$可从附录（十）~（十二）中查定。

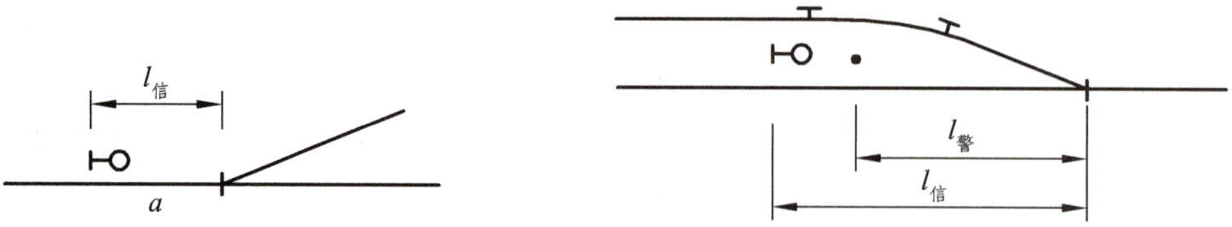

（a）　（b）

图 6-22　出站信号机位置（有轨道电路）

四、信号机、钢轨绝缘与警冲标的相互位置

有轨道电路时，还需要考虑出站信号机、钢轨绝缘与警冲标的相互位置，其设置原则如下：

（1）信号机处的钢轨绝缘节位置，原则上应与出站信号机设在同一坐标处，如图6-23（a）所示。但为了避免安装信号机时串轨、换轨或锯轨等，钢轨绝缘允许设置在出站信号机前方1 m或后方6.5 m的范围内，如图6-23（b）和6-23（c）所示。

（2）警冲标与钢轨绝缘的距离，为了保证机车车辆停留在警冲标内侧时最外方轮对不会越过钢轨绝缘，导致相邻轨道电路区段被占用，根据我国机车车辆车钩顶端至最外侧轮对中心的距离，在客货共线铁路上，钢轨绝缘应设在警冲标内侧 3～4 m 的距离处（设计时一般取3.5 m）；在客运专线上，警冲标至绝缘节的距离应为5 m。在困难条件下，当警冲标内方的绝缘节至警冲标的距离小于规定的数值时，该绝缘节被称为侵限绝缘，需要明确地标记出来。

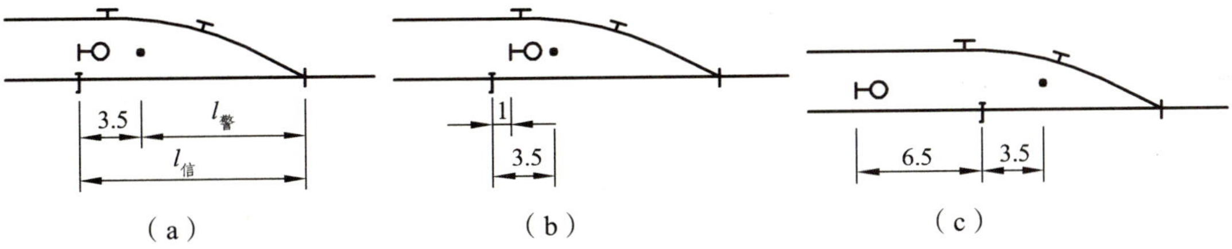

图6-23　信号机与钢轨绝缘位置关系位置

在确定出站信号机、钢轨绝缘和警冲标的位置时，首先应考虑在不影响到发线有效长的条件下，按现有的钢轨接缝设置绝缘节和信号机的位置，然后再将警冲标移设至距钢轨绝缘规定的距离处（警冲标的位置需满足至相邻线路中心距离的要求）。如现有的钢轨接缝安装绝缘不能保证到发线有效长或不宜设置信号机时，应以短轨拼凑等办法安装绝缘，以满足各方面的要求。

五、车站线路实际有效长的推算

微课：有效长推算

确定车站线路有效长时，首先应以车站平面图正线上的最外方道岔中心为原点坐标，计算出各线路有效长的控制点坐标，然后利用有效长推算表推算出各线路的实际有效长。现举例说明如下。

已知：客货共线中间站K，如图6-24所示。共有四条线路，Ⅱ道为正线兼到发线，1、3道为到发线，4道为安全线，其有效长为50 m。中间站台的长、宽、高尺寸为400 m×6 m×0.3 m。本站为有轨道电路，高柱信号机均采用宽380 mm的色灯信号机，矮柱信号机为一机构色灯信号机，采用木岔枕。

要求：① 标出各道岔中心、连接曲线角顶、警冲标及出站信号机的坐标；② 确定各到发线实际有效长，其中最短一条线路的有效长按规定的标准有效长850 m设计。

1. 坐标计算方法

（1）进行线路和道岔编号；

（2）确定各相邻线路线间距；

（3）确定各道岔的辙叉号数及两相邻道岔中心间的距离；

（4）确定各连接曲线要素（R、α、T、L）；

（5）以正线两端最外方道岔中心为坐标原点，由外向内分别计算出道岔中心、连接曲线角顶、警冲标、出站信号机等的 x 坐标。为便于施工应标出信号机机柱中心至线路中心的距离。

线路数目不多的车站可将计算的坐标标在车站平面布置图上，便于核对。但当线路数目多时，应另列坐标计算表。

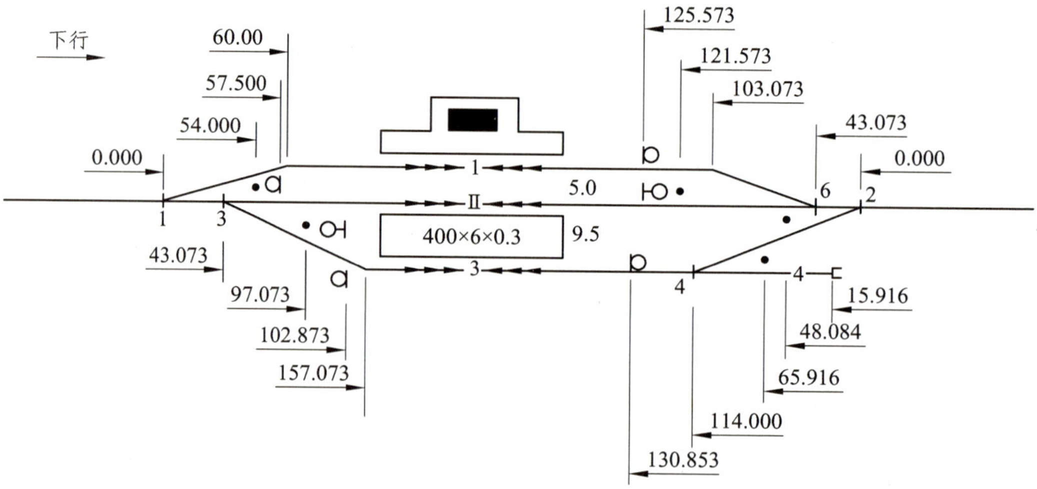

图 6-24　K 站示意图（单位：m）

2. 推算各线路实际有效长

各线路实际有效长的推算，可利用表 6-6 进行。

表 6-6　各线路有效长的推算表　　单位：m

线路编号	运行方向	线路有效长控制点 x 坐标		共计（x_1+x_2）	各线路有效长之差	各线路有效长
		左端（x_1）	右端（x_2）			
1	2	3	4	5	6	7
1	下行	54.000	125.573	179.573	54.153	904
	上行	57.500	121.573	179.073	54.653	904
Ⅱ	下行	97.073	125.573	222.646	11.08	861
	上行	102.873	121.573	224.446	9.28	859
3	下行	97.073	130.853	227.926	5.8	855
	上行	102.873	130.853	233.726	0	850

将各线路有效长的控制点 x 坐标填入表中的 3、4 栏内，这两栏数字相加填入第 5 栏。第 5 栏数值最大者就是有效长最短的线路（即控制有效长的线路），其有效长按规定的标准有效长 850 m 设计，其他各线路的实际有效长根据与该线路有效长的差值即可确定。

从图 6-24 中可以看出，该站两端最外方两道岔基本轨接头的距离为：102.873 + 850 + 130.853 + 2 × 16.853 = 1 117.432（m）。而该站占用地面的总长度（站坪长度）为：1 117.432 + 100 = 1 217.432（m）。

根据推算出的各点坐标，又可以很容易地绘制出车站平面比例尺图。

复习与思考

1. 铁路线路有哪些种类？
2. 如何进行线路、道岔编号？
3. 道岔的辙叉号数是如何规定的？
4. 两相邻道岔常见的配列形式有哪几种？如何计算其配列长度？
5. 车站线路连接形式主要有哪几种？
6. 什么是线路有效长？确定线路有效长的因素有哪些？
7. 如何确定警冲标、出站信号机的位置？
8. 如何推算车站线路有效长？
9. 直线梯线、复式梯线的优缺点有哪些？

第七章　会让站、越行站及中间站

主要内容

会让站、越行站及中间站布置图；中间站设备；中间站改（扩）建的常见情况及应遵循的原则。

重点掌握

会让站、越行站及中间站布置图分析。

车站是铁路运输的基层生产单位，它参与旅客、货物运输过程的主要作业环节。集中了与客货运输有关的各项技术设备，对提高铁路运输效率和保证运输安全起着决定作用。

会让站、越行站和中间站是为了提高铁路区段通过能力，保证行车安全，并为沿线城乡及工农业生产服务而设的车站。它们的主要任务是调整列车运行，办理列车的通过、会让、越行及一些客、货运业务。

微课：会让站、越行站及中间站

第一节　会让站

一、会让站的作业和设备

在单线铁路区段上，为提高区间通过能力，主要办理列车的到发、会车、让车，必要时兼办少量旅客乘降业务的车站为会让站。

会让站的主要设备有到发线、通信信号设备、旅客乘降设备及办公房屋等。

二、会让站布置图

会让站布置图按其到发线的相互位置主要可分为以下两类。

1. 横列式会让站

横列式布置图具有站坪长度短、站场布置紧凑、便于集中管理、定员少和到发线使用灵活等优点。因此，在一般情况下，会让站应采用横列式布置图型。

会让站的到发线一般应设两条，以便车站具有三交会的条件，同时也能适应水槽车、机械化养路的工程车和轨道车等特殊车辆停留需要。当列车对数较少（一般平行运行图不超过 12 对，远期也无较大发展）时，仅为提高区间通过能力办理列车会让的车站，可仅设一条到发线。为使运输秩序出现不正常情况时影响范围不致过大，便于运行调整，设置一条到发线的会让站连续布置不应超过两个。

横列式会让站只设一条到发线时，到发线一般应设在站房对侧，如图 7-1（a）所示。其优点是便于利用正线接发通过列车，车站值班员可不跨越线路，作业安全；经由正线接发的旅客列车可停靠基本站台而不经过侧向道岔，列车运行平稳，旅客比较舒适。但如旅客列车较多，且有交会通过列车或近期有增设第二条到发线的可能时，则宜将到发线设在站房同侧，以保证旅客列车停靠基本站台，便于旅客进出站；同时摘挂列车停靠基本站台时，可不影响正线接发通过列车，并避免在铺设第二正线时需拆迁站台的问题。

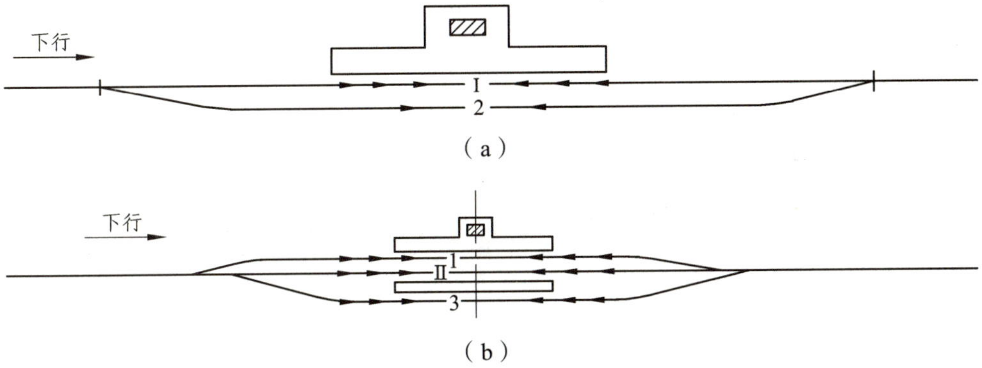

图 7-1　横列式会让站布置图

横列式会让站设两条到发线时，以两条到发线分设于正线两侧布置为宜，如图 7-1（b）所示。两条到发线分设正线两侧较设于正线一侧时站坪长度短，土石方工程量小，在单线发展为双线时，拆迁工程也较少。

会让站一般不设中间站台。

2. 纵列式会让站

纵列式会让站布置图是将两到发线纵向排列，并逆运转方向错移一个货物列车到发线的有效长度，如图 7-2 所示。这种布置图站坪长度长、工程投资大，且增加了中间咽喉，车站定员多，管理也不方便；车站值班员瞭望信号确认进路也不方便，车长与值班员联系工作走行距离长。因此，这种图型一般只在山区因地势陡窄时才采用。

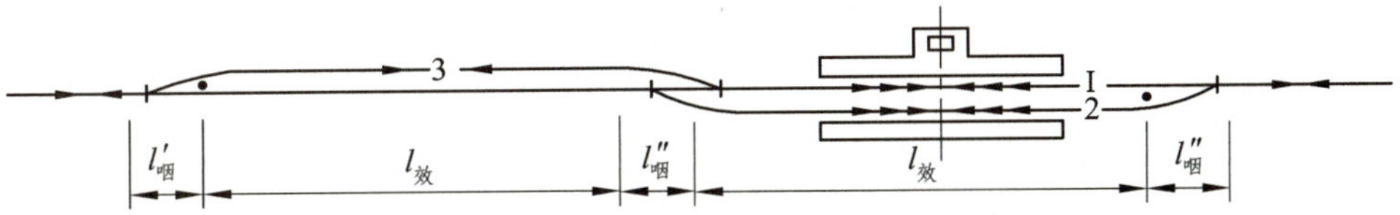

图 7-2　纵列式会让站布置图

第二节　越行站

一、越行站的作业和设备

在双线铁路区段上，为提高区间通过能力，主要办理同方向列车的越行，有时办理反方向列车的转线，必要时兼办少量旅客乘降业务的车站为越行站。

越行站的主要设备有到发线、通信信号设备、旅客乘降设备及办公房屋等。

二、越行站的布置图型

越行站一般应采用横列式布置图型。其主要优点有：站坪长度短、站场布置紧凑，工程费用低；无中间咽喉，便于集中管理、节省定员；到发线使用灵活。

越行站一般也应设两条到发线，以便双方向列车都有同时待避的机会。若上、下行无同时待避列车，地方客、货运量极少，或地形困难以及其他条件限制的个别越行站，也可采用一条到发线。越行站一般应采用横列式布置。

横列式越行站仅设一条到发线时，到发线一般应设于两正线中间，如图 7-3（a）所示。其优点是上、下行停站旅客列车一般接入正线，列车运行平稳，旅客舒适，且不需要扳动道岔，有利行车安全；车站值班员接发下行通过列车时，办理作业方便，且不会被待避列车阻挡；任何一方待避列车接入到发线时，均不与另一方向正线的行车产生交叉干扰，而且接发列车进路灵活，使用效率高，并可推迟第二条到发线的铺设期限。其缺点是两正线变换线间距时，上行正线在站内需设反向曲线，瞭望不便，影响列车运行速度。

若采用到发线布置在两正线一侧（站房对侧），如图 7-3（b）所示，则不需要变更正线的间距，但存在着下行方向待避列车的到、发，必然与上行方向列车的发、到产生交叉干扰，降低区间通过能力，危及行车安全。此种布置图缺点显著，一般不宜采用。

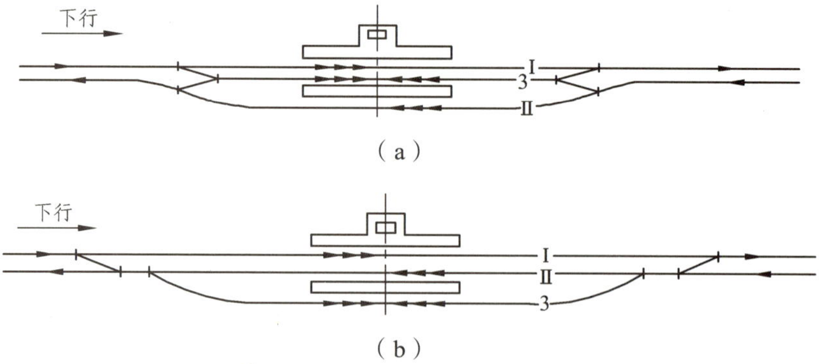

图 7-3　横列式越行站设一条到发线布置图

横列式越行站设两条到发线时，两条到发线一般分设于正线两侧，如图 7-4 所示。若两到发线布置在正线同一侧，则一个方向待避列车的到、发作业与另一方向列车发、到作业产生交叉干扰，不仅影响行车安全，而且还会降低区间通过能力。因此，新建或改建越行站时，宜采用两到发线设于正线两侧的布置图。

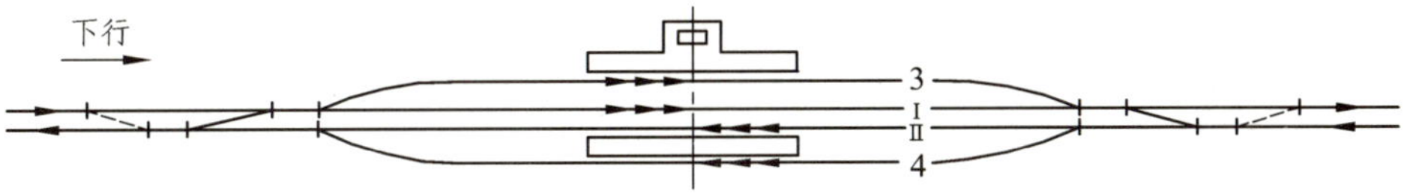

图 7-4　横列式越行站设两条到发线布置图

越行站的行车作业是按上、下行分开进行的，为保证上、下行旅客列车分别停靠站台，可设置中间站台，越行站的中间站台一般应设在站房对侧的正线和到发线之间。

在越行站上，为满足转线和反方向接发列车的需要，或因区间线路施工维修、电气化接触网线检修、线路临时发生故障及其他情况下采取运行调整措施，必须使一条线路上运行的列车转入另一条线路上运行，车站两端咽喉区的正线间应设置渡线。

每端各设一条渡线时，渡线应朝向站房，如图 7-4 中实线所示。其优点是可增加客车停靠基本站台的机会；站房同侧发展货场时，上行摘挂列车车组经由渡线向货场取送时，占用出发方向正线，而不占用到达方向正线。两端各设两条渡线时，渡线布置形式以“八”字形为好。采用交叉渡线会给养护带来不便，故仅在站坪长度受限制时采用。

第三节　中间站

一、中间站的作业

在铁路区段内，为满足区间通过能力及客、货运业务需要而设有配线的中间分界点称为中间站。其主要作业有：

（1）办理列车的通过、会让和越行，在双线铁路上还办理调整反向运行列车的转线作业。

（2）旅客的乘降和行李、包裹的收发和保管。

（3）货物的承运、装卸、保管和交付。

（4）摘挂列车甩挂车辆的调车作业。

有的中间站如有工业企业线接轨或者是加力牵引起、终点及机车折返站时，还需办理工业企业线的取送车，补机的摘挂、待班和机车整备、转向等作业。

另外，在客货运量较大的个别中间站，还有始发、终到旅客列车及编组始发货物列车的作业。

二、中间站的设备

为了完成以上作业，中间站应设有以下设备：

（1）列车到发线和货物装卸线，必要时还应设有调车用的牵出线和安全线。

（2）为旅客服务的站房、站台、站台间的跨线设备（天桥、地道及平过道）和雨棚等。

（3）为货运服务的货物堆放场、货物站台、仓库、雨棚、装卸设备及货运办公房屋等。

（4）信号、联锁、闭塞及通信设备。

（5）个别车站为机车整备、转向而设置的有关设备等。

（6）必要时还设有存车线和调车线。

三、中间站布置图

中间站一般采用横列式布置。横列式布置具有站坪长度短，工程投资少；摘挂列车调车作业走行距离短，作业方便；列车待避条件好，线路使用灵活等优点。

图 7-5 和图 7-6 分别为单线、双线横列式中间站布置图。图 7-5（a）适用于货运量小、摘挂列车作业时间短、正线平纵断面条件适合办理调车作业，且利用正线调车不致影响区间通过能力的中间站。采用这种布置图时，还应根据具体情况，预留增加到发线和牵出线等的条件。图 7-5（b）、（c）所示布置图到发线较多且设有牵出线，适用于货运量较大（如地、县所在地或较大物资集散地）且摘挂列车作业时间较长的中间站。

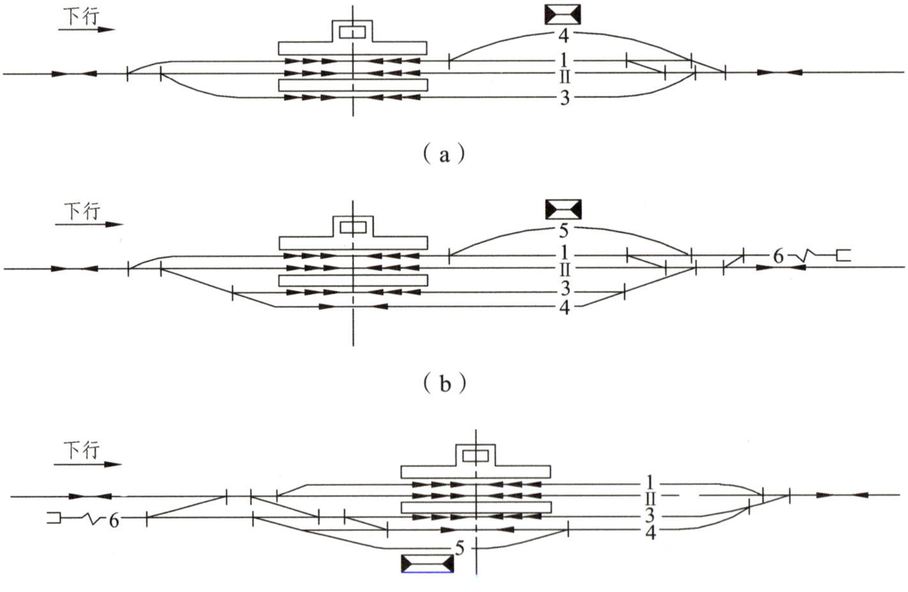

（a）（b）（c）

图 7-5　单线横列式中间站布置图

在双线铁路中间站上，为满足调车作业、列车反方向运行以及双方向接发列车的需要，或因区间线路大修、线路临时发生故障和其他情况下采取运行调整措施，必须使一条线路上运行的列车转入另一条线路上继续运行，车站两端咽喉区的正线间应各设两条渡线。

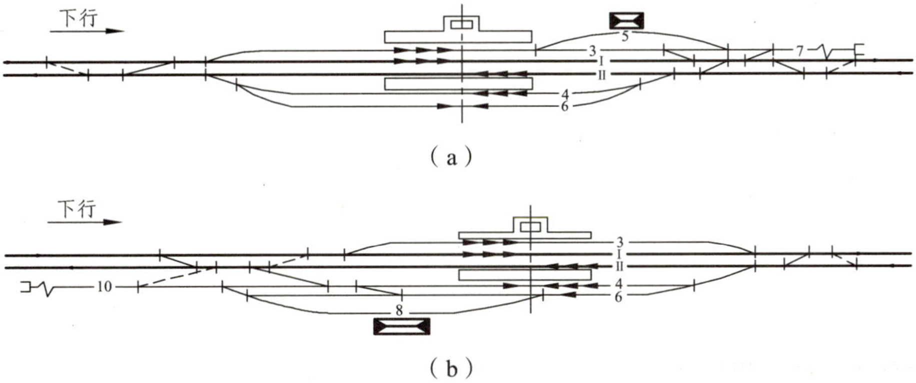

图 7-6　双线横列式中间站布置图

货场是联系产、运、销的重要环节，是促进工农业生产、为地方服务的重要设施。中间站的货场位置一般有站同左（Ⅰ象限）、站同右（Ⅱ象限）、站对右（Ⅲ象限）、站对左（Ⅳ象限）四个位置，如图 7-7 所示。中间站的货场位置应结合主要货源、货流方向、环境保护、城市规划及地形、地质条件等因素予以综合选定。为便于摘挂列车的调车作业，货场应尽量设在到发线顺运行方向的前端（Ⅰ、Ⅲ象限），如图 7-5 和图 7-6 所示。在有大量散堆装货物装卸的车站上，应考虑在站房对侧布置连通两端咽喉区的长货物线。

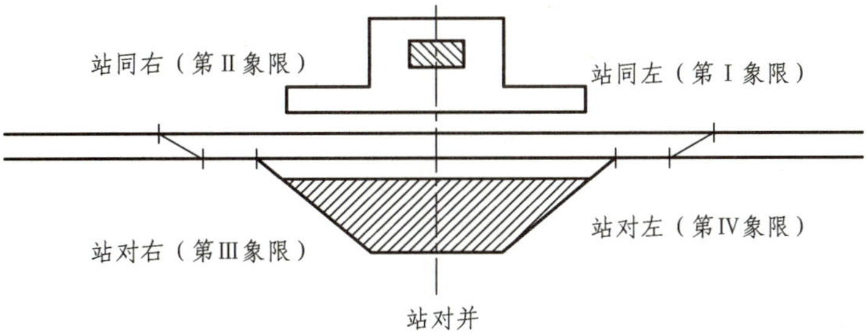

图 7-7　货场位置设置

如货源多来自站房同侧，货场一般应设于站房同侧，如图 7-5（a）、（b）和图 7-6（a）所示。这样可以方便发货人和收货人搬运货物，搬运距离短，不需跨越铁路，既安全又方便，也便于货场管理，车站线路向站房对侧发展亦不受限制，但接入站房对侧线路的摘挂列车进行调车作业时，不可避免地要与正线行车产生交叉干扰。

如货源多来自站房对侧或主要货物的集散方向虽在站房的同侧但受地形条件限制站房同侧不宜设置货场，或站房对侧摘挂作业比重较大以及虽然货源多来自站房同侧但货物种类多为散堆装货物时，可考虑将货场设于站房对侧，如图 7-5（c）和图 7-6（b）所示。这种布置可以避免接入站房对侧线路的摘挂列车调车作业与正线行车产生交叉干扰，货场发展又不受城镇限制。但如果货源来自站房同侧，则会增加发货人和收货人的搬运距离，且需跨越铁路，很不方便，需设置跨越铁路线的专门通道。另外，为了不影响车站横向发展，货物线与到发线间的距离应预留将来加铺线路的空地。

第四节　中间站的设备配置

一、车站线路

1. 到发线

1）到发线数量

中间站的到发线数量不仅与列车对数有关，而且与车站性质和本站作业量也有密切关系。

单线铁路中间站至少应设两条到发线，以使车站具有三交会的条件，这样可以保持良好的运行秩序，对提高作业效率和加速车辆周转都是必要的；另外，也能适应某些特殊车辆如水槽车、机械化养路的工程车和轨道车以及不能继续运行而必须摘下的车辆停留的需要。

双线铁路中间站至少应设两条到发线，以使双方向列车有同时待避的机会；但作业量大（例如地、县所在地或较大的物资集散地）的车站，摘挂列车的作业时间一般较长，可采用三条。

此外，下列中间站的到发线数量可根据车站性质及作业需要酌情增加：

（1）枢纽前方站、铁路局局界站。此车站是调度区的分界处，列车易产生不均衡到达的情况。为便于调整列车运行秩序，协调好两调度区的工作，可在枢纽前方站和局界站上，于进入枢纽或进入邻局方向的一侧增设到发线。

（2）补机牵引的始、终点站和长大下坡的列车技术检查站。由于列车需要进行摘挂补机和晾闸及自动制动机试验等技术作业，停站时间较长，交会机会较多，可增加到发线。

（3）机车乘务员换乘站。由于乘务组要进行交接班，每列换乘的列车要停站 15 min 左右，列车交会因此增多，故需增加到发线。

（4）有两个方向以上的线路引入或有岔线接轨并有大量本站作业的中间站。由于各方向列车交会的需要，作业复杂，停留车辆多，线路占用时间长，应根据作业量及作业性质增设到发线，必要时亦可增设调车线或存车线。

（5）在采用长交路的区段，摘挂列车经过在一些中间站甩挂作业后，需要在中途中间站上进行整编作业。因此，在这些中间站上应根据整编作业量的大小增加到发线和调车线。

（6）办理机车折返作业的中间站。由于列车占用到发线时间较长，机车出入折返所需占用到发线，故其到发线数量应根据需要确定。

当车站同时具备上述两项及以上的作业时，其线路数量应根据作业情况综合考虑，不宜逐项增加。

2）到发线进路

所谓进路，是指机车车辆在车站内从一个地点到另一个地点所运行的径路。

中间站的到发线可设计为单进路或双进路。单进路是指到发线固定一个运行方向（上行或下行）使用，而双进路的到发线却可供上、下行两个方向使用。

单线铁路到发线一般均应按双进路设计，以使列车办理运行调整有更大的灵活性。双线铁路原则上应按上、下行分别设计为单进路，但有时为增加在调整列车运行上的灵活性以及方便摘挂列车作业，个别到发线也可按双进路设计。

站内正线应保证通行超限货物列车。此外，在区段内选定三至五个中间站，满足超限货物列车会让与越行要求。上述车站除正线外，单线铁路应另有一条线路，双线铁路上、下行应各有一条线路能通行超限货物列车。一般选择邻靠中间站台或车站最外侧线路按通行超限货物列车设计。

3）站内正线及到发线技术条件

新建中间站为了有良好的作业条件，车站应设在平道、直线的宽阔地带。车站必须设在曲线上时，不得设在反向曲线上，其曲线半径不得小于该区段的最小曲线半径，且不得小于表 6-5 中规定的数值。由于地形限制必须设在坡道上时，其坡度不应超过 1‰，保证列车起动和制动的安全。

2. 牵出线

中间站是否设置牵出线，应根据衔接区间正线数、行车速度高低、行车密度大小、车站调车作业量、货场设置位置等因素确定。

双线铁路中间站应设置牵出线。单线铁路中间站当路段设计行车速度大于 120 km/h 或平行运行图列车对数在 24 对以上，或车站调车作业量大时，一般均应设牵出线。

当中间站上有岔线接轨，且符合调车作业条件时，可利用岔线进行调车作业。不设牵出线的单线铁路中间站，可利用正线进行调车作业。

利用正线或岔线调车时，为避免调车作业越出站界，进站信号机可适当外移，外移距离应满足调车作业的需要，但不应超过 400 m。其平、纵断面及视线等条件应适合调车作业的要求。在困难条件下，曲线半径不应小于 300 m，坡度不应大于 6‰。

牵出线的有效长度应满足摘挂列车一次牵出车列长度的需要，一般不短于该区段运行货物列车长度的一半。当受地形限制或本站作业量不大时，至少应满足每次能牵出 10 辆，有效长度不小于 200 m 的要求。

牵出线与相邻线路中心线间距离为 6.5 m，在调车作业量不大的车站上及牵出线无调车人员上下车作业一侧，牵出线与其相邻线间距可采用 5.0 m。

3. 货物线

为了办理货物的装卸作业，中间站应铺设货物线。其数目和长度与货物装卸量有关，应根据需要确定。

为了便于车站的正常运营工作，中间站的货物线一般铺设 1 ~ 2 条。其长度除应满足平均一次来车的长度外，还应保证货物线两侧有足够的货位。

货物线的布置有通过式和尽头式两种。通过式货物线两端连通到发线，如图 7-5（a）中的 4 道和（b）（c）中 5 道。通过式货物线取送车、调车都很方便，对列车摘挂作业有利，一般应优先采用。尽头式布置能节省工程量，地方搬运可少跨越线路，货物线有效利用率高，作业比较安全。因此，在地形困难和有大量牲畜、散装粗杂货物装卸的车站，可采用尽头式货物线，如图 7-8 所示。

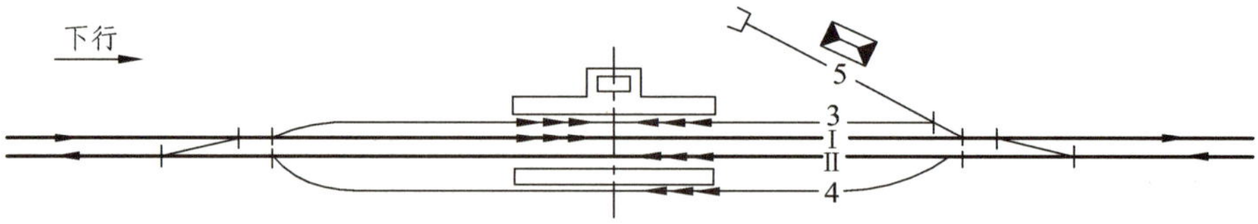

图 7-8　中间站货物线尽头式布置

中间站货物线与到发线间的距离，线间无装卸作业时不小于 6.5 m，线间有货位时不小于 15 m。

集装箱、长大笨重货物、散堆装货物装卸线的间距，应根据装卸机械类型、货位的布置、通道的宽度以及相邻线路的作业性质等因素来确定。

4. 安全线

安全线为进路隔开设备之一。设置安全线是为了防止列车或机车车辆进入其他列车或机车车辆进入的线路，以免造成冲突事故。安全线向车挡方向不应采用下坡道，其有效长一般应不小于 50 m。

安全线的设置条件及设置位置如下：

（1）在区间内铁路平面交叉时。

（2）各级铁路线、工业企业线、岔线在区间或站内与正线、到发线接轨时，如图 7-9（a）所示。

当岔线与站内正线或到发线接轨时，如在接轨处受地形条件限制或向车站方向为平道或上坡道时，也可设置脱轨器代替安全线。如岔线与车站到发线接轨，当站内有平行进路及隔开道岔并有联锁装置时，可不设安全线。

（3）在进站信号机外制动距离内为超过 6‰下坡道的车站，应在正线或到发线的接车方向末端设置安全线，如图 7-9（b）所示。

（4）在办理客运列车与客运列车，客运列车与其他列车同时接车或同时发接列车的车站，接车线末端应设隔开设备。

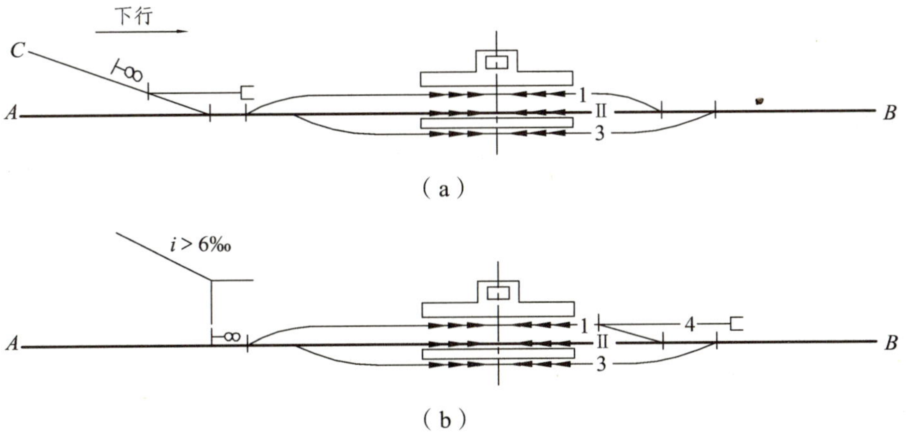

图 7-9　安全线设置位置

（5）设置安全线时，应尽量避免将其尽端设在高填方、桥头或设备及建筑物附近，以防止发生机车车辆脱轨时造成更大损失。

5. 避难线

在山岳或丘陵陡峻地区，为了防止在长大下坡道上失去控制的列车发生冲突或颠覆，应根据线路情况，计算确定在区间或站内设置避难线。避难线的长度可根据区间坡道、列车总重、行车速度及制动能力等进行单独计算和设计。

避难线有三种类型：

（1）尽端式避难线，如图 7-10 所示。尽端式避难线设在长大坡道的下方，主要依靠逐渐升高的坡度来抵消失控列车的动能，迫使其停车。其主要优点是线路建筑长度较短，结构简单，易于养护，安全性能好；缺点是失控列车在较陡的避难线上停车后，可能发生倒溜，因而易造成区间堵塞影响线路能力。

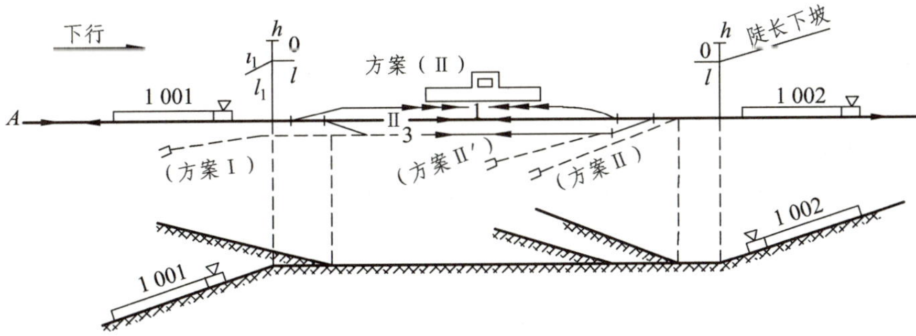

图 7-10　尽端式避难线设置

（2）环行避难线，如图 7-11 所示。失控列车顶开弹簧道岔进入圆形线路，依靠线路阻力抵消失控列车的动能，使进入圆环内的列车在环上转圈，直至完全停车。其主要优点是失控列车进入环线不堵塞区间，因而不影响线路通过能力；缺点是线路建筑长度较长，且曲线半径小，列车速度高，安全性较差。

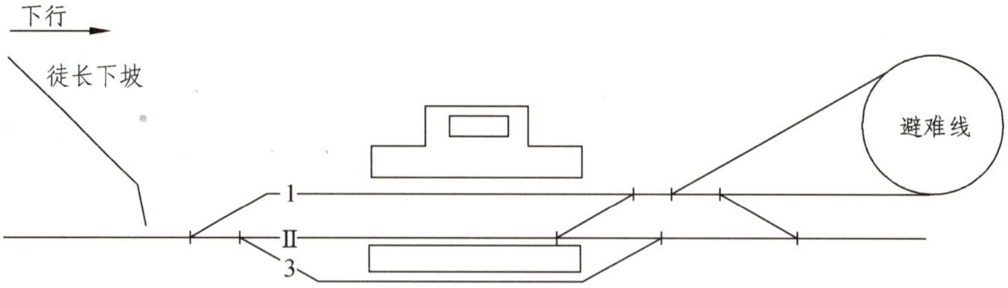

图 7-11　环行避难线

（3）砂道（套线式）避难线，如图 7-12 所示。它依靠砂道阻力来抵消失控列车的动能。其主要优点是造价低；缺点是对线路通过能力或到发线的使用影响较大，维修养护困难。

我国铁路普遍采用尽头式避难线，国外尚有环形避难线形式。

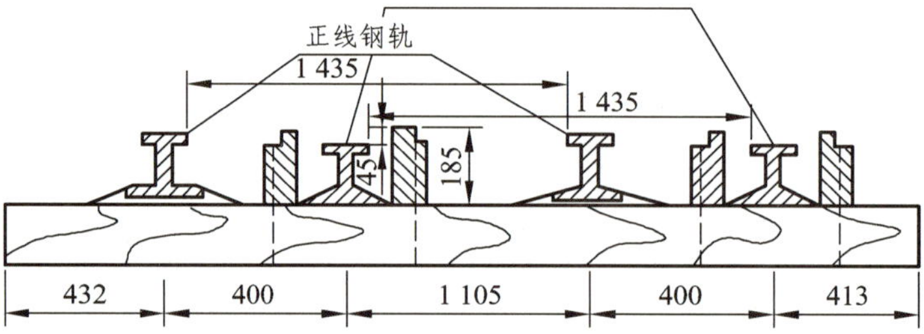

图 7-12　砂道（套线式）避难线

二、客运业务设备

为了保证安全、迅速地输送旅客，中间站一般应设有旅客站房、旅客站台、站台间的跨越设备及雨棚等。

1. 旅客站房

旅客站房是办理售票及旅客候车的地方。中间站由于客货运量小，作业简单，往往将站长室、行车运转室合并于旅客站房内。

设计时，客货共线铁路车站旅客站房规模通常根据旅客最高聚集人数确定，客运专线铁路车站应按高峰小时发送量确定其使用面积，日均不宜小于 0.2 m^2/人。最高聚集人数是指设计年度内，车站全年最高月份中平均一昼夜同时聚集在站的最高人数。设计年度一般指运营后的十年。

中间站站房属于中、小型站房。其最高聚集人数中型站房可达 600 ~ 3 000 人，小型站房在 600 人以下。小型站房约占铁路站房的 70%，一般采用标准设计。

2. 旅客站台

为方便旅客上、下车，应修建旅客站台。旅客站台按其与站房和车站到发线的相互位置可分为基本站台和中间站台两种。靠近站房一侧的为基本站台，设在线路中间的为中间站台。

不论在单线铁路或双线铁路的中间站上，均应设置基本站台，以方便旅客乘降和车站值班员接发列车作业。单线铁路中间站在客货运量较大、地县所在地或有旅客列车进行技术作业时，应设置中间站台，以便旅客列车会让或旅客列车与摘挂列车同时停站时均有站台可停靠。双线铁路中间站均应设置中间站台，以便上、下行旅客列车及摘挂列车分别停靠站台。

旅客站台的长度，应根据旅客列车长度确定，一般不小于 300 m。在人烟稀少的地区或客流量较小的车站，站台长度可适当缩短。

旅客站台的宽度应根据同时在站台上乘降的旅客人数及在站台上设置的各项设备等因素确定。基本站台的宽度在旅客站房范围以内不应小于 6 m。不设天桥、地道和雨棚时，单线铁路中间站的中间站台宽度不应小于 4 m，双线铁路中间站的中间站台宽度不应小于 5 m。设天桥、地道和雨棚时，站台边缘至建筑物边缘的距离在中间站不应小于 1.5 m。路段设计行车速度为 120 km/h 及以上时，邻靠有通过列车正线一侧应再加宽 0.5 m。

旅客站台的高度有高出轨面 0.3 m、0.5 m 和 1.25 m 三种。0.3 m 的站台造价低，便于列检和不摘车检修作业，不影响超限货物列车和高速旅客列车的通行；但旅客上、下车很不方便，特别是由于线路养护时常抬道，造成站台高度往往还不足 0.3 m。1.25 m 的旅客站台与客车车厢底面基本等高，便于旅客上、下车；但车站工作人员跨越线路及列检不便，且邻靠站台的线路不能通过超限货物列车，旅客列车也不能以高速行驶。因此，在普速铁路中间站上，旅客站台高度一般应高出轨面 0.5 m；邻靠正线及通行超限货物列车线路旁侧的站台应高出轨面为 0.3 m；在高速铁路中间站上，旅客站台高度一般应高出轨面 1.25 m；正线及通行超限货物列车线路旁侧一般不设站台。

3. 站台间的横越设备

站台间的横越设备一般有天桥、地道、平过道三种。

中间站一般应有平过道，其宽度不小于 2.5 m，可设于站台端部，以便于必要时机动车辆跨线走行。

在双线区段，地县所在地或一次上下车旅客人数在 400 人以上（或日均发送人数在 1 500 人以上）的车站，以及一次上下车旅客人数在 200 人以上的技术作业站上，可设天桥或地道。在单线区段，客车对数在 10 对以上，一次上下车旅客人数在 400 人以上的车站，可设立交横越设备。

中间站上一般只设一座天桥或地道。由于天桥遮挡行车视线，占用站台面积较多，一般优先选用地道。天桥、地道的宽度一般不小于 3 m。横越设备位置宜设在站台的中部，进出站检票口之间，供上下车旅客共同使用。

4. 安全标线

为保证旅客在站台候车时的安全，应在站台边缘处标画安全标线。旅客列车停靠的高站台的安全标线距站台边缘为 1 000 mm；非高站台安全标线与站台边缘距离为：列车通过速度不大于 120 km/h 时为 1 000 mm；列车通过速度 120 km/h 以上至 160 km/h

时为 1 500 mm；列车通过速度 160 km/h 以上至 200 km/h 时为 2 000 mm。也可在距站台边缘 1 200 mm（困难条件下 1 000 mm）处设置防护设施。

三、货运业务设备

为办理货物的承运、交付、装卸及保管等作业，中间站上应设有相应的货运业务设备（货物线、货物站台、仓库、货物堆放场和货运办公房屋等）。

1. 货物站台

中间站的货物站台高度一般与车底板高度相同，高出轨面 1.1 m。

货物站台的宽度，有仓库时按仓库的宽度再加两边过道宽；无仓库时，货物露天堆放站台宽度一般不小于 12 m。站台两端应有不陡于 1∶10 的斜坡，以便车辆上、下站台。货物站台长度按需要计算确定。

2. 货物仓库

中间站上如有怕湿货物的运输，应设置仓库。仓库宽度一般采用 9～12 m。仓库长度应根据所需堆货面积计算确定。

为方便装卸作业，仓库应设于货物站台上。仓库墙壁外侧至站台边缘的宽度，在铁路一侧一般不小于 3 m，在场地一侧不小于 2 m。

3. 堆放场

堆放场主要用于堆积长大、散堆装和粗杂货物。其面积可根据运量分品种计算确定。中间站因货运量不大，当采用伸臂式起重机或小跨度的门式起重机时，可采用 1～2 排货位，人力装卸时采用 1 排货位。每排货位宽度可采用 5 m。货堆之间的通道宽度一般为 0.5～0.7 m，货堆边缘距公路边缘应有 0.5 m 的安全距离，货堆距装卸线钢轨外侧距离：装车时为 2 m，卸车时为 1.5 m，有装有卸时为 2 m。

第五节　中间站改（扩）建

由于铁路行车量的增长，岔线的衔接，车站地方运量的增长，行车条件（运行图）的改变及采用新技术、新设备等，都会引起中间站的改（扩）建。

车站的改建要在调查研究的基础上进行。首先，要研究现有车站及其所在地区的技术经济特征和现有车站设备在运行工作中存在的问题；然后，根据车流的数量、性质和方向，结合当地条件，做出各种方案进行全面比较。在确定改建方案的同时，还要研究车站改建的施工步骤、编制工程预算及车站工作组织方案。车站改（扩）建时，要充分利用原有设备，减少废弃工程；施工时应尽可能减少对车站作业的干扰，保证车站行车和调车作业的安全。

下面介绍几种常见的改建情况。

一、增加线路

1. 增加到发线

当行车量增长或有岔线与车站接轨时，可能需要增加到发线。加铺到发线应尽可能向站房对侧发展，如图 7-13 所示，以避免拆迁设备或建筑物。

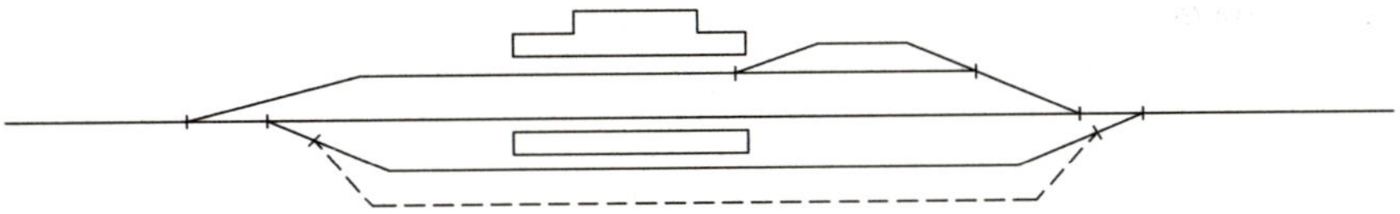

图 7-13　增加到发线示意图

2. 增加货物线或牵出线

随着车站装卸作业量或地方运量增长，利用正线调车对行车干扰严重，可能需要增加货物线或牵出线。加铺时应尽可能在货场同侧增加，以利用原来的货场设备，如图 7-14（a）、（b）所示。

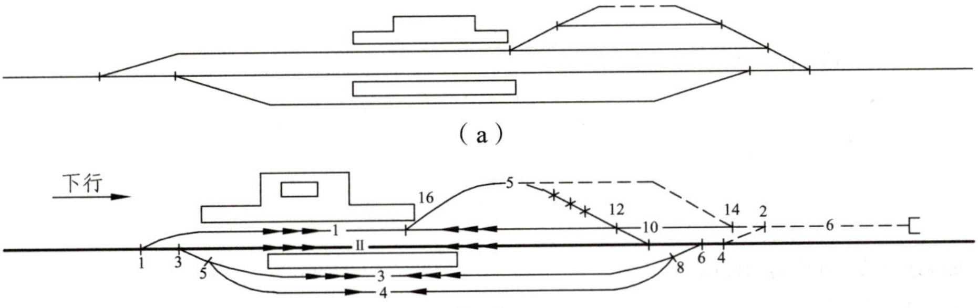

图 7-14　增加货物线、牵出线示意图

二、铺设第二正线

由于行车量增长，单线铁路的通过能力不能满足要求时，则需铺设双线，此时车站往往也需要增加线路，进行相应改（扩）建。在站内第二正线的位置与区间引入位置不相矛盾的情况下，一般应在站房对侧引入，如图 7-15（a）所示，不宜在站房和原有正线之间引入，否则将造成接发下行待避列车时与上行正线行车产生交叉干扰的问题，如图 7-15（b）所示。

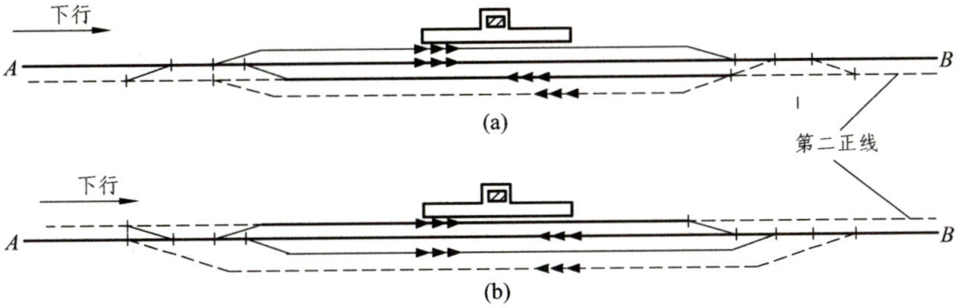

图 7-15　铺设第二正线示意图

三、延长线路

当采用大型机车牵引，列车重量和长度增加时，就有必要延长到发线。延长到发线时应考虑以下几点：

（1）应考虑车站两端相邻区间的长度不致相差悬殊，最好是向运转时分较长的一端延长线路。

（2）尽量向车站的一端（最好是咽喉简单的一端）延长站线，避免拆动两端咽喉，以减少工程量和对行车作业的干扰。

（3）应注意车站两端进站线路平、纵断面的技术条件以及有无大型桥涵等建筑物。尽可能向进出站线路比较平直、没有桥涵等大型建筑物的一端延长线路，以减少工程量。如需要向站外有大半径曲线的进站线路一端延长线路时，可以将原有曲线半径适当改小（仍在允许范围之内），如图 7-16（a）所示。或改为两个较小半径的曲线，如图 7-16（a）所示，以使车站咽喉设在直线上，避免在曲线上铺设道岔。

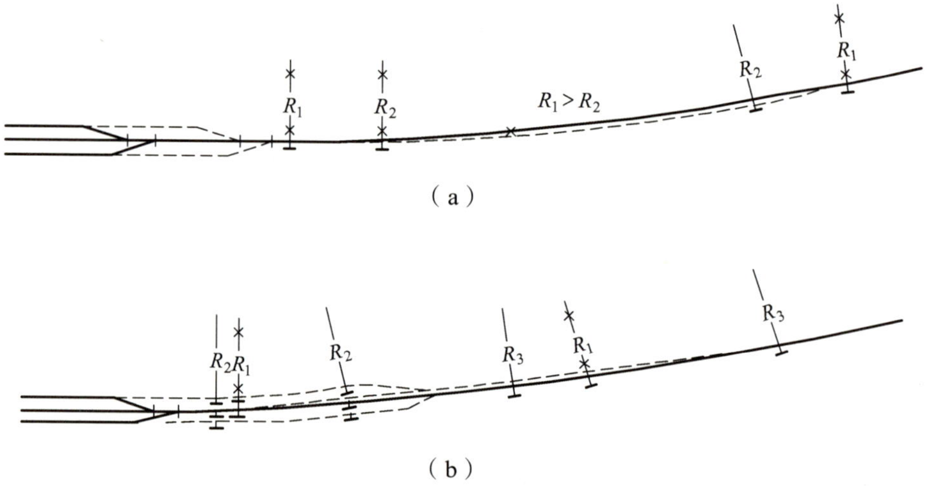

图 7-16　延长线路示意图

四、改变纵断面

由于区间纵断面的改造或延长站坪等原因，引起站内线路纵断面部分甚至全部需要改变时，应保证列车停车后能够再起动和车辆在线路上的停留安全。当纵断面条件许可，而且标高变更不大时，应尽可能采用填方的办法改变线路纵断面。一般用填道砟的办法解决，但道砟的厚度不应超过 1 m。如采用挖方的办法改变线路纵断面或填方较大时，必须拆除原有线路的上部建筑，进行填方或挖方后，再重新铺设，工程量较大。施工时，要妥善组织，采取借用线路或修建临时便线等措施，以保证正常运营。

复习与思考

1. 什么叫会让站？其到发线数量一般设几条？如何布置？
2. 什么叫越行站？其到发线数量一般设几条？如何布置？
3. 什么叫中间站？中间站的主要作业和设备有哪些？
4. 中间站的货场位置如何确定？
5. 中间站到发线进路是如何设置的？
6. 中间站货物线有几种类型？各有何特点？
7. 安全线如何设置？
8. 避难线有几种类型？
9. 中间站客运设备如何设置？
10. 中间站货客运设备如何设置？
11. 中间站改（扩）建有哪几种常见情况？

中间站课程设计

课程设计任务书

一、课程设计的目的和要求

1. 设计的目的

（1）进一步巩固所学的站场基础知识。

（2）进一步巩固中间站的理论知识。

（3）通过中间站设计基本技能的训练，掌握车站设计的过程，即选择车站配置图、线路道岔编号、辙叉号数确定、道岔配列确定、坐标计算、有效长推算、绘图等。

（4）培养独立思考和解决问题的能力。

2. 设计的要求

（1）分析已知资料，确定车站配置图。

（2）确定车站各项设备的位置。

（3）绘制车站布置详图。

（4）计算各控制点坐标并推算线路有效长。

（5）绘制 1∶2 000 比例尺的平面图。

（6）编写设计说明书。

二、已知资料

（1）本站为 I 级（单/双）线铁路中间站，路段设计速度为 160 km/h。

（2）除正线以外设到发线三股，标准有效长 850 m，设有通过式货物线一股及预留尽头式货物线一股，牵出线一股，其有效长为到发线有效长度的一半。

（3）客运设备：设有面积为 48 m × 14 m 的旅客站房，基本站台 400 m × 6 m × 0.3 m，中间站台 400 m × 5 m × 0.3 m，平过道 2 处，宽度 2.5 m。

（4）货运设备：86.4 m × 21.5 m × 1.1 m（站台必须位于货物线的直线段上）。货源位于站（同/对）侧，货物线与邻线有无装卸作业。

（5）本站（满足/不满足）超限货物列车会车或越行的条件。

（6）本站信联闭设备为自动闭塞，设有轨道电路、出站信号机正线、到发线分别采用高柱（机柱宽 410 mm）及矮柱（一机构）色灯信号机。

（7）其他条件自定（注：车站左端为下行端）。

课程设计指导书

一、设计过程

（1）选择并确定平面布置图，确定到发线的固定使用进路。

（2）对线路及道岔进行编号。

（3）根据线路用途及设备情况，确定线间距。

（4）确定道岔的辙叉号数与道岔配列。

（5）确定各终端连接的曲线半径，查出四要素。

（6）查表确定道岔岔心至曲线角顶的水平投影长度。

（7）对局部进行验算。

（8）确定渡线（或梯线）两岔心间的水平投影长度。

（9）若需要平行错移时，确定其各要素。

（10）各信号机和警冲标的位置及其至道岔中心的水平投影距离的确定。

（11）以车站两端最外方道岔岔心为坐标原点，依次推算各控制点的坐标（每个岔心、警冲标、信号机、曲线角顶等）。

（12）列表推算出各线路有效长度。

（13）计算车站长度（本站两端进站信号机之间的长度）。

二、绘制车站平面图的要求

（1）根据已知资料选择车站图型，同时确定客、货运设备位置。

（2）将计算的各控制点坐标标注在车站平面图上。

三、绘制车站比例尺图的步骤及要求

绘制 1∶2 000 比例尺平面图（在坐标计算图的基础上绘制）。

1. 绘制步骤

（1）确定正线位置，上、下要适当。

（2）根据车站的计算长度，确定车站两端进站信号机的位置。

（3）确定车站两端最外方道岔岔心位置，并以此点为坐标原点。

（4）根据线路间距轻画平行线。

（5）从两端的坐标原点开始，按各控制点坐标画出初图。

（6）标注并绘制有关内容。

（7）检查无误后，按标准描黑。

2. 比例尺图上应标注的内容

（1）站名及车站中心里程（站名自定）。
（2）线路（编号、进路、间距、有效长）。
（3）客运设备：旅客站房位置、站台尺寸、平过道位置及宽度。
（4）货运设备：货物站台尺寸、仓库位置及面积。
（5）指北针。

四、编写说明书

（1）车站设备情况介绍（根据前面的任务书）。
（2）车站平面布置图的说明：
① 选用图型的依据；
② 货场位置布置理由；
③ 进路选择，画出示意图。
（3）坐标推算过程说明：
① 局部验算；
② 计算及查表；
③ 画出车站坐标计算图。
（4）推算各股道有效长过程。
（5）确定车站站坪长度。
（6）其他需要说明事项：
① 平过道位置设置说明;
② 结束语。

五、附　表

1. 道岔编号、辙叉号数列表

道岔编号						
辙叉号数						

2. 曲线四要素表

曲线编号	α	R	T	L

3. 警冲标及进站信号机位置

道岔编号					
警冲标距道岔中心的距离/m					
信号机距道岔中心的距离/m					

4. 各控制点坐标计算表

下行到达端坐标计算/m				
出发点		计算点		
名称	X/m	名称	Δx/m	X/m
上行到达端坐标计算/m				
出发点		计算点		
名称	X/m	名称	Δx/m	X/m

5. 线路有效长推算表

股道编号	运行方向	股道有效长控制点坐标		坐标值之和	各股道有效长之和	各股道有效长之差	各股道有效长	采用值
		左端	右端					
1	2	3	4	5	6	7	8	9

第八章 区段站

主要内容

区段站设备数量的确定方法；区段站主要设备的设置条件及要求；区段站主要设备的相互位置；区段站图型的分析方法及横列式、纵列式图型的特点和适用条件；区段站咽喉布置的要求和方法；区段站客、货运设备数量、规模及位置的确定方法。

重点掌握

各种区段站图型的特点及作业进路分析。

第一节 概 述

微课：区段站概述

区段站一般设在中等城市和铁路网上牵引区段（机车交路）的起点或终点，它的主要任务是为邻接的铁路区段供应及整备部分或全部机车及更换乘务组，同时还要按规定办理无调中转货物列车相关作业，并根据列车编组计划的规定办理少量货物列车的改编作业。

一、区段站办理的主要作业

区段站除了办理与中间站相同的接发列车作业和客、货运业务外，还要为相邻区段提供牵引机车，并对机车进行整备、检修、乘务人员换班，以及办理各种列车技术作业和少量改编列车的解体、编组作业。

1. 客运业务作业

区段站的客运业务作业主要包括：旅客乘降，行李、包裹和邮件的承运、保管、装卸和交付，以及为旅客提供物质、卫生及文化生活的服务等。

2. 货运业务作业

区段站的货运业务作业主要包括：整车及集装箱货物的承运、装卸、保管、交付作业，个别区段站还办理鲜活货物途中上水及车辆洗刷消毒作业。

3. 运转作业

区段站的运转作业包括：旅客列车运转作业和货物列车运转作业。

1）旅客列车运转作业

旅客列车的接、发及通过作业。有些区段站还办理旅客列车的始发、终到作业及个别客车的摘挂作业。

2）货物列车运转作业

无调中转货物列车的接发；改编货物列车的到发、解编作业；本站作业车的取送、调移作业。有些区段站还办理部分改编中转货物列车的成组甩挂作业。

4. 机务作业

换挂机车，机车乘务组换班，机车整备及检修作业；在采用循环交路的区段站上，机车不需入段，可在站内到发线上或其附近进行整备作业。

5. 车辆作业

各种列车的技术检查和车辆的检修，在设有站修所和车辆段的区段站上，还办理车辆的辅修和段修作业。

二、区段站的主要设备

1. 客运业务设备

客运业务设备主要有旅客站房、站前广场、旅客站台、雨棚、旅客跨线设备、上水设备等。

2. 货运业务设备

货运业务设备主要有货物站台、仓库、雨棚、货物堆放场和货物装卸线、存车线以及各种装卸机械、办公房屋等。

3. 运转设备

1）旅客运转设备

旅客运转设备专供旅客列车使用的旅客列车到发线及客车车底停留线等。

2）货物运转设备

货物运转设备专供货物列车使用的货物列车到发线、调车线、牵出线或驼峰、机车走行线、机待线等。

4. 机务设备

机务设备包括机务段设备和机务折返段设备。机务段内应设置供机车整备和检修的设备，而机务折返段一般只设置机车整备设备而没有检修设备。在采用循环交路时，相关到发线上应设置机车整备设备。

5. 车辆设备

车辆设备主要有车辆段、列检所及站修所设备等。

除上述设备外，还应有通信信号设备、给水、排水及电力供应设备和技术办公房屋等其他设备。

三、区段站图型的分类

按到发场相互位置的不同，区段站可分为横列式、纵列式和客货纵列式三种图型。

1. 横列式区段站

将到发场与调车场并列布置在正线同一侧形成的图型即为横列式区段站图型，如图 8-1 所示。

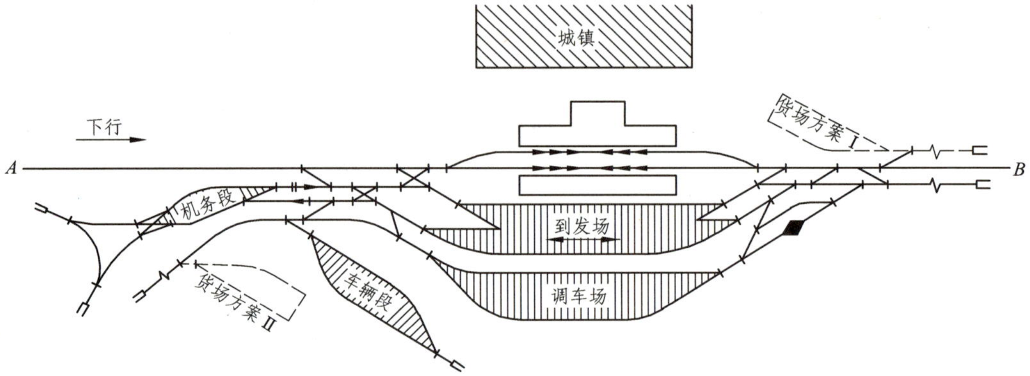

图 8-1　单线横列式区段站布置图

2. 纵列式区段站

当双线铁路横列式区段站的运量较大，旅客列车对数又较多时，可将上、下行两个方向的列车到发场分别设置在正线两侧，且逆运转方向全部错移，即形成纵列式区段站图型，如图 8-2 所示。

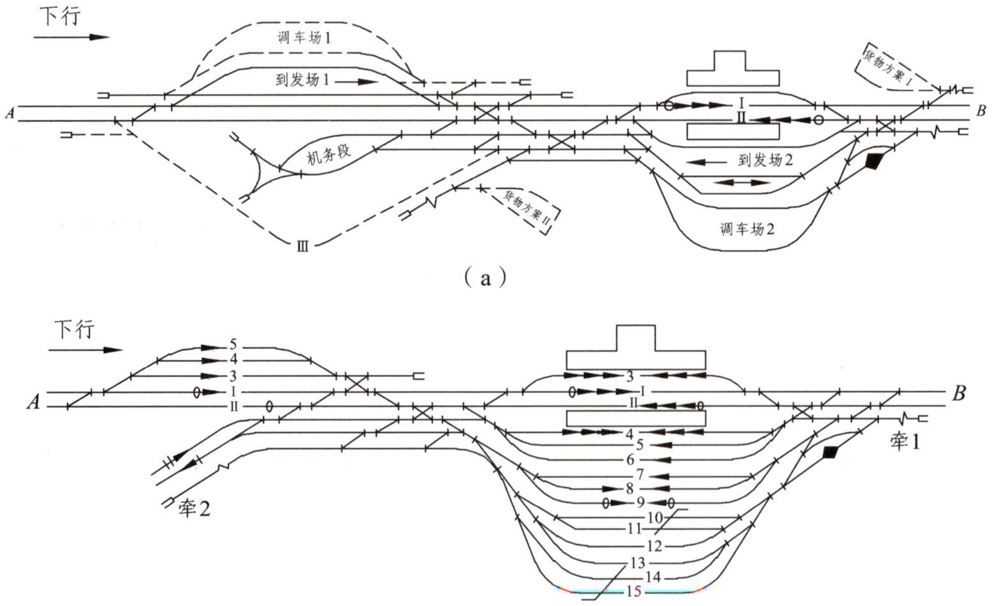

（b）

图 8-2　双线纵列式区段站布置图

3. 客货纵列式区段站

当客、货行车量均较大，对既有区段站改建受条件限制，原有横列式布置的车站横向无进一步发展可能时，可将原有的站场改为专供旅客列车使用的到发场，另建供货物列车使用的到发场和调车场，即形成客货纵列式区段站图型，如图 8-3 所示。

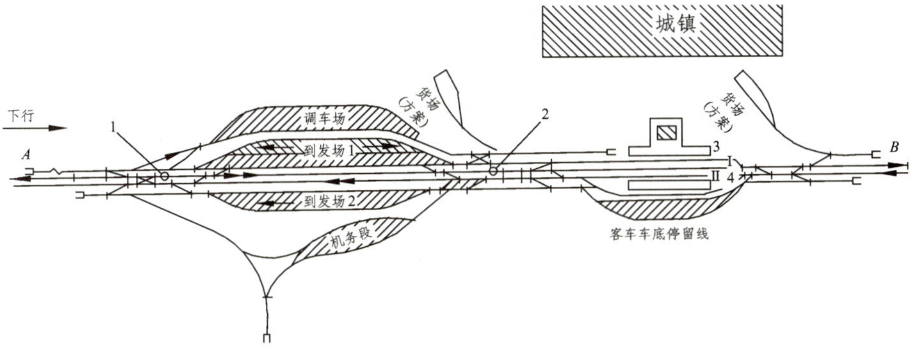

图 8-3　客货纵列式区段站布置图

四、区段站列车及机车的作业分析

1. 旅客列车

旅客列车到发、旅客乘降及行李、包裹装卸作业。若需换挂机车，则还涉及机车出段和入段作业。

2. 无调中转货物列车

无调中转货物列车接入货物列车到发线后，机车入段，同时车列在到发线上进行无调中转技术作业，然后由另一台牵引机车出段挂上车列，列车即可出发。

3. 改编货物列车

1）到达解体列车

到达解体列车接入货物列车到发线后，机车入段，同时车列在到发线上进行到达技术作业，然后由调车机车对其进行解体，解体后，列车中的车辆进入相应调车线集结待编或待送。

2）编组始发列车

在调车线集结成列的车辆，由调车机车对其进行编组作业，编完的车列转至出发的到发线上，在该到发线上进行出发技术作业，然后牵引机车出段，挂上车列，列车即可出发。

五、区段站主要设备的相互位置

区段站各主要设备是为承担各项作业而专门设置的，但从整个车站来看，各项作业既联系密切又相互制约，因此，应根据各项设备所办理的作业性质，结合城市规划、地形、地质、水文等条件，在满足需要的通过能力和改编能力、节省工程投资和运营支出、保证车站进一步发展的可能性和更好地为城镇及工农业生产服务的前提下对车站各项设备进行布置，并应符合下列要求：站内的列车进路交叉最少，机车车辆在站内的流程最短。

区段站是为相邻牵引区段服务的，主要办理无调中转列车的作业，因而缩短无调中转列车的停站时间及提高车站的通过能力是研究其设备配置的主要任务。现以图 8-1 为例，说明区段站各项设备的合理位置。

1. 客运业务设备的布置

客运业务设备主要是为旅客运输服务的，应按下列要求布置：

（1）旅客站房应与城市规划相配合，其位置宜设在车站的中部靠主要居民区一侧，并与城市干道相通，以方便大多数旅客集散、行包托取。

（2）站前广场的规模应根据客流量的大小、旅客站房的规模及布置形式，并应考虑城市规划、道路布局、交通条件，结合地形及远期发展进行设计。

（3）客运业务设备的布置应相互协调，方便旅客，尽量减少各种作业流线的交叉。

2. 客运运转设备的布置

（1）旅客列车到发线应直接连通正线并靠近车站站房，其一端接通牵出线，便于调车机车至到发线摘挂客车车辆；另一端接通机务段，为旅客列车更换机车提供条件。旅客列车到发线与站房之间要留有适当的距离，为今后增加到发线提供条件。

（2）当区段站有始发、终到旅客列车车底停留时，应设客车车底停留线，以免占用到发线或调车线，影响到发线或调车线的使用。若个别终到旅客列车立即折返，且停留时间较短，确定到发线已考虑该因素时，也可不设客车车底停留线。

3. 货运运转设备的布置

（1）采用横列式区段站图型，货物列车到发场一般应设在旅客站房对应的正线另一侧并与正线相通，使货物列车到发有便利的通路，如图 8-1 所示。

（2）采用纵列式区段站图型，上、下行两个方向的货物列车到发场应分别布置于正线两侧，且两个到发场逆运转方向全部错移，如图 8-2 所示。

（3）采用客、货纵列式区段站图型，货物列车到发场与旅客列车到发场沿正线纵向配列，如图 8-3 所示。

（4）调车场应并列布置在到发场外侧，且紧靠到发场。调车场两端一般各设一条牵出线，有时牵出线上还设置驼峰，以满足车站改编能力的要求。

4. 机务设备的布置

机务设备主要指机务段，它是管理、运用和维修配属机车的基层生产单位，也是区段站的主要设备之一。机务段应及时向车站提供技术状态良好的机车，其位置与本务机车在车站的换挂、出入段及整备作业密切相关，为使机车迅速出入段、迅速换挂，确保列车正点出发，机务段应设置在靠近到发场的位置，并与到发场有便捷的通路。

区段站的机务段设置位置可以有五种布置方案，如图 8-4 所示。

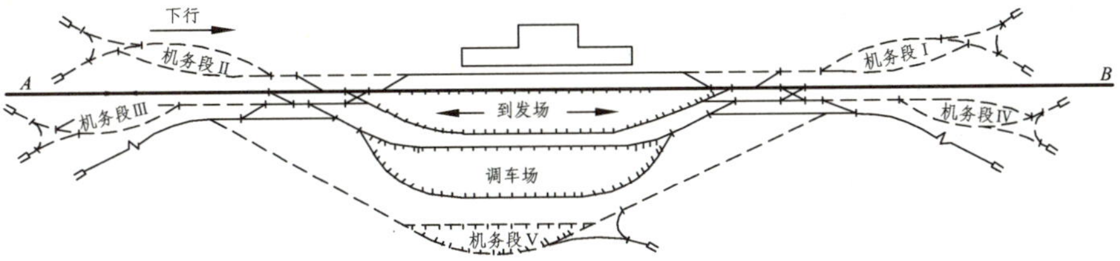

图 8-4 横列式区段站机务段配置图

1）机务段设在第 I 和第 II 象限

机务段设在这两个位置时，货物列车机车的出入段都要横切正线，与正线上列车的到达和出发产生交叉，在双线铁路区段站上这个缺点更为严重。另外站房一般位于城市主要居民区一侧，而机务段占地较多，对城市的发展会产生不利影响，同时机务段本身的发展扩建也会受到影响，此外机车产生的烟、气、噪音还会污染城市，恶化城市的环境。因此，在新建区段站时，一般不采用这两种方案。

2）机务段设在站对并位置

如图 8-4 机务段 V 所示，设在这个位置时，机务段两端均有出、入口，两个方向的机车可分别从车场两端出、入段，不需设置专用的机车走行线，且两个方向的机车出入段走行距离均较短，这是站对并的优点。其主要缺点是车站横向发展比较困难，机车出、入段与牵出线调车作业相互干扰，当改编作业量较大时，这种交叉干扰也会变得严重。因此，一般不宜采用，只有在解编作业量很小、远期几乎无发展可能时才可考虑选用该方案。

3）机务段设在第 III 或第 IV 象限

机务段设在这两个位置时，减少或消除了对城市的影响，避免了货物列车机车出入段与正线的交叉干扰，而且机车出入段对其他作业的干扰比任何方案都少，这两个位置的主要缺点是其中一个方向的机车出入段走行距离较长。

在双线横列式区段站上，到发场通常是按运行方向分别使用的，若机务段设在站对右（即第 III 象限）位置时，一个方向的机车出、入段与另一个方向列车的出发产生交叉；如机务段设在站对左（即第 IV 象限）位置时，则一个方向的机车出、入段与另一个方向的列车到达产生交叉（见图 8-5）。列车出发较列车到达的速度低、占用进路时间短、妨碍的时间也较少，由此，到达交叉比出发交叉性质更为严重。因此，机务段设在站对右（第 III 象限）位置的方案较设在站对左（第 IV 象限）位置方案更为有利，另外，当发展成纵列式布置图时，机务段设在站对右方案的机车出入段走行距离也比设在站对左方案要短。

在单线横列式区段站上，上、下行列车共用到发场，机车出入段与上、下行两个方向列车到达、出发进路所产生的交叉性质相同，机务段设在站对左或站对右方案对进路交叉的影响并不明显。

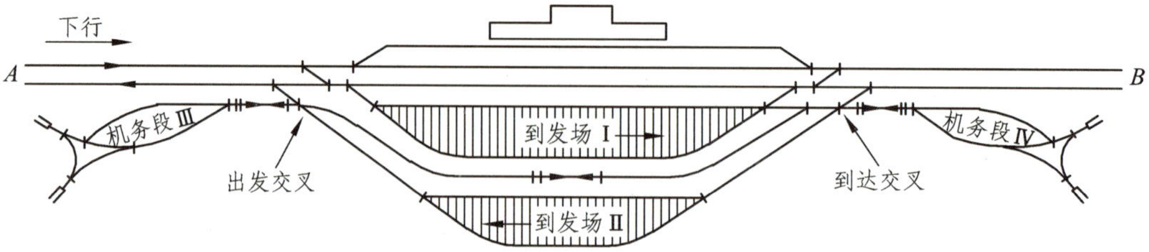

图 8-5　机务段Ⅲ、Ⅳ象限比选图

综上所述，新建横列式区段站首先应考虑机务段设于站对右的位置，其次是站对左位置。对没有解编作业或远期没有多大发展的区段站，同时又受地形限制时，方可考虑将机务段设于站对并的位置。

5. 货运业务设备的布置

货运业务设备主要是货场，其设置位置既要根据地方货源、货流情况，尽量靠近城市主要工业区及货物集散地，又要考虑地形条件，节省造价；既要便于装卸车辆的取送作业，又要考虑地方运输的便捷，有利于铁路与其他运输方式的衔接、配合，方便货物的集疏运。

区段站货场的位置基本上有两类：一类设在站房同侧，另一类设在站房对侧，如图 8-6 所示。

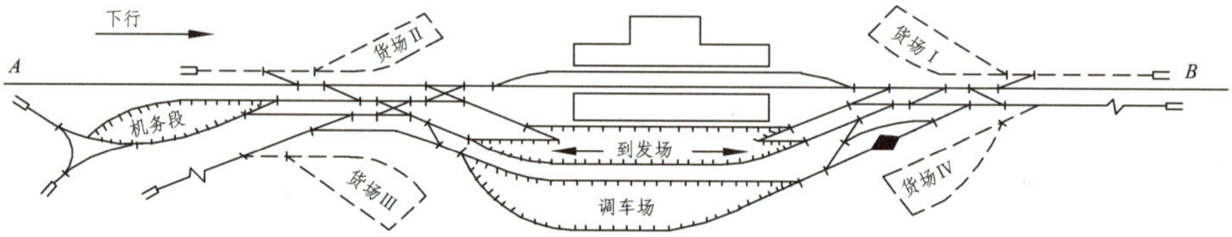

图 8-6　货场配置方案图

1）货场设在站房同侧

当主要货源来自站房同侧，且货物种类不以矿建材料、农药等容易污染环境的为主时，可将货场设在站房同侧（方案Ⅰ、Ⅱ）。其优点是货场靠近工矿企业、物资单位或居民区，便于货物集散，货主搬运货物的车辆走行距离近，不必跨越铁路正线；缺点是铁路内部的货场取送车作业必须跨越正线，对正线行车存在交叉干扰，当货场规模大、占地多时，布置上也有一定困难；若货场设于机务段同一端时，对作业影响更大，会影响车站咽喉的通过能力。另外当货场规模较大或发展较快时，容易与城市发展规划产生矛盾。因此，当机务段设在站对右第Ⅲ象限位置时，在其他因素相同的情况下，宜将货场设在站房同侧的非机务段一端（即方案Ⅰ），以平衡车站两端咽喉的负担。

2）货场设在站房对侧

当主要货源来自站房对侧，或货源虽然来自站房同侧，但货运作业量大、货物种类以矿建材料、农药等容易污染环境的为主、站房同侧地形困难时，货场可设在站房对侧（方案Ⅲ、Ⅳ）。此时，货场的位置应考虑到不影响以后车站的纵向发展，一般宜将其设在机务段同一端的次要牵出线上（即方案Ⅲ）。这个方案的优缺点与货场设在站房同侧的方案相反，即把铁路内部的货场取送车与正线的交叉干扰转变成货主搬运货物与铁路正线的交叉干扰，同时还不影响车站远期纵向发展。这项交叉干扰可通过修建公路与铁路立交设备来疏解。

存放危险货物（如爆炸品、毒害品、氧化剂、易燃液体等）及有碍卫生的粉末状货物的专业货场，应设在城市的下风方向，并应远离居民区。

6. 车辆设备的布置

1）列检所

为了便于列检人员与车站值班员的联系，并及时对列车进行技术检查，用于日常检修的列检所通常设置在靠近到发场的适当地点。

2）站修所

站修所是铁路货车日常维修的主要基地，其位置应根据取送车辆方便、减少与列车运行或调车作业的干扰，不妨碍站、所发展等因素，一般设在调车场外侧且远期发展以外的适当地点。当车站设有车辆段时，站修所也可与车辆段合设。

3）车辆段

为了便于车辆段与调车场之间的取送作业，以及不影响调车场和车辆段自身的发展，当机务段设在第Ⅲ象限时，车辆段一般应设在“站对右”（第Ⅲ象限）靠近调车场的适当位置，如图 8-7 方案Ⅰ所示。

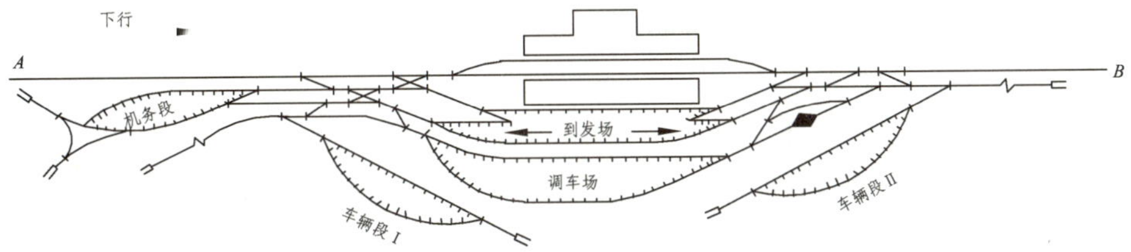

图 8-7　车辆设备配置方案图

第二节　区段站图型分析

微课：区段站图型分析

研究区段站图型应以保证车站作业安全和提高车站通过能力为基本目标，通过分析列车和机车车辆在站内的作业流程及主要作业进路交叉为主要方法，来探索各项设备的相互位置和相互联系，从而掌握各种图型内在的规律、基本特征和采用条件。

在区段站新建及改建中，分析研究布置图，主要是选择具有一定通过能力且布局合理的布置图，或提出正确合理、切实可行的改建方案。

区段站图型的选择是一项重要而复杂的工作。图型选择应讲求经济效益，满足运输需要，节省工程投资，便于管理，有利于铁路、城市和工农业生产等的发展。

一、单线横列式区段站图型

1. 设备相互位置

图 8-8 所示为单线横列式区段站图型，车站两端各衔接一个方向，站房位于城镇一侧，上、下行共用的到发场与调车场并列在站房对侧，机务段及车辆段设在“站对右”，货场设在“站同左”；调车场两端各设有一条牵出线，B 端牵出线上设有驼峰及迂回线，主要负责列车的解体作业，A 端牵出线主要负责列车的编组作业；A 端设有机车出段线和入段线各一条。

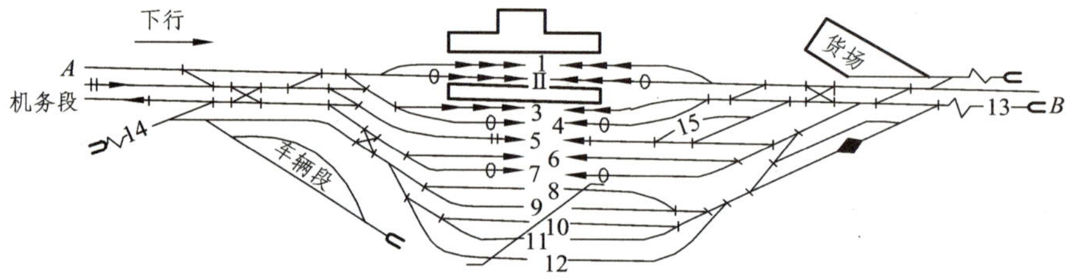

图 8-8 单线铁路横列式区段站布置图

2. 线路固定使用方案

1 道：接发上、下行旅客列车和上、下行货物列车；

Ⅱ道：办理列车的通过兼接发上、下行旅客列车和货物列车；

3 道：接发上、下行旅客列车和货物列车；

4 道：接发上、下行货物列车；

5 道：机车走行线，供下行列车机车出、入段走行使用；

6、7 道：接发上、下行改编货物列车，其中 7 道具备接发上、下行超限货物列车的条件；

8 ~ 12 道：调车线；

13、14 道：牵出线；

15 道：机待线。

3. 进路交叉分析

1）A 端咽喉

（1）6、7 道接发改编货物列车时与机车出入段产生交叉；

（2）编成车列由调车线转入 6（或 7）道时，与 7（或 6）道接发改编货物列车产生交叉。

2）B 端咽喉

（1）货场取送车与接发列车作业产生交叉；

（2）解体车列由 6（或 7）道向牵出线转线时，与 7（或 6）道接发列车作业产生交叉。

4. 咽喉最大平行作业数

1）A 端咽喉

最多可保证四项作业同时进行：

（1）1～4 道接车或发车；

（2）机车出段；

（3）机车入段；

（4）牵出线调车。

2）B 端咽喉

最多可保证三项作业同时进行：

（1）1～4 道接车或发车；

（2）下行列车机车出段或入段；

（3）牵出线调车。

5. 图型优缺点及适用范围

优点：设备集中，占地少，定员少，管理方便；线路使用灵活，作业方便；对地形条件适应性较强；有利于将来发展。

缺点：有一个方向的机车出、入段走行距离比较长。

适用范围：引入方向少于 4 个的区段站。

二、双线横列式区段站图型

1. 设备相互位置

图 8-9 所示为双线横列式区段站，其客运业务设备位于城镇一侧，设有上、下行货物列车到发场各一个（到发场 1 和到发场 2），两个到发场并列在正线同一侧；调车场位于上行到发场外侧，两端各设一条牵出线，一端牵出线上设有驼峰，主要负责列车的解体作业，另一端牵出线主要负责列车的编组作业；机务段位于“站对右”，设机车出、入段线各一条；机车走行线位于上、下行两个到发场之间，供下行列车机车出入段走行使用；无机务段一端设一条机待线；货场位于“站同左”或“站对右”位置；若设置车辆段时，应设在“站对右”靠近调车场（K）的位置。

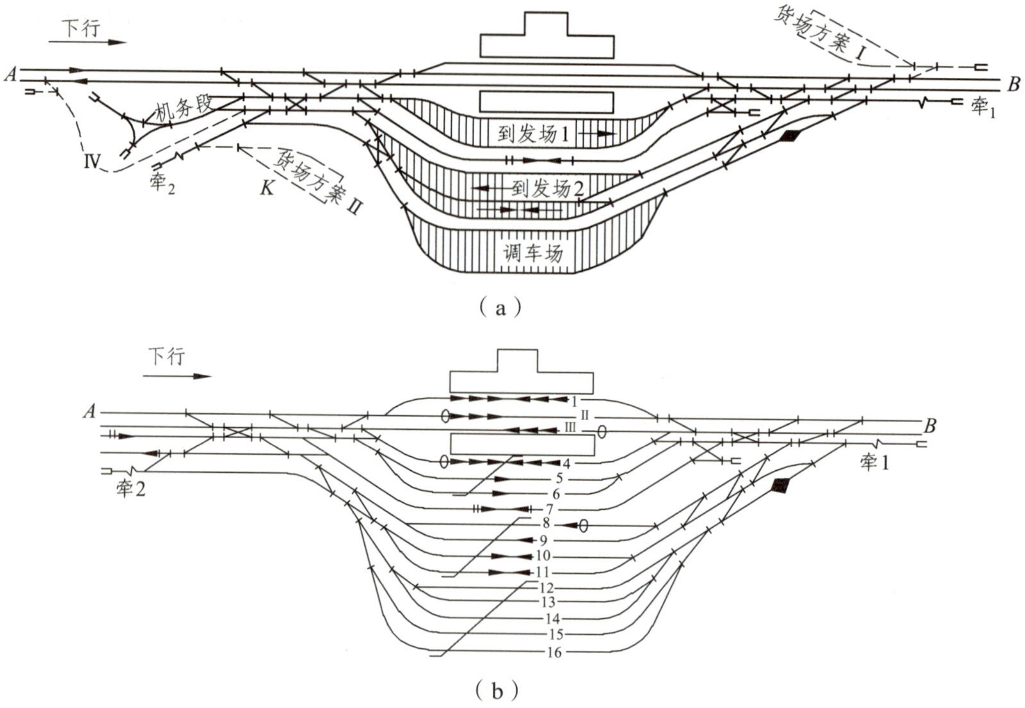

图 8-9　双线铁路横列式区段站布置图

2. 线路固定使用方案

以图 8-9（b）为例：

1 道：接发上、下行旅客列车，使两个方向的旅客列车都能停靠基本站台，方便旅客进出站。当两列旅客列车在站交会时，下行方向旅客列车可接入 1 道，上行方向旅客列车则接入 4 道，停靠中间站台；若遇三列旅客列车在站交会，可安排下行旅客列车接入 1 道，上行旅客列车接入Ⅲ道正线，第三列旅客列车（无论上、下行）则可接入 4 道，使三列车均能停靠站台；

Ⅱ道、Ⅲ道：分别为下行正线和上行正线兼到发线；

4 ~ 6 道：下行货物列车到发线，接发下行货物列车；

7 道：机车走行线，供下行列车机车出、入段走行使用；

8 ~ 11 道：上行货物列车到发线，接发上行货物列车；

12 ~ 16 道：调车线。

3. 主要进路交叉及疏解方法

（1）由于上、下行两个货物列车到发场均设在正线同一侧，使得：

A 端：上行旅客列车出发与下行货物列车到达产生交叉（如图 8-10 的交叉 1）；

B 端：上行旅客列车到达与下行货物列车出发产生交叉（如图 8-10 的交叉 1′）。

这两项交叉既是客、货列车之间的交叉，又是到达与出发的交叉，性质比较严重，是双线横列式区段站图型的主要矛盾。当行车量不大，旅客列车对数不多时，这种交叉对列车到、发作业的干扰尚不太严重，但是随着行车量和旅客列车对数的增加，这种交叉就会严重影响行车安全，增加列车在进站信号机外方停车或列车晚点发车的可能性。要从根本上解决这一矛盾，只能将上、下行货物列车到发场分别设置在正线两侧，采用另一种图型。

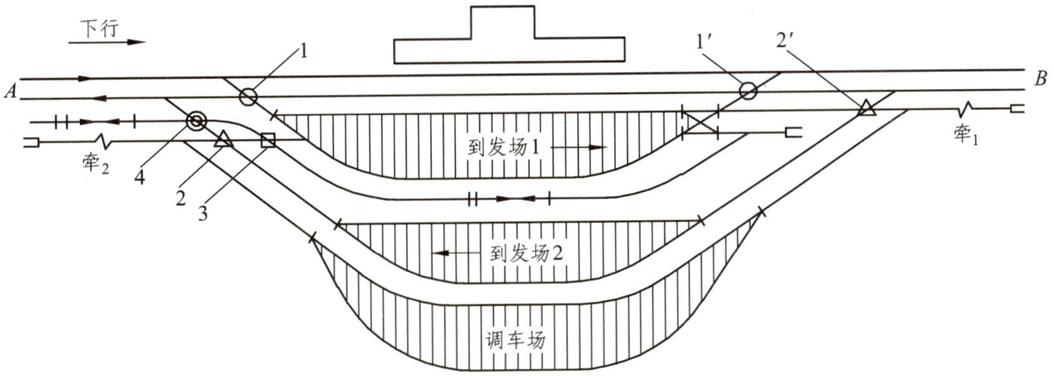

图 8-10　双线铁路横列式区段站交叉干扰图

（2）由于上、下行两个货物列车到发场平行布置在调车场的同一侧，使得：

A 端：上行货物列车出发与下行编成车列由牵出线 2 向下行货物列车到发场的转线产生交叉（如图 8-10 的交叉 2）；

B 端：上行货物列车到达与下行解体车列由下行货物列车到发场向牵出线 1 的转线产生交叉（如图 8-10 的交叉 2′）。

由于区段站的改编列车数量一般不多，这两项交叉并不严重，在不影响上行货物列车到发的情况下，可以将上行货物列车到发场中靠近调车场的部分线路设计成双进路，也可用于接发下行改编货物列车，即可疏解这两项交叉。但是，此时会产生下行改编货物列车接发与上行货物列车到发的新交叉，在实际工作中，可以根据列车到发及调车作业的不同情况来活用线路，决定是将下行改编列车接入下行货物列车到发场还是接入上行货物列车到发场靠近调车场的线路，利用时间间隔来疏解空间交叉。

另外，还可以采用将上、下行两个到发场分别设置在调车场两侧的方法来疏解这两项交叉，即采用另一种图型。

（3）由于上、下行两个货物列车到发场平行布置在调车场的同一侧，同时机务段又位于“站对右”的位置，使得：

A 端：上、下行货物列车机车出入段与下行编成车列由牵出线 2 向下行货物列车到发场的转线产生交叉（如图 8-10 的交叉 3）。

这项交叉也可采用将上行货物列车到发场中靠近调车场的部分线路设计成双进路，用于接发下行改编货物列车的方法进行疏解。

（4）由于上、下行两个到发场设在正线同一侧，使得：

上行货物列车出发与下行列车机车经由机走线的出入段产生交叉（如图 8-10 的交叉 4）。

这项交叉可以通过改变机车交路方式，即采用机车循环交路，在到发线上设置机车整备设备供列车机车进行整备，机车不再入段的方法进行疏解。另外，还可以在A端修建绕过机务段的外包正线Ⅳ，如图8-9（a）虚线所示，供上行货物列车出发使用，这种方法可以使这项交叉得到彻底疏解。

4. 咽喉最大平行作业数

1）A端咽喉

最多可保证五项作业同时进行：

（1）下行旅客列车到达；

（2）上行旅客列车出发；

（3）下行货物列车机车出段；

（4）上行货物列车机车入段；

（5）牵出线调车。

2）B端咽喉

最多可保证四项作业同时进行：

（1）下行旅客列车出发；

（2）上行旅客列车到达；

（3）下行货物列车机车出段或入段；

（4）牵出线调车。

5. 图型的优缺点及适用范围

优点：占地少、布置紧凑、设备集中、定员少、管理方便；对地形适应性强；便于将来发展。

缺点：一个方向的旅客列车到达（出发）与相反方向货物列车出发（到达）的交叉，如为客、货机车交路的始终点，则交叉更为严重；另外，一个方向机车出入段走行距离较长，交叉干扰较多。

适用范围：引入线路方向不多且运量不是很大的区段站。

三、双线纵列式区段站图型

在双线铁路上当运量较大时，为减少两端咽喉区上、下行客货列车进路的交叉干扰，区段站可采用纵列式布置图。

1. 设备相互位置

图8-2所示为双线纵列式区段站图型，客运业务设备、客运运转设备、货场、机务设备、车辆设备的位置大体上与双线横列式区段站图型相似，显著不同之处在于上、下行货物列车到发场分别布置在正线两侧，并逆运转方向全部错移。一般设有上、下行两个方向共用的一个调车场，该调车场应设置在解编作业量较大方向的到发场外侧，且与另一个方向的到发场应有直接通路。

2. 线路固定使用

以图 8-2（b）为例：到发场 1 供下行无调中转货物列车到发；到发场 2 靠正线一侧线路供上行无调中转货物列车到发，靠近调车场的线路供上、下行两个方向的改编货物列车到发。由于区段站上改编货物列车的数量较少，因此下行方向改编货物列车的机车出入段可不设专用的机车走行线。

3. 图型的主要问题

双线纵列式图型疏解了双线横列式图型的一些主要交叉，如下行无调中转货物列车与上行旅客列车在车站两端咽喉区进路上的到发交叉点，这是双线纵列式图型最突出的优点，也是采用双线纵列式图型的根本原因。此外还疏解了下行无调中转货物列车接发车进路及其机车出入段与下行改编货物列车经由牵出线转线的进路交叉，缩短了下行无调中转货物列车机车出入段的走行距离。

但是，双线横列式图型的另一些问题并未得到解决，如上行无调中转货物列车出发切断下行无调中转货物列车机车出入段的进路；下行改编货物列车的到、发进路与上行旅客列车的发、到进路仍有交叉；下行改编货物列车机车出入段走行距离仍然很长。此外，纵列式图型还产生了一些新的问题：

（1）由于只设一个调车场，下行改编货物列车到、发要在中部咽喉和 B 端咽喉与上行客、货列车发、到产生交叉，当下行改编货物列车对数不多时，这个交叉并不严重。但是，随着下行改编货物列车作业量的增加，这一矛盾必然会突出，此时可考虑在下行到发场外侧再修建一个供下行方向使用的调车场，这样，就不必将下行改编货物列车再接入上行到发场。

（2）由于下行到发场在正线的另一侧，使得下行无调中转货物列车的机车出入段要跨越两条正线，与下行旅客列车的接车进路和上行的客、货列车的发车进路产生交叉。此项交叉可通过采用循环交路或修建机务段外包正线Ⅳ及迂回线Ⅲ来疏解，如图 8-2（a）的虚线部分。

（3）当需要调车机车往返于下行货物列车到发场与调车场之间进行车组换挂、扣修车的取送等作业时，必须横切中部咽喉的正线和机车出入段的通路。若这类作业次数较少，对车站工作的影响不大；若作业次数增多时，势必加重中部咽喉区的负担，这往往成为纵列式图型的最主要问题。

（4）下行改编货物列车机车出入段走行距离仍然很长。

（5）由于上、下行到发场纵列布置，需要有很长的站坪，另外中部还增加了一个咽喉区，工程造价和运营支出等都比采用横列式图型有所增加。

4. 咽喉平行作业进路的设置

A 端咽喉：至少应保证下行列车到达和上行列车出发两项平行进路。

中部咽喉：至少应保证下行货物列车出发（或下行旅客列车到达）、上行列车出发、机车出段、机车入段、牵出线调车五项平行进路。

B 端咽喉：至少应保证下行列车出发、上行列车到达、牵出线调车三项平行进路。

5. 优缺点及适用范围

优点：疏解了双线横列式区段站的主要交叉；下行无调中转货物列车机车出入段走行距离短；有利于站房同侧专用线接轨。

缺点：站坪长、占地多；设备分散、管理不便、定员多；一个方向机车出入段横切正线，降低正线通过能力。

适用范围：客货运量大、引入方向多、交换车流少的双线区段站。

四、客货纵列式区段站图型

这种图型往往是改建时逐步形成的，因此客、货运转设备和机务设备相互位置的配置形式很多。以图 8-3 为例，货物运转车场内的上、下行到发场，分别位于正线两侧横列布置，两个方向共用一个调车场。

客、货纵列式区段站图型的优点有：客、货运两场分设，作业干扰较少，客、货运设备分别集中，管理方便；当作业量较大的一个方向的到发场在城市同侧或在城市同侧接轨的岔线较多时，调车场可布置在城市一侧，对城市发展和地方运输适应性较强等。

其缺点有：客、货运两场分设，需要增加设备和定员；既有岔线和货场取送车作业不方便；客、货运两场间距离较近时，靠客运车场一端的牵出线，其长度往往不能满足整列调车的需要或位于曲线上；既有机务段与货运车场间机车走行距离增加，还可能产生折角走行，甚至需另设出、入段线；有一个方向的列车机车出入段需横切正线等。

第三节　区段站运转设备

区段站的运转设备主要包括旅客列车和货物列车到发线、客车车底停留线、机车走行线、机待线、机车出入段线、调车线和牵出线等。

一、货物列车到发线

1. 数　量

1）影响到发线数量的主要因素

（1）列车的数量。

一般到发列车的对数越多，所需的到发线数量也越多。

（2）列车的种类及其技术作业。

无论哪种列车都要在到发线上停留进行相关的技术作业，列车种类不同，技术作业的内容也不完全相同，因此占用到发线的时间也不尽相同，一般占用到发线时间长的列车越多，则所需到发线数量也会越多。

（3）衔接线路方向数及相邻区段的闭塞方式。

当车站衔接线路方向数较多、区间采用自动闭塞设备时，列车密集到达的可能性较大，所需的到发线数量也应适当增加。

（4）车站布置图的类型。

横列式图型的到发线一般设计为可供两个方向的列车到发，使用灵活性高，而纵列式图型的到发线则一般只能分别按方向使用，使用灵活性差，因此，横列式图型所需线路数量相对少一些，纵列式图型则多一些。

此外，机车交路等也会影响到发线数量的确定。

2）到发线数量的确定

根据《铁路车站及枢纽设计规范》（后简称《站规》）规定，区段站上为客、货列车使用的到发线数量，应根据列车种类、性质、数量等确定，一般情况下可按表 8-1 中数据确定。

表 8-1　到发线数量

换算列车对数	双方向到发线数量（条）（正线及机车走行线除外）	换算列车对数	双方向到发线数量（条）（正线及机车走行线除外）
≤12	3	37～48	6～8
13～18	4	49～72	8～10
19～24	5	73～96	10～12
25～36	6	>96	12～14

注：① 区段站某一方向的换算列车对数，等于该方向各类客、货列车对数（可按该方向接发的各类列车数除以 2 求得）分别乘以相应的换算系数后相加的总数。当查表确定到发线数量时，尽端式区段站按接发车一端的各个方向相加后总的换算对数确定，但可适当减少；通过式区段站按各个方向相加后总的换算对数的 1/2 确定。列车对数的换算系数：直达、直通、小运转列车为 1；有解编作业的直达、直通、区段和摘挂为 2；始发、终到的旅客列车为 1，立即折返的小编组旅客列车为 0.7；停站的旅客列车 0.5；机车乘务组换班不列检的货物列车为 0.3；不停站的客、货列车不计。

② 两个方向以上线路引入的区段站，考虑列车的同时到发，到发线数量可适当增加。

③ 换算列车对数少于 6 对时，到发线数量可减为 2 条。

④ 采用追踪运行图时，到发线数量增加 1 条。

⑤ 区段站的尽头式正线按到发线计算。

⑥ 客、货纵列式区段站的货物列车到发线数量应扣除旅客列车的换算对数后按采用本表。

2. 长　度

货物列车到发线的长度应满足干线标准有效长度要求。

3. 进路设计

（1）单线横列式区段站的到发线采用双进路。

（2）双线横列式区段站的到发线，一般设计为单进路，分别按上、下行方向接发列车。但靠近旅客站台的到发线及靠近调车场的部分到发线，宜设计为双进路；如有第三方向线路引入且有通过的折角车流或位于局间分界口的区段站，为了增加线路使用的灵活性，以适应列车密集到达和减少交叉干扰，可将部分到发线设计为双进路，其余作预留。如到发线数量较少或有充分根据时，也可全部设计为双进路。

4. 超限货物列车到发线的设计

（1）正线必须具备通行超限货物列车的条件。

（2）单线区段站上除正线外，应另有一条到发线具备通行超限货物列车的条件。

（3）双线区段站上除正线外，上、下行应各有一条到发线具备通行超限货物列车的条件。

二、旅客列车到发线

1. 数量及长度

除客货纵列式区段站外，区段站的到发线一般是客货列车共用的，由于旅客列车的停站时间一般较短，对到发线的通过能力影响不大，旅客列车到发线的数量可将旅客列车对数换算后与货物列车换算对数相加后按表 8-1 中的数据确定，并将其中靠旅客站台的到发线和正线用于接发旅客列车。

客货兼用的到发线有效长应与货物列车到发线有效长一致。

客货纵列式区段站的旅客列车到发线的数量和有效长，参照客运站列车到发线的规定加以确定。

2. 与旅客站台的位置关系

确定旅客列车到发线与旅客站台的合理位置关系，主要考虑正线布置要顺直；客、货列车能便捷到发，站内交叉少；旅客跨越线路少，跨越线路设备的建筑费用少；便于货场设置、支线引入及工业企业线接轨；便于线路保养维修以及便于进一步发展，如从单线发展成双线时，便于增加线路等。图 8-11（a）、（b）分别为单线和双线铁路区段站应优先采用的到发线与旅客站台的布置方案。

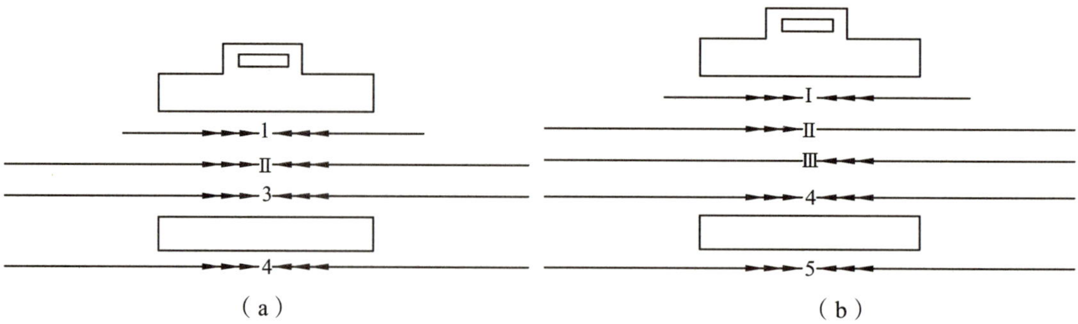

图 8-11　区段站旅客站台与线路布置型式图（b 图中的罗马数字“Ⅰ”应为阿拉伯数字“1”）

三、客车车底停留线

当区段站有始发、终到旅客列车车底停留时，一般应设置客车车底停留线，以免占用到发线或调车线，影响到发线或调车线的使用。客车车底停留线位置应与接发旅客列车的到发线有便捷的通路，可设置在站房同侧或调车线外侧，如为市郊旅客列车车底停留，可考虑设置在站房同侧。若个别旅客列车立即折返，且停留时间较短，确定到发线数量已考虑该因素时，也可不设客车车底停留线，设计时应视具体情况确定。

四、机车走行线

车站内专供机车出入段走行使用的线路称为机车走行线（简称机走线）。

1. 机走线的设置条件

每昼夜经机走线出入段的机车台次在 36 次及以上的区段站应设置一条机车走行线。

纵列式区段站、采用循环交路的区段站、机务段在“站对并”位置的区段站以及每昼夜经机走线通过车场的机车台次在 36 次以下的区段站，均可不设机车走行线。当不设置机走线时，机车可利用空闲的到发线出入段。

2. 机走线的设置位置

机车走行线的位置，应根据不同的车站布置图，以减少机车出入段与接发列车交叉次数以及缓和交叉的严重程度为原则进行确定。

以双线铁路横列式区段站图型为例，机走线或设置在上、下行两个到发场之间，或设置在到发场与调车场之间。

1）机务段设在“站对右”

当机务段设在“站对右”位置时，下行机车需经机走线出、入段。

（1）若机走线设在上、下行到发场之间，如图 8-12（a）所示：

此时，上行货物列车出发与下行货物列车机车出、入段产生交叉，该交叉是出发交叉。该项交叉可通过修建上行外包机务段正线进行疏解。

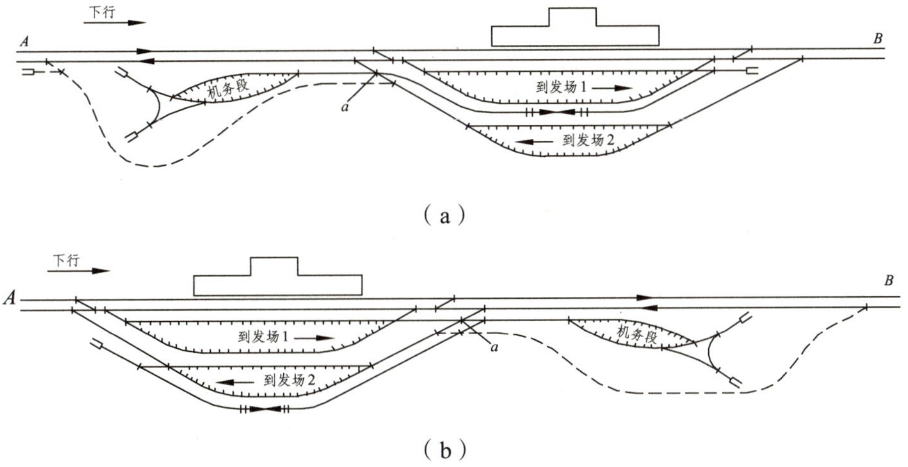

图 8-12 双线铁路横列式区段站机车走行线布置图

（2）若机走线设在到发场与调车场之间：

此时，上行货物列车到达与下行机车出入段产生交叉，该交叉是到达交叉。

由于出发交叉性质比到达交叉性质缓和，因此，机走线应设在上、下行两个到发场之间较优。

2）机务段设在“站对左”

当机务段设在“站对左”位置时，上行机车需经机走线出、入段。

（1）若机走线设在上、下行到发场之间：

此时，上行货物列车到达与上、下行机车出入段均产生交叉，这两项交叉可通过修建上行外包机务段正线进行疏解。

（2）若机走线设在到发场与调车场之间，如图 8-12（b）所示：

此时，仅有上行货物列车到达与下行机车出入段产生交叉，与机走线设置在上、下行到发场之间相比，减少了交叉量，因此，机走线应设在上行到发场与调车场之间较优。

综上所述，当机务段设在第三象限时，机走线应设置在上、下行两个到发场之间；当机务段设在第四象限时，机走线应设置在到发场与调车场之间，若修建有上行外包机务段正线时，则应设置在上、下行两个到发场之间。

单线铁路横列式区段站，机车走行线的设置与双线铁路横列式区段站的情况相似。

五、机待线

机待线的作用是便于出段和入段的机车进行停留与交会，机待线与机车走行线相配合可以使机车出段、入段与其他作业平行，压缩机车换挂所需的时间，保证换挂机车的旅客列车和货物列车正点出发。

1. 设置条件

只有行车量很小，换挂机车也较少或改建困难的单线铁路横列式区段站可缓设或不设机待线，其他区段站均应设置机待线。

2. 设置位置

横列式区段站设在非机务段一端的咽喉区，纵列式区段站设在机务段对侧到发场出发一端的咽喉区。

3. 布置形式

机待线布置形式有贯通式（见图 8-8）和尽头式（见图 8-9）两种。

尽头式机待线的优点是：有隔开进路，安全性好，即使司机操纵失误冲击车挡，其损失也比与列车（或转线车列）冲突为轻；缺点是：使车站咽喉区长度增加。

贯通式机待线优点是：进路比较灵活，咽喉长度短，在到发线数量相同时，可使车站咽喉长度比采用尽头式机待线时缩短 20 ~ 60 m，节省占地及铺轨长度；缺点是：无隔开进路，安全性差。

除地形受限制外，一般采用尽头式。

4. 长　度

机待线的有效长度：尽头式应采用 45 m，困难条件下不应小于牵引机车长度加 10 m；贯通式应采用 55 m，困难条件下，不应小于牵引机车长度加 20 m。双机牵引时，应在上述有效长度基础上另加 1 台机车长度。

六、机车出段线和入段线

设在机务段与到发场之间，供机车出、入段使用的线路称为机车出段线和入段线。

1. 设置条件及数量

机车出、入段线数量取决于列车对数、列车到发的不均衡性及机车运转方式。

横列式区段站一般设置机车出段线和入段线各一条，当每昼夜出、入段机车不足 60 次时，可缓设或只设一条供机车出段和入段共用。采用其他图型时，机车出、入段线的数量应根据具体情况确定。

2. 长　度

由于机车出、入段时要在机务段出入段处的值班室签点，因此在机务段最外方道岔与站管道岔之间，应有机车停留位置，其有效长度不应小于两台机车长度加 10 m 的安全距离，一般不少于 70 m。

七、调车线

1. 调车线的用途

1）集结、编组车列

列车编组计划规定了每个技术站解体和编组列车的任务，而组成列车的车辆必须达到规定的辆数、重量或长度，因此，需要在指定的线路上由少到多逐渐集结成列之后，才能进行编组。

2）停放本站货物作业车

货物作业车（也称为本站作业车、作业车）是指在本站需进行装车或卸车或先卸后装的车辆，到达本站卸的货物作业车随列车到达本站后，经过解体作业暂时停放在指定的调车线上，再由调车机车将其送至装卸车作业地点，如货场、专用线等。

3）停放其他需要单独存放的车辆

如装载危险货物的车辆、装载超限货物的车辆等，这样的车辆与其他车辆混停在一起，将会对车站的调车作业产生很大的影响，因此应该单独存放。

2. 调车线的数量

1）用于列车集结、编组所用的线路

这类线路为调车场的主要线路，其数量是根据列车编组计划规定的编组列车到达站数及其各到达站的车流量大小来确定，通常是一个列车到达站设一条调车线，若某个列车到达站的车流量较大时，该到达站可酌情增加一条调车线；若车流量较小时，也可两个到达站的车辆合用一条调车线。

2）用于停放本站货物作业车的线路

这类线路的数量应根据装卸车地点和装卸车数的具体情况而定。

3）用于存放其他车辆的线路

这类线路也应根据车站的具体情况和需要设置。

八、牵出线

牵出线是指设在调车场的一端，并与到发线连接，专供车列解体、编组、转线等使用的线路。

牵出线是区段站上主要的调车设备，当解体调车作业量大时，还可在牵出线上设置驼峰。

1. 牵出线数量

牵出线数量取决于有调作业车数、编组计划要求、调车作业方法、站内调机台数及分工、货物线与工业企业线位置及作业量等因素。

区段站一般在调车场两端各设一条牵出线，当每昼夜解编作业量不超过 7 列（解 7 列、编 7 列）时，可缓设一条。

在纵列式区段站上，如有部分改编货物列车成组甩挂作业，且线路通过能力受到限制，不能利用正线调车时，可在站房同侧到发场设专用牵出线。

货场取送车作业，一般可利用调车场牵出线进行，如货场位于站房同侧，装卸作业量又较大，且区间列车对数较多时，可设置货场专用的牵出线。

2. 牵出线长度

区段站牵出线的有效长不应小于货物列车到发线的有效长，以保证解体或编组时整列一次转线，仅进行部分改编货物列车的加减轴作业时，可适当缩短，但牵出线长度不应小于货物列车到发线有效长的 1/2。

3. 牵出线平、纵断面要求

牵出线应设置在直线上，困难条件下可设在曲线上，但应保证有良好的视线，其半径不应小于 1 000 m，特别困难条件下，其半径不应小于 600 m；若仅办理摘挂取送作业的货场或其他厂、段的牵出线，在特别困难条件下，曲线半径不应小于 300 m；牵出线不应设在反向曲线上。

牵出线应设置在平道或不大于 2.5‰的面向调车线的下坡道上；办理摘挂、取送作业的货场或其他厂、段的牵出线，应设置在不大于 1‰的坡道上，困难条件下，可设在不大于 6‰的坡道上。

第四节　区段站货运设备

区段站一般都设有专门的货场，货场的主要任务是办理货物的承运、保管、装卸和交付等作业。货场内用来办理货运业务的设备称为货运设备，主要包括：货物线、货物站台、仓库、货棚、堆货场、装卸机械、检斤设备和办公房屋等。

一、货场布置图

货运设备的总体布置即为货场布置图。货运设备的布置应力求紧凑、合理、充分利用场地、便于作业，并留有发展余地。

货场布置图按货物线的布置形式，可分为尽端式、通过式和混合式三种。

1. 尽端式货场

尽端式货场的货物线均为尽头式布置，如图 8-13 所示。

尽端式货场的优点是：占地少，铺轨及道路长度短，工程投资少，易与地形结合，也便于与城市规划相配合；货物线与道路交叉少，零星车辆取送方便，货场改扩建比较容易。

其缺点是：车辆取送作业均在货场一端进行，咽喉负担较重，取送车作业与装卸车作业有干扰。

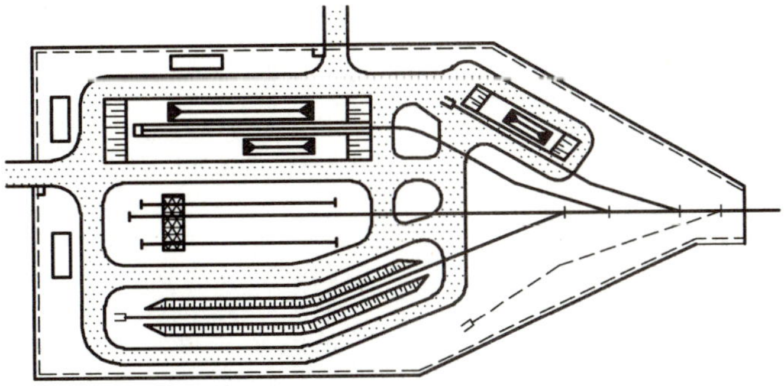

图 8-13　尽端式货场平面布置图

2. 通过式货场

通过式货场的货物线均为通过式布置，如图 8-14 所示。

通过式货场的优点是：取送车作业在货场两端进行，互不干扰，取送方便，能力大；有可能利用货物线办理整列装卸。

其缺点是：占地大，铺轨及道路均较长，工程投资大，零星车辆取送不便，货场道路与货物线交叉较多，铁路取送车作业与地方搬运有干扰。

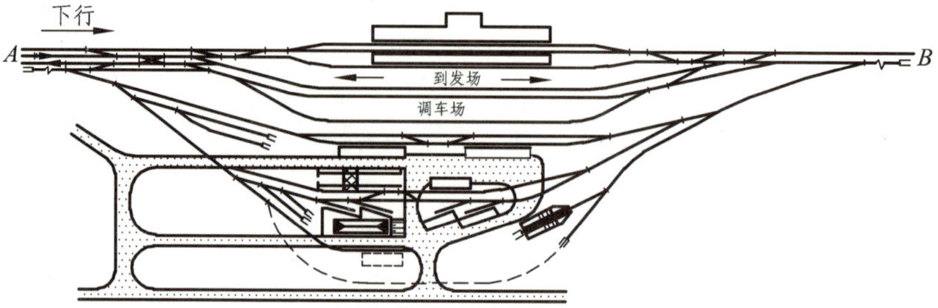

图 8-14　通过式货场平面布置图

3. 混合式货场

混合式货场的货物线部分为通过式、部分为尽端式布置，如图 8-15 所示，它兼有通过式与尽端式货场的优点和缺点。

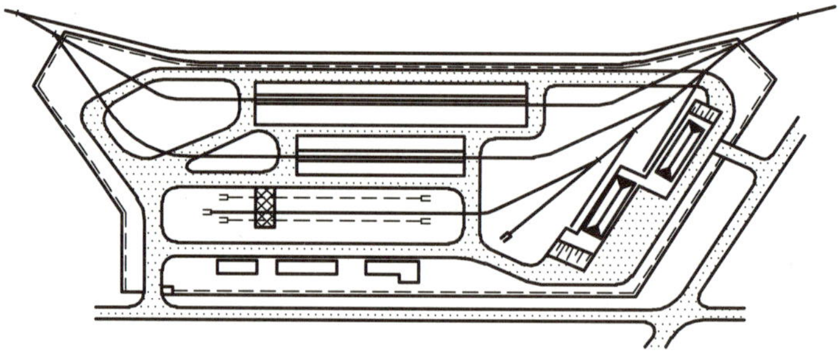

图 8-15　混合式货场平面布置图

货场的布置形式，应根据作业量、货物品类、作业性质及当地条件等因素，通过全面比较来确定。区段站货场宜采用尽端式或混合式货场，只有当运量较大、办理货物品类单一、有条件组成大车组装卸和货场设在“站对并”位置时，才采用通过式货场。

二、货场设备的布置

1. 仓库、货棚

在铁路运输中，为了存放遇风、雨、雪以及阳光等自然条件影响而容易变质及损坏的货物和贵重货物，应设置仓库或货棚，它们一般均设在站台上，以便于进行货物装卸作业。

1）仓库的种类

货物仓库按结构层次可分为单层、双层和多层；按平面形式可分为矩形、阶梯形和栉形；按与装卸线的配置形式可分为跨线式和非跨线式，如图 8-16 所示；按存放的货物类别可分为整车仓库、零担仓库、中转仓库和危险货物仓库。

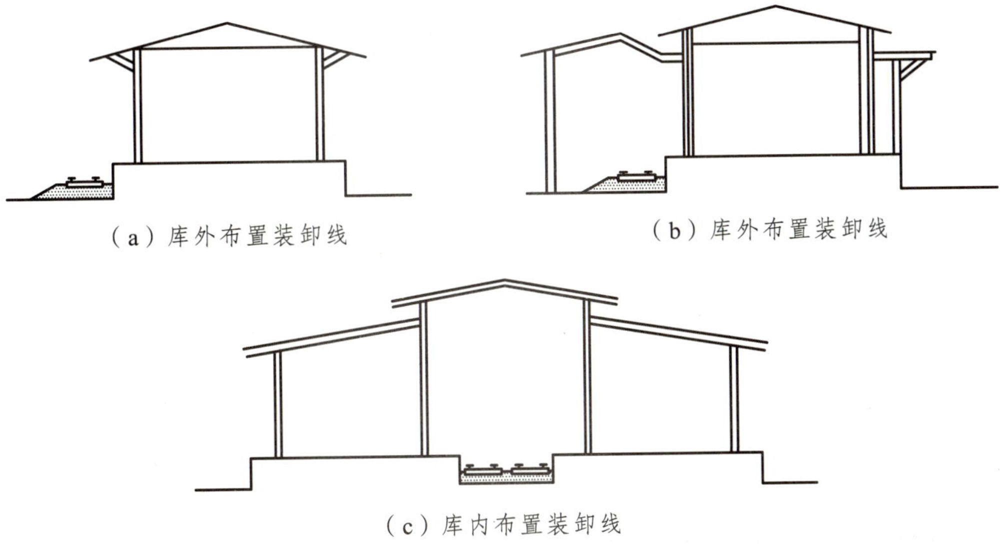

图 8-16　仓库与装卸线配置图

2）仓库的宽度

仓库的宽度应根据货运量、货物品类、作业性质、装卸机械类型、取送车组的长度、仓库种类等因素来决定。

仓库的跨度通常选用 9 m、12 m、15 m 或 18 m，一般大、中型仓库宽不小于 15 m，小型仓库以 9 ~ 12 m 为宜。

3）仓库的长度

仓库的长度根据所需面积和选用的宽度计算确定。当计算的仓库很长时，为了管理方便，减少取送车与装卸作业的干扰，可把仓库分为若干节。大型仓库每节长度不大于 210 m，中型仓库每节不大于 140 m，跨线仓库以 210 m 为宜，阶梯仓库一般为 70 ~ 100 m。

4）仓库至站台边缘的距离

为了便于作业，仓库外墙轴线或货棚柱子中心至站台边缘的距离一般规定为：距铁路一侧有叉车作业时采用 4.0 m，但主要零担货物中转站的中转站台宜采用 7.0 m，人力作业时可采用 3.5 m；距场地一侧有叉车作业时采用 3.5 m，但作业量大的零担仓库宜采用 4.0 m，人力作业时可采用 2.5 m。

5）货　棚

在零担中转货区，一般采用货棚，可分为一般货棚和跨线货棚。在多雨地区或货运量大的货场，可选择跨线货棚，其长、宽与仓库的设置要求相同。

6）雨　搭

为避免在装卸车时湿损货物，仓库或货棚应在靠铁路线路一侧和靠公路（或场地）一侧设置雨搭。一般情况下，雨搭的宽度应伸至站台边缘。

在多雨地区且作业繁忙的大、中型货场，为了保证雨天不间断作业，装卸棚车时雨搭在铁路一侧可伸过棚车中心线，即伸出站台边缘 2.05 m；装卸敞车时，宜全部将敞车遮盖，伸出宽度为 3.7 m；在公路（场地）一侧伸出站台边缘 3.5 m。

雨搭的净高在铁路一侧应满足限界要求，距轨面 5 m；在公路一侧应满足汽车最大装卸高度加安全距离，一般距地面 4.5 m。

2. 货物站台

货物站台的种类主要有普通货物站台、尽端式站台和高站台。

1）普通站台

普通站台是指存放不怕自然气候影响的货物的露天站台或上面设有仓库、货棚的站台，如图 8-17 所示。

普通站台的高度：靠铁路一侧应高出轨面 1.1 m，基本与铁路货车车底板同高；靠公路一侧应高出地面 1.1 ~ 1.3 m，以适应汽车底板高。

普通站台的宽度：设有仓库或货棚时不应小于 15 m；露天站台采用人力作业时不应小于 12 m，采用机械作业时不应小于 20 m；中转站台可采用 18 m、28 m、34 m 或 44 m。

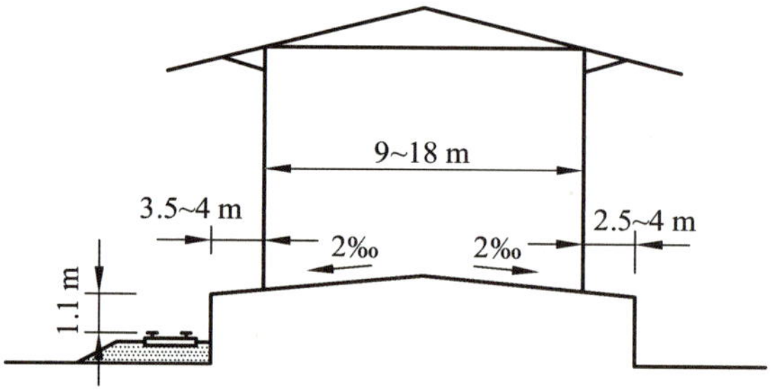

图 8-17 普通货物站台

普通站台的长度：应根据站台到发的货运量、仓库长度、站台宽度、每昼夜取送车数等因素计算确定，一般不宜大于 210 m，零担货物中转站台不宜大于 280 m。

2）尽端式站台

为了便于装卸自行移动货物（汽车、拖拉机或军用设备），可单独设尽端式站台，也可与平行于线路的普通站台合并设置，如图 8-18 所示。尽端式站台分带车钩和不带车钩两种。

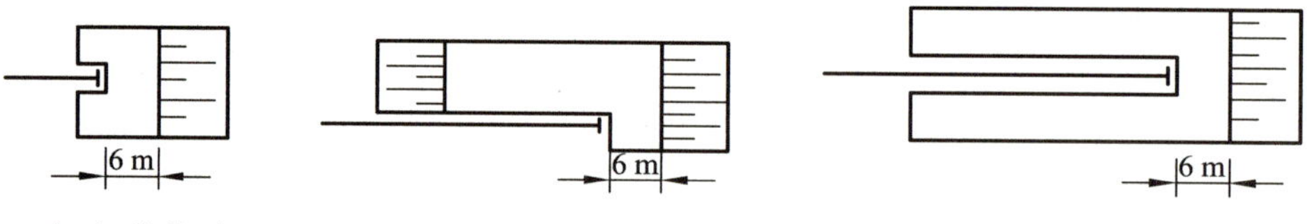

（a）单独型　　（b）L 型　　（c）凹型

图 8-18 尽端式站台

尽端式站台单独设置时，宽度宜采用 4.5 m，长度宜为 6.0 m，端部应设置与站台等宽的斜坡，铁路端站台边缘的顶面距轨面高度可采用 1.15 m。

3）高站台

当有大量散装货物和不怕摔的货物利用敞车装车时，为了节省劳力、加速装车作业，根据地形条件和材料情况，可设置平顶式、滑坡式和跨线漏斗式高站台，如图 8-19 所示。

平顶式高站台的高度可采用 1.8 m、2.4 m、2.8 m、3.3 m 等。

高站台的宽度应根据堆货量、货物品类、搬运工具所需道路宽度、装卸机械作业宽度等因素确定，单侧装车时不应小于 12 m，双侧装车时不应小于 20 m。

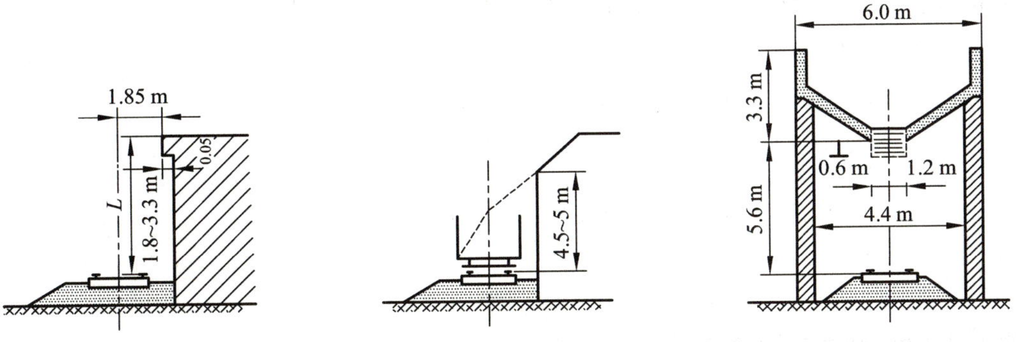

（a）平顶式高站台　（b）滑坡式高站台　（c）跨线漏斗

图 8-19　高站台

高站台的长度除应满足堆货量的需要外，亦应满足取送车组长度的要求。

3. 堆货场

堆货场按货物种类分为集装箱堆货场、长大笨重货物堆货场和散装货物堆货场。

堆货场的宽度应根据货运量、货位布置及排数、货位宽度和装卸机械类型确定。堆货场的长度除应满足堆货场面积需要外，还应满足取送车组长度的需要。

堆货场的排水横坡可采用单面坡或双面坡，除集装箱场地横坡不应大于 1.2%外，其他场地横坡不应大于 3%。

4. 低货位

在有煤炭和矿建材料等散堆装货物的大量卸车区，应设置低货位卸车线。

低货位分为直壁式和路堤式两种，路堤式卸车线路基面距地面高度宜采用 1.5 ~ 2.5 m，路基面宽宜采用 3.2 ~ 3.6 m，长度不短于一次送来车的长度，如图 8-20 所示。

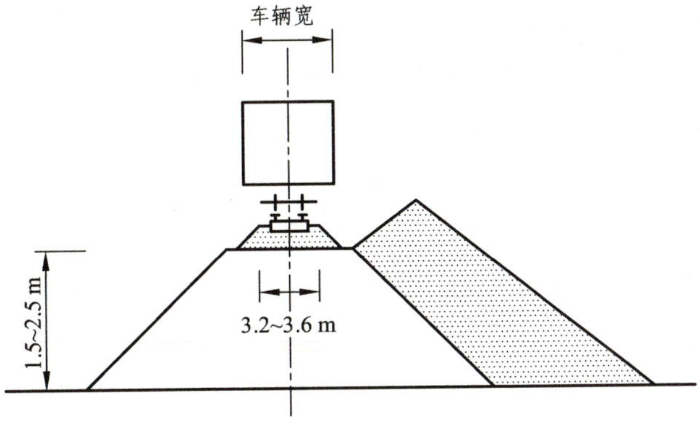

图 8-20　低货位

5. 其他货运设备

铁路装卸机械类型应根据作业量及货物品类、装卸作业性质、装卸机械性能确定。

货场与运转作业直接有关的生产房屋的布置，应满足使用需要，保证值班人员作业安全、联系方便，便于瞭望现场以及距作业地点行程最短。

营业厅、货运办公室的位置宜设在货场的进口处，一面正对市区，一面通向货场。整车货运员办公室可设在仓库的端部和堆货场的适中地点。

三、仓库、站台、堆货场面积

仓库、站台、堆货场等设备的面积（包括有效面积和机械通道、货位间隔距离等辅助面积）是根据货运量、货物保管期限及每平方米的堆货量等因素确定的，可按下式计算：

$$F = \frac{Q\alpha T}{365P} \ (\mathrm{m}^2) \qquad (8\text{-}1)$$

式中 Q——仓库、站台或堆货场的年货运量，t；

α——货物到发波动系数；

T——货物保管期，d，可采用表 8-2 内的数值；

P——仓库、站台或堆货场单位面积的堆货量，t/m^2，可采用表 8-2 内的数值。

表 8-2 仓库、站台、堆货场单位面积堆货量

货运设备名称		单位面积堆货量/（t/m^2）	货物保管期限/d	
			发送前	到达后
整车仓库		0.5	2	3
零担仓库	到达	0.20	—	3
	发送	0.25	2	—
零担中转仓库		0.15	1.5	1.5
危险货物仓库	整车	0.5	2	3
	零担	0.15		
混合仓库		0.3	2	3
货物站台		0.40	2	3
笨重货物堆货场	整车	1.00	2	4
	零担	0.40		
散堆装货物堆货场		1.00	2	3

注：求算堆货量的总面积时：棚内包括纯堆货面积、叉车或人行通道、货盘间作业和堆货间隔等面积；笨重货物和散堆装货物包括纯堆货面积和堆货箱位间隔面积，但不包括汽车通道和辅助机械走行场地面积。

四、货物装卸线长度的计算

1. 确定货物装卸线总有效长度的因素

（1）日平均装卸车数；

（2）每昼夜取送车次数及车组长度；

（3）货位周转时间；

（4）装卸线一侧或两侧的货位排数；

（5）装卸能力及短途搬运能力。

2. 货物装卸线总有效长度的计算

货物装卸线总有效长度，除应满足平均一次来车的长度外，还应保证货物装卸线两侧有足够的货位，因此，应算出二者需要的长度，选择其较大者作为货物装卸线总有效长度。

1）平均一次来车需要的长度 $L_{铁}$

$L_{铁}$ 可按下式计算：

$$L_{铁}=\frac{Q\alpha l}{365qc}\ (\mathrm{m}) \tag{8-2}$$

式中 Q——年货运量，t；

α——货物到发波动系数；

l——车辆平均长度，m，取值 14 m；

q——货车平均净载重，t；

c——每昼夜取送车次数，1～4 次。

如货场按不同品类的货物划分货区时，应分别按该类货物的波动系数及货车平均净载重来计算货物装卸线总有效长度。

2）存放货物需要的场地长度 $L_{货}$

$L_{货}$ 可按下式计算：

$$L_{货}=\frac{F}{d}=\frac{Q\alpha T}{365Pd}\ (\mathrm{m}) \tag{8-3}$$

式中 F——存放货物需要的面积，m^2；

d——货物装卸线一侧或两侧货位总宽度，m；

T——货位周转期，d；

P——每平方米平均堆放货物的吨数，t，包括辅助面积增加系数。

$L_{货}$ 还可按下式计算：

$$L_{货}=\frac{Q\alpha lT}{365qn}\ (\mathrm{m}) \tag{8-4}$$

式中　n——货物装卸线一侧或两侧的货位排数（即一个车长范围内所容纳的货位个数），人力装卸一般可按一侧一排；机械装卸根据起重机伸臂长度或跨距而定；散堆装货位、低货位、滑坡式和跨线漏斗式高站台等根据容纳车数而定。

如取送车周期大于货位周转期，即第一次来车卸下货物所占货位在第二次来车之前已经腾空时，货位周转期和货位排数就起控制作用，此时，货物装卸线总有效长度取决于平均一次送来的车组长度，因此，只要计算 $L_{铁}$ 即可。

当滑坡式或跨线漏斗式高站台采用一次来车分批连续装车时，货物装卸线有效长 $L_{线}$ 应按下式计算：

$$L_{线}=(2n-1)L_{高} \quad (\text{m}) \tag{8-5}$$

式中　n——分批装车的批数；

$L_{高}$——高站台修建的长度，m。

3）各种货物装卸线的有效长度

每条货物装卸线的有效长度应根据装卸作业的性质、繁忙程度、装卸车作业组织办法、装卸机械的类型及仓库布置和地形条件等因素来确定。下述各种货物装卸线有效长度，可供大、中型货场设计时参考。

（1）仓库站台线应与仓库站台的布置形式和采用的仓库、站台长度相配合：

① 直线形仓库装卸线有效长度，一般以容纳 10 ~ 15 车为宜，即 140 ~ 210 m。当仓库分节布置时，应根据需要确定。

② 阶梯形仓库装卸线有效长度，一般以容纳 5 ~ 7 车为宜，即 70 ~ 100 m。

③ 跨线式仓库货物装卸线有效长，一般以 210 m 左右为宜。

④ 露天站台装卸线有效长，应根据需要确定。

（2）笨重货物装卸线有效长，应与装卸机械的能力及台数相配合。

（3）散堆装货物装卸线有效长，应适应运输方案组织大宗散堆装货物直达成组运输的特点，结合装卸设备能力确定，当运量很大时，根据需要可采用半列或整列车长。

根据实践经验，几种大型机械作业线的装卸有效长度可参照表 8-3 确定。

表 8-3　大型机械作业线的装卸有效长度表

采用装卸机械类型	在一条作业线上设置机械台/台	一般装卸有效长度/m
门式起重机	1	100
	2	140
链斗式联合卸车机或螺旋卸煤机	1	210
	2	根据需要

注：① 本表数字可根据货场布置及作业需要适当增减；
② 装卸有效长度是指装卸机械作业范围内的长度。

第五节　区段站咽喉区的布置及设计

从车站两端最外方道岔的基本轨接头处，分别至到发场最内方信号机（或警冲标）的范围，叫车站咽喉。车站咽喉是车站最繁忙、道岔最集中之处，车站主要车场咽喉区的布置是否合理，不仅对保证车站必要的通过能力和各车场的作业安全、工作效率有极大的影响，而且对全站的站坪长度、铺设的道岔和钢轨数量以及用地面积、土石方数都有直接的关系。

一、咽喉布置的基本要求

一般情况下，合理的咽喉区布置应符合以下基本要求：

（1）保证必要的平行作业进路；

（2）进路交叉数量应减少到最低限度；

（3）尽量缩短咽喉区长度；

（4）力求各条线路有效长度接近相等；

（5）铺设的道岔要少。

二、区段站咽喉区设计基本步骤和方法

1. 选择区段站参考详图

根据选定的区段站布置图和确定的各项设备的数量，选择近似的区段站详图作为设计车站咽喉时的参考。

2. 确定咽喉区平行进路的数量

《站规》规定，采用肩回交路的区段站咽喉区，其进路应保证不少于表 8-4 所列的主要平行作业数量，有干、支线接轨时还需相应增加。

表 8-4　区段站咽喉区平行作业数量

<table>
<tr><th>图型</th><th colspan="2">条件</th><th>咽喉区位置</th><th>平行作业数量</th><th>平行作业内容</th></tr>
<tr><td rowspan="5">横列式</td><td rowspan="3">单线铁路</td><td rowspan="2">平行运行图列车对数在 18 对及以下</td><td>非机务段端</td><td>2</td><td>列车到（发）、调车</td></tr>
<tr><td>机务段端</td><td>2</td><td>列车到（发）、机车出（入）段</td></tr>
<tr><td>平行运行图列车对数在 18 对以上</td><td>非机务段端及机务段端</td><td>3</td><td>列车到（发）、机车出（入）段、调车</td></tr>
<tr><td colspan="2" rowspan="2">双线铁路</td><td>非机务段端</td><td>3</td><td>列车到、列车发、调车或列车到（发）、机车出（入）段、调车</td></tr>
<tr><td>机务段端</td><td>4</td><td>列车到、列车发、机车出（入）段、调车或列车到（发）、机车出段、机车入段、调车</td></tr>
<tr><td>纵列式</td><td colspan="2">双线铁路</td><td>中部</td><td>4</td><td>下行列车出发（通过）、上行列车出发、机车出（入）段、调车</td></tr>
</table>

如图 8-21 所示为两个方向的双线铁路横列式区段站布置图，*A* 端咽喉区最多可保证下行旅客列车到达、上行旅客列车出发、机车出段、机车入段、牵出线调车五项平行作业；*B* 端最多可保证下行旅客列车出发、上行旅客列车到达、机车出（入）段、牵出线调车四项平行作业。

3. 确定线间距

首先根据各种列车的数量合理地确定到发线固定使用方案，设置到发线的单进路或双进路，确定通行超限货物列车的线路，再进一步根据相邻线路间办理作业的性质、设置在相邻线路间的有关设备的计算宽度、线路中心线至主要建筑物（设备）的距离等，按《站规》的规定，计算确定各相邻线路的间距，并标注在详图上，如图 8-21（b）所示。

4. 进行到发线分组

到发线按上、下行分场后，应进一步合理分组，通过分组可以保证必要的平行作业，调整线路的有效长。此外，分组所形成的隔开进路，有利于保证作业安全。

到发线分组的方法应根据线路数量及作业要求来确定。图 8-21（a）中，下行到发场有三条到发线，由于下行到发场 *A* 端主要办理下行无调中转货物列车到达或 4 道的部分上、下行旅客列车到发作业，它们在咽喉区有部分共同径路，因此这两项作业不可能同时进行，对到发线进行分组不能增加列车到、发的平行作业，反而延长了咽喉区的长度，所以下行到发场在 *A* 端不分组。下行到发场 *B* 端按 1（条）、2（条）分组，以使 4 道列车出发与 5、6 道机车出（入）段作业能同时进行。

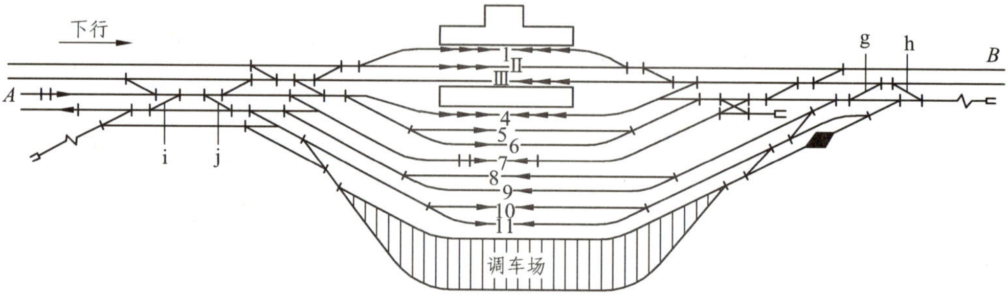

（a）

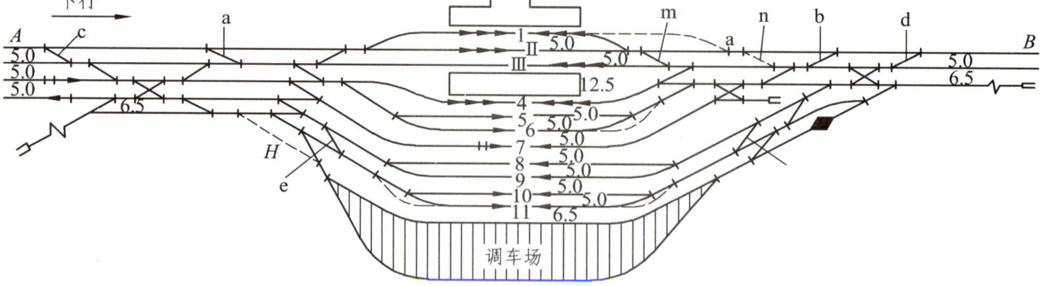

（b）

图 8-21　双线铁路横列式区段站咽喉布置图

上行到发场有 4 条到发线，*A*、*B* 两端均为 2（条）、2（条）分组，这样就能使 8 道（或 9 道）在接发列车时 10 道（或 11 道）可以同时进行车列转线作业。

5. 合理布置道岔和渡线

道岔和渡线的布置应保证咽喉区各项作业进路的要求，同时应尽量减少道岔的数量，缩短各项作业进路及整个咽喉区的长度，即贯彻通、活、紧、省四个方面的布置原则。

“通”就是按作业要求设置一定数量的进路，以保证必要的作业能畅通无阻，无须“之”字走行。如图 8-21（a）所示，本站两端咽喉区的上、下行客货列车到达及出发、机车出段、改编车列转线、牵出线调车等主要作业的进路均畅通，符合“通”的要求。

除此之外，两端咽喉区还应设置必要的渡线和道岔，保证上行到发场能反方向接发列车；上（下）行到发场部分线路接发列车时，其余线路可以进行转线调车作业；调车场能直接向区间发车；旅客列车到发线应与牵出线有直接通路等作业进路，以增加咽喉的机动性。例如 *A*、*B* 两端咽喉分别设置渡线 a、b 就是为了使下行货物列车能在下行到发场办理到发，这是必不可少的进路。但这时下行改编货物列车仍无法利用上行到发场，调车场与下行正线也无直接通路，故需设置渡线 c、d。

“活”就是在已设有主要进路的基础上，增设渡线或道岔来增加咽喉的机动灵活性，增加更多的平行作业组合。例如，*A*、*B* 两端咽喉如果不设置 a、b 渡线，虽然接发上、下行货物列车的进路仍然走得通，但是不能保证上、下行同时接发货物列车；又如在 *A* 端咽喉增设渡线 e 可保证 10、11 道列车到、发与左端牵出线调车的平行作业；同样，在 *B* 端咽喉增设渡线 f，可避免在 10、11 道上 B 方向列车到发与驼峰迂回线上作业的干扰。

“紧”就是指咽喉区布置要紧凑，在保证“通”“活”的前提下，力求车站咽喉长度为最短。通常采用的办法是：咽喉区道岔配列按规定相邻道岔中心间距离最小长度设计，并采用交叉渡线或交分道岔；在保证相同进路前提下，调整道岔配列顺序。如图 8-21（b）所示，*A* 端将渡线 j 与 i 合并成交叉渡线，*B* 端将渡线 g 和 h 合并成交叉渡线，从而缩短了两端咽喉区的长度。

“省”是指节省工程费用，将不必要的梯线、渡线、道岔尽量压缩，将不必要的线路分组省略，以进一步缩短咽喉长度，减少工程投资。如下行到发场 *A* 端没有分组，这是因为下行改编货物列车按线路固定使用方案接入了上行到发场的 10、11 道，下行到发场没有将无调中转货物列车接车进路与改编车列转线进路分开的必要，从而省略了一条梯线。又如图 8-21（b）的 *A* 端，设有渡线 e 之后，10、11 道列车到发与牵出线调车同样可以同时进行，平行梯线 *H* 可以省去，从而达到了既满足作业需要，又节省工程费用的目的。

6. 计算咽喉区的长度和到发线的有效长

当咽喉区道岔和渡线的布置确定之后，在计算咽喉区和到发线的有效长时，应首先确定道岔辙叉号数、相邻线路间距、相邻道岔中心的距离以及信号机和警冲标的位置等，并将这些数据填写在详图上，然后从咽喉区最外方道岔的基本轨接头向内分别推算出 A、B 两端各线路咽喉区的长度。若计算结果 1、Ⅱ道为全部到发线中有效长最短的线路，可将 1 道向右端延长至 a 处，渡线 m 调整到 n 处，将 6、11 道两端道岔按虚线布置，即可使各线路有效长度相接近，可大大缩短咽喉长度及站坪长度；若要使 6 道与 5 道的有效长接近，可改变道岔的出岔位置，此时 6 道两端有效长范围内有一段曲线，不利于瞭望。

区段站咽喉设计是一项比较复杂的工作，在具体设计时可能要进行多次调整，才能得到一个满意而又比较完善的咽喉布置图。

复习与思考

1. 什么叫区段站？区段站的主要任务是什么？
2. 区段站如何分类？
3. 区段站办理的主要作业有哪些？应设置哪些主要设备？
4. 机务段设在什么位置最优？为什么？
5. 简述货场在区段站上的选位原则。
6. 区段站图型分析的目的是什么？简述分析步骤。
7. 双线横列式区段站图型主要存在哪些交叉干扰？如何疏解？
8. 双线横列式区段站两端咽喉的最大平行进路各有哪几条？
9. 双线纵列式区段站疏解了双线横列式区段站的哪些主要交叉？仍存在哪些主要交叉干扰？
10. 区段站的运转设备包括哪些？
11. 在双线横列式区段站上，当机务段设在第Ⅲ象限时机走线应设在何处？为什么？
12. 在双线横列式区段站上，当机务段设在第Ⅳ象限时机走线应设在何处？为什么？
13. 区段站牵出线的数量由哪些因素决定？在设置时，其平纵断面有何要求？
14. 尽头式、通过式货场的优缺点是什么？
15. 区段站主要有哪些货运设备？仓库、站台、堆货场的面积如何计算？
16. 区段站咽喉布置的基本要求是什么？简述其布置方法和步骤。

第九章 编组站

主要内容

编组站主要作业、主要设备及布置图类型；单向横列式、单向混合式、单向纵列式及双向纵列式、双向混合式编组站图型的分析方法、图型特点和适用条件；编组站辅助调车场和箭翎线。

重点掌握

各种编组站图型的特点及适用条件。

第一节 编组站概述

一、编组站的主要作业及设备

编组站是铁路网上办理货物列车解体、编组作业，并为此设有比较完善的调车设备的车站。

编组站和区段站统称为技术站。它们办理的技术作业种类大致相同，都办理列车的接发、编解、机车乘务组的更换、机车整备及车辆检修等作业。但二者又有区别，区段站以办理无改编中转车流为主，改编车流较小，办理少量区段列车和摘挂列车的改编作业。而编组站按照编组计划要求，除办理通过车流外，主要是解体和编组直达、直通、区段、摘挂及小运转等各种货物列车。车辆经过编组站改编后，又重新组成各种列车开出，故编组站有“列车工厂”之称。

1. 编组站主要作业

根据编组站在路网和枢纽内的作用和所承担的任务以及其作业对象，编组站主要办理以下几项作业：

1）改编货物列车作业

这是编组站最主要的作业，包括解体列车的到达作业和解体作业，始发列车的集结，编组作业和出发作业。这几项作业的数量既多而又复杂，是分别在相应不同地点和车场办理的。

2）无调中转列车作业

这种列车作业比较简单，其主要作业是换挂机车和列车的技术检查，时间短，办理地点只限于到发场（或专门的通过车场）。

3）部分改编中转货物列车作业

部分改编中转货物列车除进行无改编中转货物列车的作业外，有时还要变更列车重量、变更列车运行方向或进行成组甩挂等少量调车作业，一般在到发场或通过车场进行。

4）本站作业车的作业

本站作业车是指到达本站及工业企业线或段管线内进行货物装卸或倒装的车辆。其作业过程比改编中转列车增加了送车、装卸及取车三项作业，其中重点是取送车作业。

5）机务作业

这项作业与区段站相同，包括机车出段、入段、段内整备及检修作业。

6）车辆检修作业

编组站上的车辆作业包括在到发线上进行的车列技术检查及不摘车维修；在列检或调车过程中发现车辆损坏需摘车倒装后送往车辆段或站修所进行修理（即站修）；根据任务扣车送车辆段维修（即段修）。

7）其他作业

（1）客运作业，主要是旅客乘降。

（2）货运作业，包括货物装卸、换装、保温车加冰加盐、牲畜车上水、清除粪便、鱼苗车换水等。

（3）军运列车供应作业。

为了减少对编组站解编作业的干扰，确保主要任务的完成，应尽量不在编组站上办理或少办理客、货业务。

2. 编组站主要设备

1）调车设备

调车设备，包括调车驼峰、调车场、牵出线、辅助调车场等几部分，用以办理列车的解体和编组作业。

2）行车设备

行车设备，即接发货物列车的到发线，用以办理货物列车的到达和出发作业。根据其作业量的大小和不同的作业性质，可设置到发场或到达场、出发场（包括通过车场）。

3）机务设备

机务设备，即机务段。编组站一般应设机务段，且规模比较大，供本务机车和调车机车办理检修和整备作业。为了减少另一方向列车机车出入段走行距离，必要时，还可修建第二套整备设备。

4）车辆设备

车辆设备，包括列检所、站修所和车辆段。

5）货运设备

编组站一般不设专门的货运设备，按照具体情况可设零担中转站台、冷藏车加冰设备以及牲畜车、鱼苗车的上水设备。

6）其他设备

（1）客运设备。编组站的客运业务很少，一般利用正线办理旅客列车到发（通过）作业。旅客列车较多时，也可以设置 1～2 条到发线及 1～2 个旅客站台。

（2）站内外连接线路设备。如进出站线路、站内联络线和机车走行线等。

此外，编组站还必须有信号、联锁、闭塞、通信和照明的设备。

二、编组站的分类

编组站根据其在路网中的位置、作用和所承担的作业量，可分为路网性编组站、区域性编组站和地方性编组站。

1. 路网性编组站

路网性编组站位于路网、枢纽地区的重要地点，是承担大量中转车流改编作业，编组大量技术直达和直通列车的大型编组站。路网性编组站一般衔接 3 个及以上方向或编组 3 个及以上方向列车；编组两个及以上去向的技术直达列车或技术直达和直通列车去向之和达到 6 个；日均有调中转车达 6 000 辆；设有单向纵列式、双向纵列式或混合式的站场，其驼峰设有自动或半自动控制设备。例如，哈尔滨南、沈阳西、丰台西、郑州北、株洲北等。

2. 区域性编组站

区域性编组站一般位于铁路干线交会的重要地点，是承担较多中转车流改编作业，编组较多的直通列车和技术直达列车的大中型编组站。它一般衔接 3 个及以上方向或编组 3 个及以上方向列车；编组 3 个及以上去向的技术直达和直通列车；日均有调中转车达 4 000 辆；设有单向混合式、纵列式或双向混合式的站场，其驼峰设有半自动或自动控制设备。例如，南仓、大同、重庆西、贵阳南、兰州西等。

3. 地方性编组站

地方性编组站一般位于铁路干支线交汇、铁路枢纽地区或大宗车流集散的港口、工业区，是承担中转、地方车流改编作业的中小型编组站。它一般编组 2 个及以上去向的直通和技术直达列车；日均有调中转车达 2 500 辆；设有单向混合式、横列式布置的站场，其驼峰设有半自动或其他控制设备。例如，通辽、太原北、包头西、牡丹江、怀化南等。

若在一个铁路枢纽内设有两个或以上的编组站，则根据作业分工和作业量，可将其分为以下两类。

1）主要编组站

主要编组站主要担当路网上中转车流的改编任务，以解编直达、直通列车为主。

2）辅助编组站

辅助编组站协助主要编组站作业，以解编地区小运转车流为主，个别情况也编组少量直达列车。

第二节　编组站图型

微课：编组站图型

编组站各项设备的相互位置是多种多样的，随编组站各项设备相互位置的不同，可构成不同的配置图型。

1. 按照调车设备的套数及调车驼峰方向分类

（1）单向编组站。只有一个调车场，上、下行合用一套调车设备（包括驼峰、调车场、牵出线），其驼峰溜车方向一般顺主要改编车流运行方向（也称顺向）。

（2）双向编组站。有两个调车场，上、下行各有一套调车设备。一般情况下，两系统的调车驼峰应朝向各自的上行和下行调车方向。

2. 按照每一套系统内车场的相互位置和数目分类

（1）横列式编组站。上、下行到发场与调车场并列配置。

（2）纵列式编组站。到达场、调车场、出发场等主要车场顺序纵向排列。

（3）混合式编组站。到达场与调车场纵列，出发场与调车场并（横）列。

我国编组站布置图的基本类型，归纳起来有下列六种：单向横列式、单向混合式、单向纵列式、双向纵列式、双向混合式、双向横列式。其他类型都是在这些图型基础上派生的。

此外，我国铁路现场对编组站图型，在习惯上称为“几级几场”。“级”，是指同一调车系统中到、调、发车场纵向排列（纵向数），一级式就是指车场横列，二级式就是指到、调纵列，而三级式是指到、调、发车场顺序纵列。“场”是指车场，车站有几个车场，就叫作几场。例如“一级三场”“三级三场”或“三级六场”。

如前所述，编组站的主要任务是办理列车的到达、解体、编组及出发作业，而这些作业是分别在编组站上的各有关车场完成的，因此，编组站各车场的相互位置是否符合车流作业要求，决定了编组站作业效率的高低，特别是决定了编组站的改编能力。所以，分析研究编组站的图型，主要就是研究各车场的相互位置。

此外，编组站的其他设备，如机务段、车辆设备以及进站线路疏解等的布置，也对上述各项作业效率有很大影响。

现主要介绍以下五种编组站图型。

一、单向一级三场横列式编组站图型

1. 设备相互位置

（1）上、下行到发场并列在共用调车场的两侧，上下行共用一套调车设备，这是单向一级三场横列式编组站图型的基本特征，如图 9-1 所示。

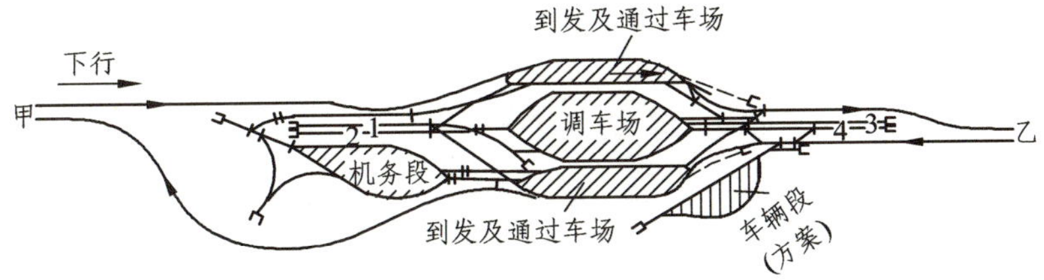

（a）

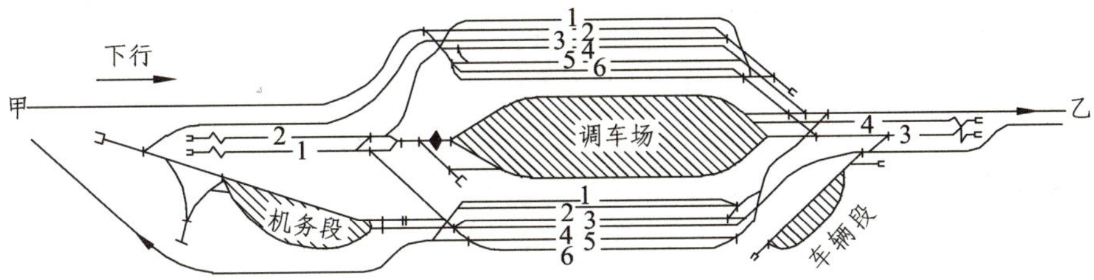

（b）

图 9-1　单向一级三场横列式编组站图型

（2）正线外包，并分别与各方向的到发场相连通，消除了横列式区段站图型的客、货交叉，避免了站内调车作业干扰正线。

（3）办理上、下行无调中转列车的通过车场，设在各自到发场外侧，无调中转货物列车使用到发场外侧靠正线的股道作业，改编列车则使用到发场内侧靠近调车场的股道。车列解编或转线作业，不影响无调中转列车的接发作业。这样可增加机动性，减少交叉，减少定员节省开支。

（4）机务段设在接发列车较多方向的到发场出口咽喉处，以方便该方向列车本务机车及时出入段，另一方向列车的本务机车经机走线由机务段另一端出入段。这样，可减少机车出入段与其他作业进路的交叉干扰，并使各方向机车在站内的总走行距离最小。

（5）车辆段一般设在调车场尾部附近的适当地点，以方便取送检修车。站修所一般应设在调车场外侧的线路上。

（6）调车场两端各设两条牵出线，驼峰的位置根据主要改编车流方向及进一步发展条件确定。为了改编车列转场，两到发场和调车场之间铺设四条连接线。

2. 作业进路

1）无调中转列车和改编列车在站内作业流程

由图 9-2 可见，上、下行无调中转货物列车作业方便，在站内走行距离短。由于调车场和上、下行到发场并列布置，因此，任何一个方向的改编车辆在站内都有折返走行，走行距离相当于车站长度的两倍，从而增加了车辆在站内的停留时间，而且在车列转线时，驼峰（或牵出线）作业中断，影响车站解编能力。

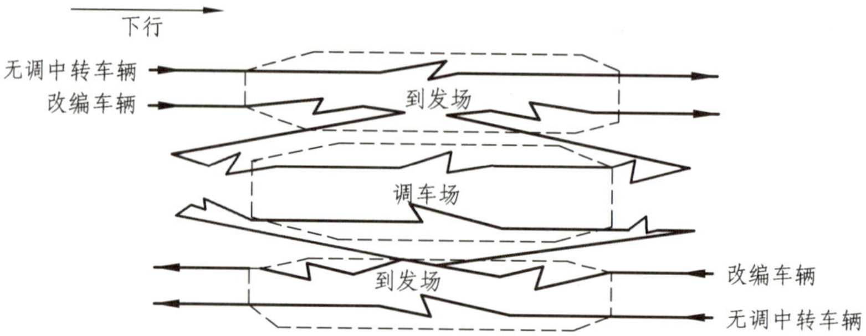

图 9-2　车辆在一级三场编组站中作业流程

2）上行到发场两端咽喉区作业进路

该车场靠机务段一端出场咽喉，作业比较繁忙，而且解体车列的牵出线以及本务机车出入段与到发场内侧股道的自编列车出发进路间彼此有交叉干扰。

上行到发场出场咽喉一般应有三条平行进路：

（1）部分列车出发进路。

（2）本务机车出（入）段。

（3）解体车列的转线作业。

上行到发场进场咽喉一般应保证下列两条平行进路：

（1）列车到达进路。

（2）自编车列的牵出转线作业。

3）下行到发场两端咽喉区作业进路

该车场内机车走行线可布置在办理无调中转列车和改编列车的两组线路之间，以便与该场咽喉区进路相配合。这种布置虽然会使机车出入段与改编列车进路产生交叉，但可以避免与解体车列的牵出转线作业相互干扰。

下行到发场进场咽喉一般应有下列三条平行进路：

（1）列车到达进路。

（2）本务机车出（入）段。

（3）解体车列的转线作业。

下行到发场出口咽喉也应保证有三条平行进路：

（1）列车出发进路。

（2）本务机车出（入）段（经由尽头线）。

（3）编组车列的牵出转线作业。

3. 主要优缺点及适应范围

主要优点：站坪长度短，投资省；车场较少，布置紧凑，作业灵活，方便集中管理；无上、下行客、货列车进路交叉及车列转线交叉等。

主要缺点：

（1）改编列车解体转线困难。该图型如采用点式调速系统的驼峰，牵出线的标高与到发场标高相差较大，联络线的坡道较陡，曲线半径小。当天气较差时，调车机车起动和牵引都很困难，当牵引重量较大时，甚至要分两次牵出，或调车场两端同时牵出解体，使改编能力大大降低。

（2）改编车流在站内折返走行距离长。当有效长为 850 m 时，站内作业行程约 5.8 km。

（3）当上、下行改编车流不均衡时，能力不能充分发挥。由于改编列车分别在两侧到发场上接发，解编作业分别由两侧的相应牵出线担任，若上、下车流不均衡，两边的调机会产生忙闲不均现象，从而影响能力。必要时，可将次要车流方向到发场部分线路布置成双进路，用以反接另一方向改编列车，使调车机车任务比较平衡。

（4）作业效率低。改编车流在站内往返走行停留，有调中转时间长，一般为 6.8 ~ 7.7 h，在所有各类型编组站当中是最高的。

适用范围：单向一级三场横列式编组站图型，一般适用于上、下行双方向改编车流较均衡，解编作业量为 3 200 ~ 4 700 辆，站坪长度受到限制或远期无大发展，且牵引定数小的中、小编组站。也可作为远期大型编组站的初期过渡图型。

二、单向二级四场混合式编组站图型

1. 设备相互位置

（1）衔接各方向线路的共用到达场与调车场纵列布置。上、下行出发场分别并列在调车场的两侧，如图 9-3 所示。

（2）到达场与调车场之间设有驼峰，担当上、下行全部改编列车的解体作业。调车场尾部设有两条牵出线，通常配备两台调机，担负编组作业，并预留加铺一条牵出线的位置，如图 9-3（a）中虚线所示，必要时可增加牵出线和辅助调机。

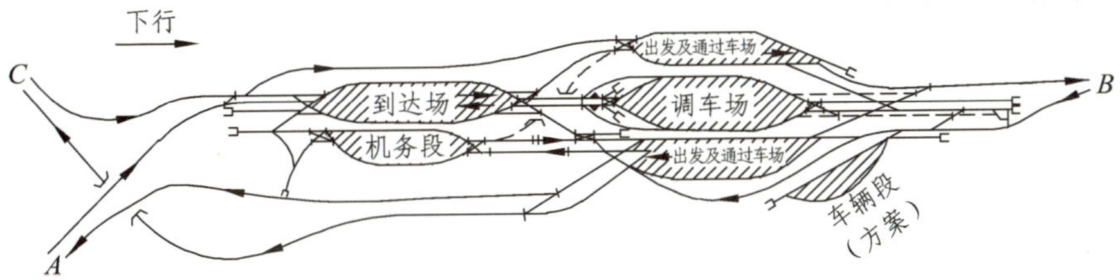

（a）

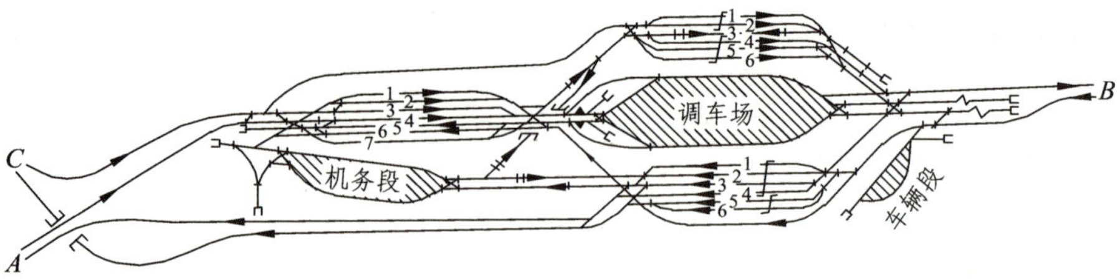

（b）

图 9-3　单向二级四场混合式编组站图型

（3）办理上、下行无调中转列车作业的通过车场或线路，可分别设在两出发场的外侧。这样，不仅可以利用调车场尾部牵出线进行成组甩挂作业，而且和出发场在一起，增加线路活用的机动性。

（4）机务段一般设在靠近到达场顺驼峰方向的右侧，这样，除顺驼峰方向无调中转列车和自编列车外，其他大部分本务机车出入段走行距离都比较短，作业量大时可修建峰下走行线，如图 9-3（a）中虚线所示，以解决顺驼峰方向本务机车入段横切到达场出场咽喉，干扰驼峰作业的问题。反驼峰方向改编列车机车由到达场进口咽喉机待线入段，它平衡了到达场两端咽喉的负担，减少走行距离，推迟峰下走行线的维修时间，增加车站与机务段联系的灵活性。

该图型其他设备的位置与单向横列式图型相同。

2. 作业进路

1）无调中转列车和改编车辆在站内的作业流程

由图 9-4 可见，无调中转列车在出发场外侧股道办理作业，消除解体车列转线与其他作业的交叉。自编列车使用靠近调车场的股道，上、下行改编车辆的径路仍有折返行程，尤其是反驼峰方向改编车辆走行距离长。

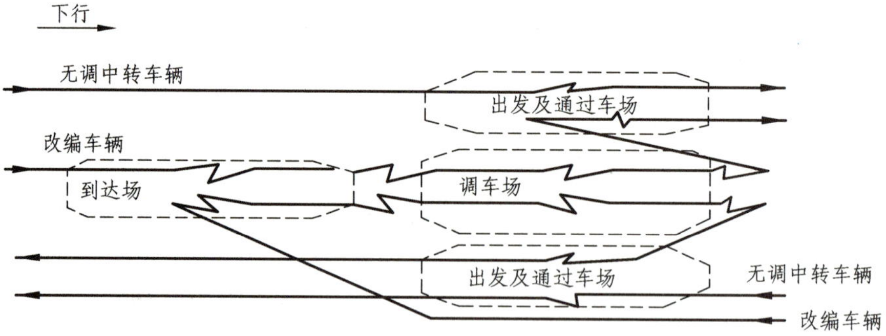

图 9-4　车辆在二级四场编组站的作业流程

2）到达场两端咽喉区的作业进路

到达场入口咽喉区应能保证三项平行作业：

（1）从入口引入的各方向同时接车。

（2）向车场内部分线路上待解车列连挂调机。
（3）反接列车本务机车入段。
到达场出口咽喉区主要办理以下四项作业：
（1）推送解体车列上峰。
（2）调机返回。
（3）反驼峰方向列车到达。
（4）顺驼峰方向本务机车入段。

3）顺驼峰方向出发及通过车场两端咽喉区的作业进路

顺驼峰方向出发及通过车场入口咽喉区办理两项作业：
（1）无调中转列车到达。
（2）本务机车出入段。
该车场出口咽喉区的平行进路应有：
（1）顺驼峰方向列车出发。
（2）自编列车转场作业。
（3）本务机车出（入）段（经由尽头线）。

4）反驼峰方向出发及通过车场两端咽喉区作业进路

反驼峰方向出发及通过车场入口咽喉区应有下列两条平行进路：
（1）无调中转列车到达进路。
（2）自编车列的转线作业。
该车场的出场咽喉区的平行进路应有：
（1）部分列车出发进路。
（2）本务机车出（入）段。
（3）反向改编列车到达。

3. 单向二级四场混合式图型的主要优缺点及适用范围

主要优点：

（1）由于到达场与调车场纵列，上、下行方向改编列车接入到达场，从而消除了“一级三场”整列转线困难的问题。

（2）从图 9-4 来看，改编车辆和调车作业行程较短，顺驼峰方向改编车流的作业是“半流水式”的，即到达和解体作业是“流水式”进行，而编组和出发作业是“折返式”进行。反向改编车流的作业流程，则是逆向“半流水式”的。

（3）车列解体时间短，驼峰解体能力较大。

（4）车站长度较纵列式布置图短，可减少工程量，节约用地。

主要缺点：

（1）尾部能力较低。二级式编组站的驼峰解体能力较大。由于上、下行出发场与调车场并列布置，因此，自编列车都经牵出线转线，产生多余的折返行程，从而造成调车场头部和尾部能力不相适应，影响全站设备能力的发挥。为了提高二级四场编组站图型的解编能力，可采取以下各种措施：

① 增加尾部调车机车台数。当采用两条牵出线、三台调机时，较采用两台调机提高牵出线能力 25%左右。而采用三条牵出线、三台调机时，可比采用两条牵出线、两台调机提高能力 50%。

② 出发场向后移，使出发场咽喉与调车场尾部咽喉尽可能靠拢或联成一体，如图 9-5 所示，缩短转线行程，减少转线时间，提高尾部能力。但是，这样会使出发场在弯道上，增加列车起动阻力，技术作业联系不便。

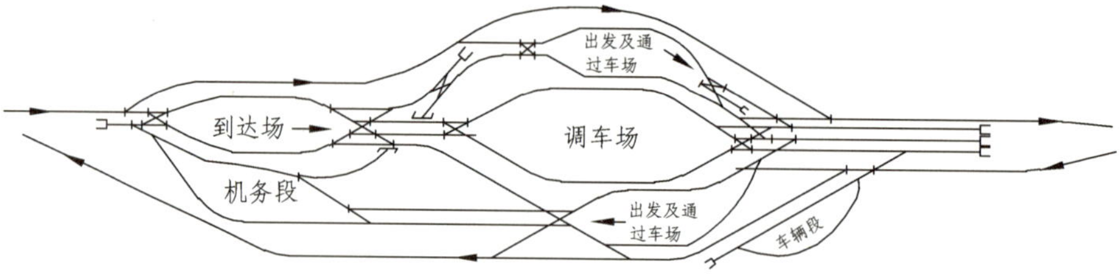

图 9-5 出发场向后移布置图

③ 尾部采用“燕尾式”布置，即把调车场尾部按线束分开，布置两个咽喉，类似燕尾，如图 9-6 所示。

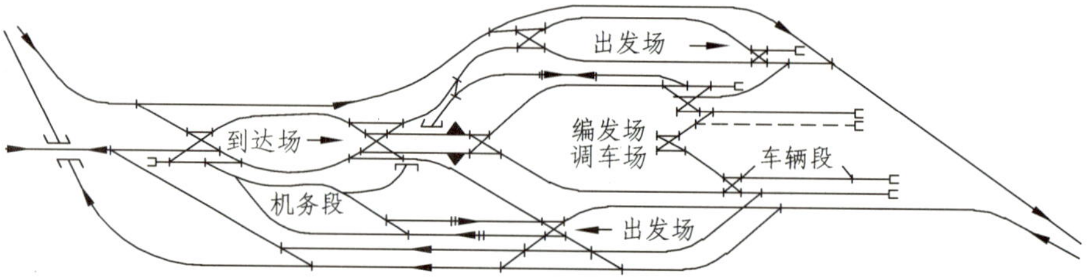

图 9-6 调车场尾部燕尾式布置图

这种布置实质上是增加牵出线，缩短出发场与牵出线的距离，节省转线时间，提高尾部能力。但是，两侧牵出线相互协作困难，机动性差，不利于发展成纵列式。

④ 尾部牵出线上设小能力驼峰。当多组列车多时，是提高能力的可行方案。

⑤ 调车场尾部采用对称道岔线束布置，缩短调车场尾部长度，缩短调车行程。问题是调车场线路为四束时，三条牵出线布置困难。

⑥ 调车场内设编发线，直接发车。

在上述各项措施中，以采用编发线最为普遍，一般情况下，可以对顺向改编车流采用部分编发；如果条件合适，也可以采用全部编发。当多组列车和零摘列车的编组作业量较大时，也可以考虑在调车场尾部设置小能力驼峰。

（2）反向改编列车到达与自编列车出发产生交叉。尽管二级四场编组站有上述缺点，但是采用必要的措施后，是能够在一定程度上克服的。

适用范围：解编作业量较大，或解编作业量大而地形困难的大、中型编组站。

三、单向三级三场纵列式编组站图型

1. 设备相互位置

（1）所有衔接方向共用一个到达场、一个调车场和一个出发场。三个车场到、调、发依次纵向配置，如图 9-7 所示。

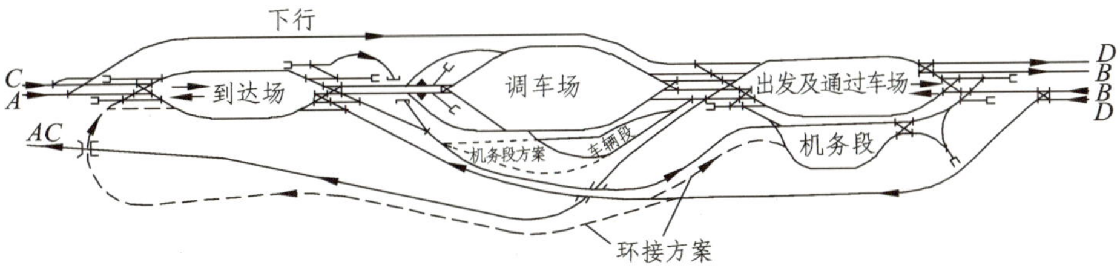

图 9-7 单向纵列式三级三场编组站布置图

（2）上、下行无调中转列车到发线，一般设在出发场两外侧，使出发列车的技术作业集中在一起，可减少定员，方便作业。

（3）上行到达的改编列车由到达场出场咽喉反驼峰方向接入，称为反接；上行自编列车由出发场进场咽喉反驼峰方向发车，称为反发。为了疏解反接和反发的进路交叉，可设置跨线桥，以使各部分通过能力协调一致并保证安全。

当反驼峰方向衔接的线路较多和改编车流较大时，会造成到达场出场咽喉布置更复杂，作业干扰大。若进路合并引入，遇到作业干扰可能造成机外停车，影响列车运行秩序，甚至造成前方站堵塞。这时可考虑将反接进路改建为环接进路，如图 9-7 虚线所示。

（4）机务段通常设在出发场反驼峰方向通过车场的外侧。这样可使全部的出发列车机车出段和无调中转列车到达机车入段比较方便，特别是便于出发列车及时挂机，保证列车正点出发。但到达到达场的本务机车入段走行远，顺向改编列车机车经驼峰下跨线桥入段，反驼峰方向到达的机车经到达场内机车走行线入段，不仅走行距离很长，而且有时会干扰驼峰作业。

（5）车辆段可设在调车场尾部任意一侧，便于取送车。

2. 作业进路

（1）无调中转列车径路比较顺直，但在站内的走行距离比横列式和混合式都要长些。如图 9-7 中 *A*、*C* 两方向之间有折角中转列车时，在站内走行距离更长，并且在发车时将横切出发场进场咽喉，影响尾部牵出线调车作业。当 *A*、*C* 方向之间的折角无调中转列车较多时，可以考虑在到达场办理这些列车的接发作业。

（2）各方向的改编列车在站内的作业流程，都是按到达、解体、编组、出发的顺序进行的。顺驼峰方向的车流是“流水式”作业，反驼峰方向车流的站内作业也是“流水式”，只是列车到发的走行距离较长，如图 9-8 所示。

（3）三级三场编组站图型的到达场出、入场咽喉区的平行作业，与二级四场编组站的到达场的出、入场咽喉应保证的平行作业基本相同。

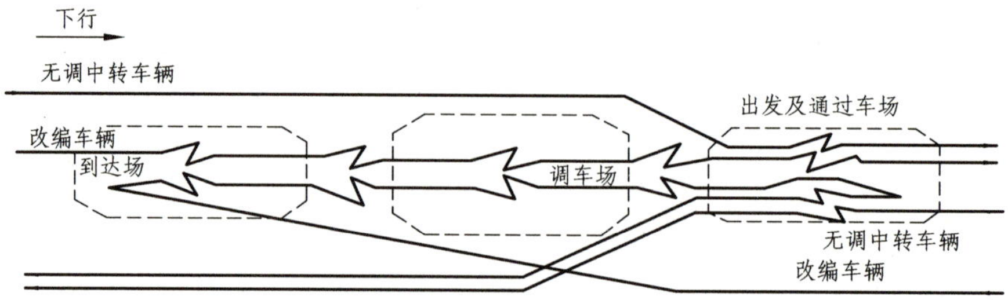

图 9-8 车辆在三级三场编组站的作业流程

（4）三级三场纵列式编组站的出发场两端咽喉的作业进路。

出发场进口咽喉区，该咽喉区一般办理四项平行作业：

① 顺向无调中转列车接车。

② 各牵出线上办理的调车作业，或将编成车列向出发场内转场。

③ 反向发出无调中转列车或自编列车。

④ 顺反两方向本务机车出（入）段。

三级式编组站出发场的进口咽喉，是作业最繁忙、能力较薄弱区域。一般是顺向接车进路一条，反向发车进路 1～2 条，牵出线一般不少于 3 条，也不宜多于 4 条，以减少干扰。这样，出发场进口咽喉共需进路 6～9 条。

出发场出场咽喉区，一般办理下列四项作业：

① 顺驼峰方向列车出发。

② 调车机转线。

③ 反驼峰方向无调中转列车到达。

④ 顺向本务机车出（入）段等。

3. 单向三级三场纵列式编组站图型的主要优缺点及适用范围

主要优点：

（1）为车站各方向的改编列车的改编作业创造了良好的作业条件，到达、解体、编组和出发作业完全是“流水式”。

（2）各方向改编车辆在站内行程短，无多余的走行，缩短了车辆的在站停留时间，所以改编能力大。当头部配备 2～3 台机车，采用双推单溜的中能力驼峰，尾部设两条牵出线时，能力受尾部控制，每天可解编 6 500 辆左右。若尾部设三条牵出线时，能力受驼峰控制，每天可解编 8 000 辆，较二级式能力提高 30%～40%。

（3）站内交叉较横列式或混合式都少，通过能力较大。

（4）同类车场集中布置，线路使用的灵活性大。同时，也可使全站作业自动化方案大大简化，为实现编组站综合自动化创造了条件。

主要缺点：

（1）反驼峰方向的改编列车走行距离长，相当于到达场中心至出发场中心距离的两倍。

（2）占地较大，投资费用也大。

适用范围：三级三场纵列式编组站图型，一般适用于顺驼峰方向改编车流较强，改编作业量大，或衔接线路方向多，要求具有较大的灵活性以及地形允许，远期有较大发展、具有重大作用的大型编组站。

四、双向三级六场纵列式编组站图型

双向三级六场纵列式编组站图型的主要特征是：上、下行各有一套到达场、调车场、出发场，每套三个车场均依次纵列布置，并组成两个相应并列的独立系统，如图 9-9 所示。

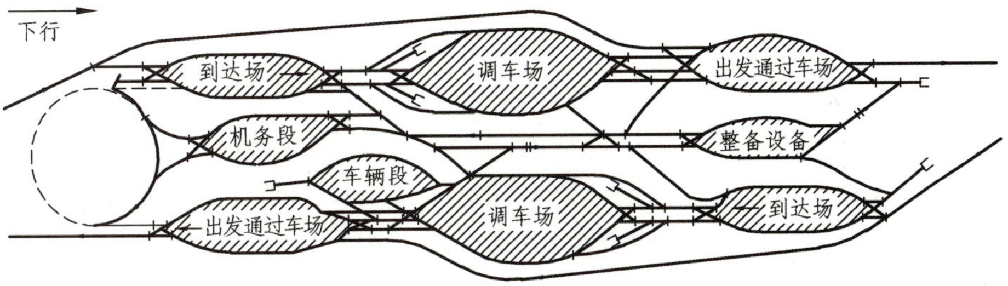

图 9-9　双向三级六场纵列式编组站图型

办理无调中转列车的通过车场，一般分别设在各系统出发场的外侧，使出发列车技术作业集中在一起办理，有利于线路灵活使用和成组甩挂作业。

机务段应布置在两改编系统之间，并靠近机车出入段次数较多的一端。机车走行线也应设在两改编系统之间，一般铺设两条。为了减少机务段另一端本务机车出入段的走行距离，以及机车出入段与站内其他作业的干扰，必要时在车站另一端设置第二套整备设备。

车辆段可设在两改编系统之间调车场的附近。

双向三级六场编组站与单向编组站相比，它的主要优点是：

（1）反向改编车流作业条件大大改善。主要特点是保证上、下行改编列车都按照到、调、发顺序流水作业，除折角车流外，不需要牵出转场，无多余的折返行程，且两改编系统平行作业，互不干扰。上、下行两方向改编列车作业条件完全相同，如图 9-10 所示。

（2）通过能力和改编能力都很大。由于有两套调车设备，车场又都是纵向排列，进路交叉少，因而能力大，一般情况解编 14 000 ~ 16 000 辆/日。

（3）三级六场图型由于车场多，线路容量大，对运量的波动有较大的适应性和机动性，有利于调整列车运行秩序，加速机车车辆周转。

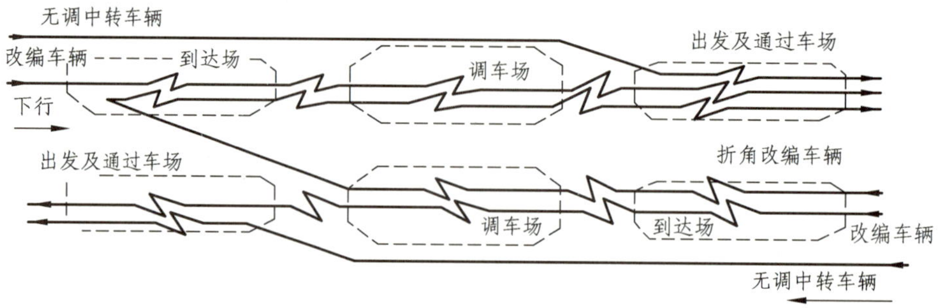

图 9-10　车辆在双向三级六场纵列式编组站的作业流程

但是，本图型也存在下列问题：

（1）折角改编车流产生重复解体作业。在有三个及其以上方向衔接的双向编组站，必然会产生两系统间折角车流。由于这些车流的到达和出发都在车站的同一端，因而，它们必须从一改编系统转到另一改编系统，也就是折角车流先要溜到调车场内专门为转场车固定的线路上（现场称为交换车停留线），再转送到另一个系统的到达场进行重复解体。这样，不仅增加了这部分车辆的折返行程（见图 9-10），延长了车辆在站停留时间，而且，在转场时还会引起与站内其他作业的交叉干扰，消耗驼峰解体能力。这是双向编组站最显著的缺点。

为了便于两系统之间的折角车流和其他交换车辆的转场，可以在每套系统的调车场与另一套系统的到达场之间设置联络线。也可以在一套系统的到达场与另一套系统的出发场之间设回转线，如图 9-9 中虚线所示。此外，还可以在两系统调车场中间设置共用车场，以便彻底解决折角车流重复改编作业问题，如图 9-11 所示。

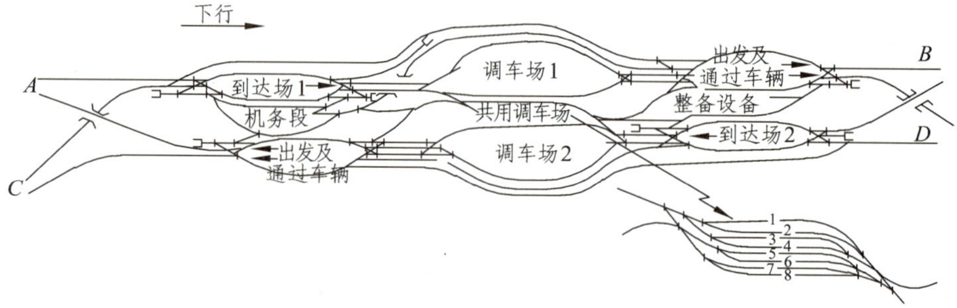

图 9-11　具有共用调车场的双向编组站

（2）占地太长，站坪长为 8 ~ 10 km。由于两系统方向相反，要求地形最好是两端高，中间低，往往不易找到合适的场地。

（3）由于有两套系统，必然占地面积大，工程投资多，车站定员增加。

适用范围：双向三级六场编组站图型适用于担负解编作业量很大，且上、下行改编车流比较平衡，折角车流在总改编车流中所占的比重较小（不大于 15%），地形条件又不受到限制的路网性编组站。

五、双向混合式编组站

双向混合式，是指车站两套调车系统的车场的数目和相互的位置不同而组成的图型。这种图型由于设备布置方案很多，可以有多种形式。

图 9-12 为双向混合式编组站图型的一种。本图主要特征是上、下行均为到达场与调车场纵列，出发场及通过场与调车场并列，故称二级六场式。

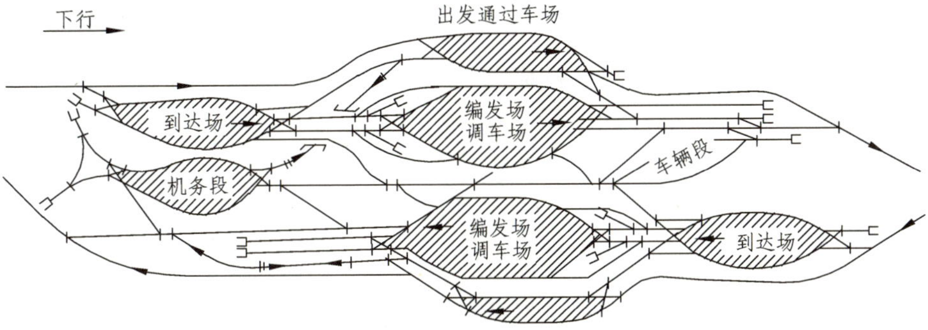

图 9-12 双向二级六场混合式编组站

机务段在车站一端到达场一侧，另一端可预留第二套机车整备设备的用地。车辆段设在任一调车场尾部附近。

为了消除自编列车从调车场（离出发场远的一侧）转线对编组能力的影响，在调车场内侧可设置编发线，使部分自编列车无须转线，在编发线上直接发车，减少一个转线过程，自编列车每列可节省 10 min 左右的编组时间。对机车而言，除了少转线所用时间外，还节省从出发场返回调车场的时间。设编发线，虽然加速了车辆的周转，提高了编组能力，但也产生了以下一些问题。

1. “续溜车”的处理问题

所谓“续溜车”，是指当一个车列在调车场固定线路上集结完毕，在办理编组、列检和出发作业这段时间内，驼峰再溜下的该到达站的车辆。这些车辆这时不能进入原固定线路，因为那里停放着一列待发的列车。

处理续溜车有两种方法，即借线法和增线法。

（1）借线法，又分为借线活用和借线待转两种形式。

借线活用，就是将“续溜车”溜入车流量小的线路上，而原来被借线上的车流与其他到站合并，编组时再倒开。此法只适用于车流量小、调车场线路较多的情况。否则，容易打乱线路固定使用，造成作业困难。

借线待转，就是将“续溜车”溜入其他空线暂时存放，待本线腾空后，立即转入本线。此法虽然灵活，但会造成调机和车辆的走行公里增加，所以只适用借线机会不多的情况。

（2）增线法。即用增加调车线数量来处理续溜车。每个有“续溜车”的到站都增加一股道，溜车问题就彻底解决了。但调车线增多，引起工程费用增加，使不设出发场的经济有利性降低。所以增线法只能用于车流强大的到站才有利。

2. 调车场发车的作业安全问题

当编发线上车辆集结完毕开始编组作业时起，就要防止峰顶向线路继续溜车，以保证编发线上发车作业安全。解决的方法就是在编发线上的各分路道岔设进路锁闭装置。在编发线上编组作业开始前，将该分路道岔开向邻线并封锁该线路。这时，该分路道岔处于锁闭状态，不能再扳动。一直等列车出发，将该道岔解锁后，方可恢复使用。因此，在进行编组，列检及发车期间是不可能再向该线溜车的，从而保证了编发线上发车作业的安全。

3. 列检、货运人员的作业安全问题

为了保证列检、货运人员在编发场内作业及跨越线路的安全，一方面要健全制度，加强安全教育；另一方面在编发线间设置工具箱及运送列检工具和备品的轨道小车，以减少列检人员携带工具和材料跨越线路的不便。

双向二级六场混合式编组站图型的主要优点：

（1）与单向纵列式图型相比，改编能力较大，改善了反驼峰方向改编列车的作业条件，减少了车列在站内走行距离。

（2）成组甩挂比较方便，与单向横列式图型相比，列车推峰解体可以“流水式”地进行，驼峰作业效率比较高。

主要缺点是：

（1）对折角车流作业不利，要产生重复解体作业。

（2）由于设两套调车系统，增加设备投资及占地面积较大。

适用范围：一般适用于双方向解编作业量均较大或解编量均大而地形条件受限制，且折角车流较少的大型编组站。

第三节　辅助调车场及箭翎线设计

在编组站编组发出的各种列车中，按编组要求和内容分类，有直达、直通、区段、零摘和小运转列车。前三种列车编组作业简单，一般只需串车、连挂（或邻线车组转线连挂）、牵出转线就完成了编组作业。后两种列车属于多组列车，列车组成组号多，每个组号的车流强度小，通常按方向在一条调车线上集结。编组时需重新牵出解体，按编组计划选编成组，有的还要按站顺连挂成列，然后才能转线腾空调车线。多组列车编组复杂，作业时间长，占用调车线和牵出线时间较多，干扰、影响其他列车的编组作业，降低调车场尾部整体编组能力。因此，解决好这部分分组列车的编组问题，对于处理好调车场头尾能力协调，提高解编系统的整体能力十分重要。

要提高调车场尾部的能力，除可采用本章第二节二级四场编组站部分已讨论的几种措施外，目前国内外广泛采用的是设置辅助编组站、箭翎线和辅助调车场。

枢纽内设置辅助编组站，将摘挂及小运转等多组列车的解编作业由辅助编组站办理是简化主要编组站作业的措施之一，但它同时造成调车作业分散，增加两站间交换车数量和重复改编作业量，车辆停时将有所延长。

随着编组站解编作业量的增加，提高调车场尾部能力的需求也越来越强。在我国编组站设计中，还采用辅助调车场和箭翎线。

一、辅助调车场

辅助调车场简称辅调场或子场。它是在主调车场外另设的专门用于多组列车编组的小型调车场。作业时，由辅调场调机从主调车场调车线上将组成多组列车的车辆一次牵出主调车场，然后在辅调场上进行分解、编组作业。这样多组列车的重复解编作业不会影响主调车场尾部调机在牵出线上的作业，主调车场调机只需进行单组和双组列车的连挂和转线，作业简化，交叉干扰减少，作业能力大大提高。

1. 辅助调车场的设置位置

辅助调车场一般设在主调车场尾部牵出线一侧。但其合理位置往往也随编组站图型、车流的性质及比例的不同而有所差异。

一般情况下，三级式编组站辅调场可设在主调车场旁地区车流比重较大的一侧，布置成尽头式，如图 9-13（a）所示。其多组车流在主调车场内靠辅调场一侧的调车线上预分，利用调车场尾部牵出线（或另设）在辅调场进行编组作业。当地区车流量较大时，可在调车场一侧按预分场—辅调场纵列，布置成通过式，如图 9-13（b）所示。

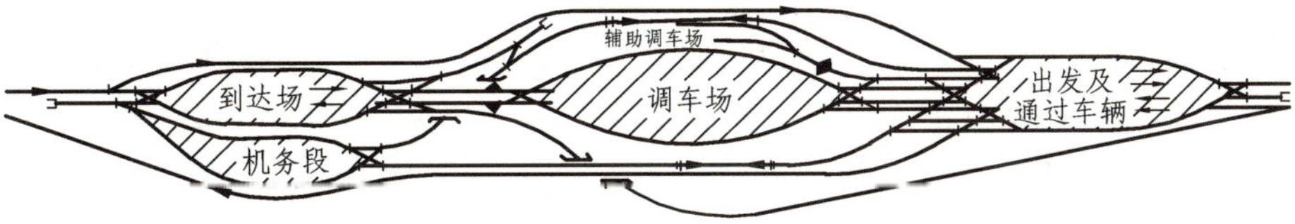

（a）

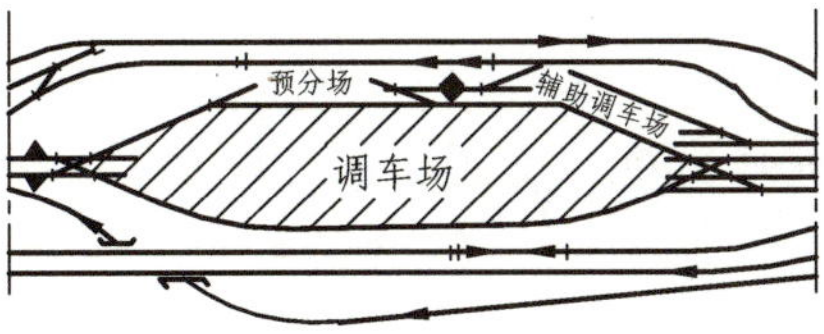

（b）

图 9-13　三级三场编组站辅助调车场位置示意图

车流较小时，二级式编组站辅调场可设在场间联络线外地区车流比重较大的牵出线一侧。辅调场尾部还可与出发场连通，以缩短一侧多组列车转线行程，如图 9-14 所示。地区车流较强时，可采用主调车场燕尾式布置，辅调场设在主调场燕尾中间空地处。

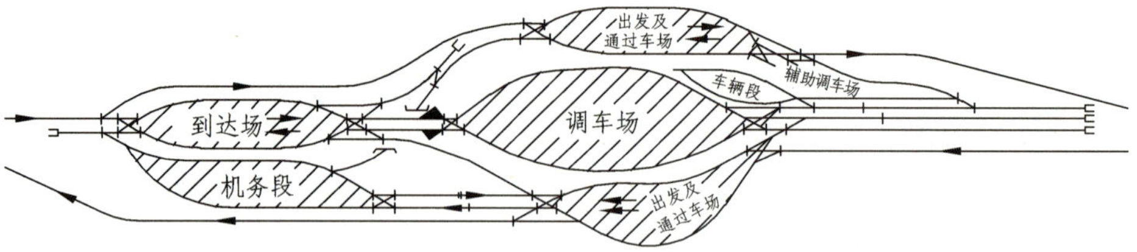

图 9-14　二级四场编组站辅助调车场位置示意图

2. 辅助调车场线路数量及布置

根据对我国摘挂列车、小运转列车车流组号不完全的统计和分析，在采用合理的调车作业方法条件下，辅调场一般有 5～6 条调车线即可满足需要。其有效长一般采用 400～500 m。

辅调场线路可设计为尽头式，如图 9-15 所示，也可设计为通过式。为加速编组作业，辅调场的牵出线上一般应设小能力驼峰，场内应结合纵断面设计采用减速顶、可控顶、停车顶、停车器、挡车器等不同调速设备。

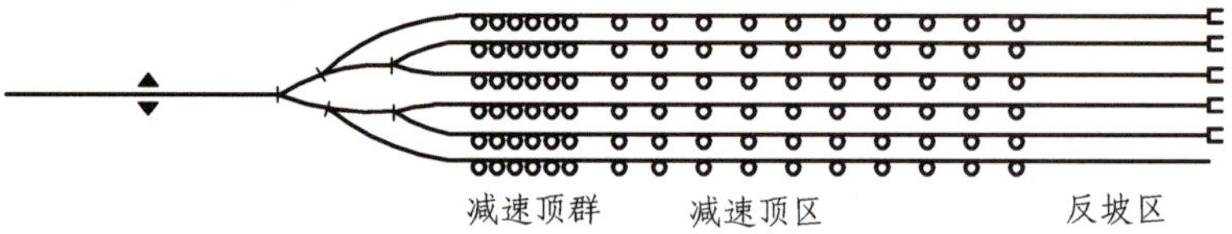

图 9-15　尽头式辅助调车场布置图

二、箭翎线

路网性编组站需改编大量摘挂列车时可采用箭翎线调车设备。该调车设备由对称三开道岔连接的箭翎线、挡车器及与之共同作业的自动或半自动的道岔集中、车辆调速系统等设备组成。以三开道岔及单开道岔连接相邻三调车线并各分割为三线段，其中的溜存车线段后端设可控起落的挡车器。用此箭翎线编组摘挂列车可提高调车作业效率。

1. 对称三开道岔线束贯通式箭翎线（见图 9-16）

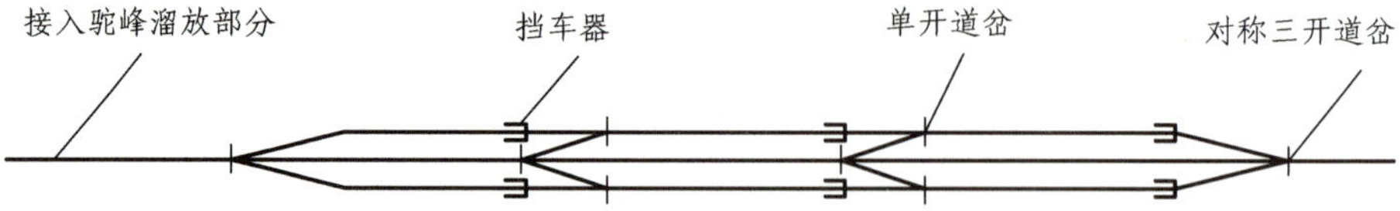

图 9-16　对称三开道岔线束贯通式布置图

主要优点：

（1）线束首尾分别与驼峰调车场的首尾连接，头部调速利用主驼峰设备，后部调速自成系统；

（2）对称三开道岔连接的箭翎线，道岔、联锁简单；
（3）投资较省。
主要缺点：
（1）影响主驼峰部分能力；
（2）与对向组合对称三开道岔线束贯通式相比，无任意掏车条件。

2. 对向组合对称三开道岔线束贯通式箭翎线（见图 9-17）

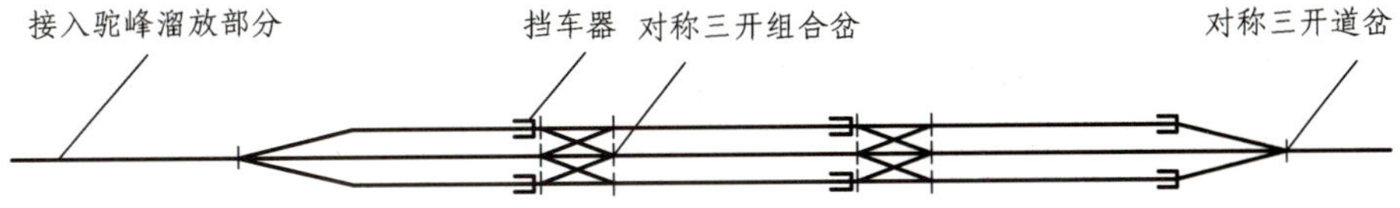

图 9-17　对向组合对称三开道岔线束贯通式布置图

主要优点：
（1）线束首尾分别与驼峰调车场的首尾连接，头部调速利用主驼峰设备，后部调速自成系统；
（2）串挂成组列车时有任意掏车条件。
主要缺点：
（1）对向组合对称三开道岔的道岔组合、联锁较复杂；
（2）影响主驼峰部分能力；
（3）投资较大。

3. 对称三开道岔线束尽头式箭翎线（见图 9-18）

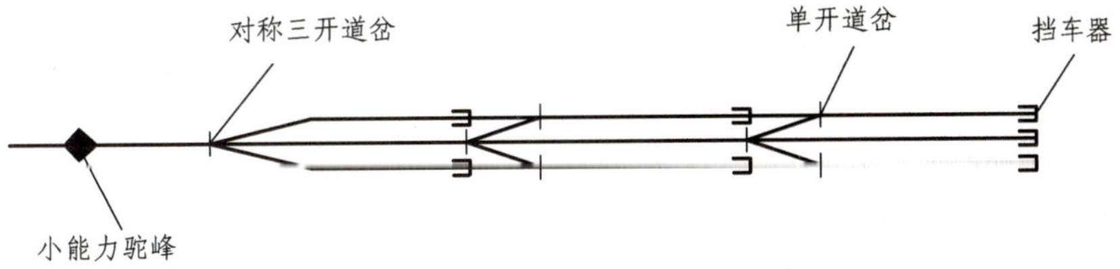

图 9-18　对称三开道岔线束尽头式布置图

主要优点：
（1）可结合当地条件或利用调车场尾部既有子场的部分设备；
（2）不影响主驼峰能力；
（3）有任意掏车条件。
主要缺点：
（1）箭翎线调速设备自成系统并另有平地起小能力驼峰；
（2）只一端溜放、窜挂，能力较小；
（3）投资较大。

复习与思考

1. 何谓编组站？它们的主要作业和设备是什么？

2. 编组站和区段站的区别是什么？

3. 简述编组站的分类。编组站图型中，“向”“级”“场”的概念是什么？

4. 单向横列式、单向混合式、单向纵列式三种编组站的布置特征是什么？车流特点是什么？各有什么优缺点？

5. 加强混合式编组站尾部能力的措施有哪些？如采用编发线，将带来哪些问题？如何处理？

6. 双向纵列式编组站图型的布置特点是什么？它的优缺点是什么？

7. 双向编组站共同存在的问题是什么？如何解决这个问题？

8. 多组列车编组设备有哪些？各有什么优缺点？

第十章 驼 峰

主要内容

驼峰的定义、组成及分类；驼峰溜放部分平面设计的基本要求；驼峰溜放钩车的受力分析；能高线原理；驼峰纵断面设计。

重点掌握

驼峰的组成及驼峰纵断面设计。

第一节 驼峰概述

驼峰是指将调车场始端道岔区前的线路抬到一定高度，主要利用其高度和车辆自重，使车辆自动溜到调车线上，用以解体车列的一种调车设备。

一、驼峰的组成

驼峰的范围是指峰前到达场（不设峰前到达场时为牵出线）与调车场头部之间的部分线段，如图 10-1 所示。它包括推送部分、溜放部分和峰顶平台。

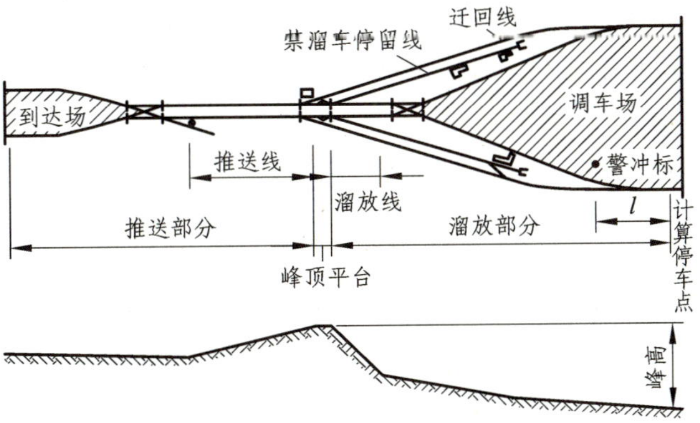

图 10-1 驼峰各组成部分示意图

1. 推送部分

推送部分是指经由驼峰解体的车列，其第一钩车位于峰顶平台始端时，车列全长所在的线路范围。其中，由到达场出口咽喉的最外方警冲标到峰顶平台始端的线路叫推送线。设置这一部分的目的是使车辆得到必要的高度，并使车钩压紧，以便摘钩。

2. 溜放部分

溜放部分是指由峰顶（峰顶平台与溜放部分加速坡的变坡点）到调车场第一制动位入口或计算点（调车场不设减速器制动位时）的线路范围。其中，从峰顶至第一分路道岔始端的一段线路叫溜放线。

3. 峰顶平台

峰顶平台是指驼峰推送部分与溜放部分的连接部分，设有一段平坡地段。峰顶平台包括压钩坡、加速坡和两条竖曲线的切线长，不包括竖曲线的切线长部分叫净平台，如图 10-2 所示。

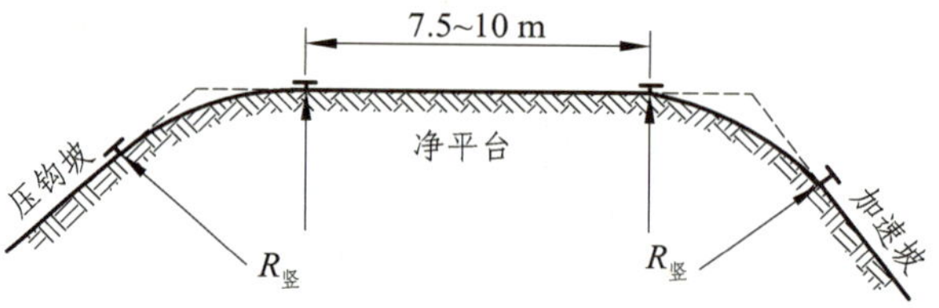

图 10-2　峰顶平台示意图

二、驼峰的分类

（一）驼峰按每昼夜解体能力和相应的技术设备分类

1. 大能力驼峰

大能力驼峰每昼夜解体能力为 4 000 辆以上。调车线不少于 30 条，设 2 条溜放线；并配有机车推峰速度自动控制系统、钩车溜放速度自动控制系统和溜放进路自动控制系统。

2. 中能力驼峰

中能力驼峰每昼夜解体能力为 2 000 ~ 4 000 辆。应设调车线 17 ~ 29 条，宜设 2 条溜放线；应配有溜放进路自动控制系统，宜配有机车推峰速度自动控制系统和钩车溜放速度自动或半自动控制系统。

3. 小能力驼峰

小能力驼峰每昼夜解体能力在 2 000 辆以下。应设调车线 16 条及以下，设 1 条溜放线；应配有溜放进路自动控制系统，宜配置机车信号和钩车溜放速度半自动控制系统，也可采用简易现代化或人工调速设备。

（二）调车驼峰按技术装备和作业特点不同分类

1. 简易驼峰

简易驼峰调车线为梯形布置，这类驼峰一般设在调车线不小于 5 条、每昼夜解体车辆数不小于 200 辆的区段站或编组站。溜放进路采用非集中或集中控制。调速工具主要采用人工手闸和铁鞋。

2. 非机械化驼峰

非机械化驼峰一般设在调车线小于 16 条、每昼夜解体车辆数小于 2 000 辆的中小编组站上。调速工具以制动铁鞋为主。溜放进路采用集中控制或半自动控制设备。

3. 机械化驼峰

机械化驼峰一般设在调车线不小于 16 条、每昼夜解体车辆数不小于 2 000 辆的大、中型编组站上。调速工具以人工控制的大能力的车辆减速器为主，制动铁鞋为辅。溜放进路采用半自动控制。

4. 半自动化驼峰

半自动化驼峰一般设在大、中型编组站上，不仅设有车辆减速器等调速工具，还设有测重、测速、测长等各种测量设备和半自动控制机等设备，对车辆减速器实行闭环自动控制，以实现目的调速。分路道岔仍由驼峰自动集中控制。

5. 自动化驼峰

自动化驼峰一般设在大型编组站上，对溜放进路、推送速度、溜放速度全部实现自动控制。

三、驼峰调速工具

（一）驼峰调速设备的功能

1. 间隔制动

间隔制动的作用是调控前后溜放车辆保持必要的安全间隔，使道岔来得及转换，使减速器能及时转换其制动或缓解状态，以便车辆顺利通过溜放部分进入调车线。

2. 目的制动

目的制动的作用是调控车辆能与调车线上的停留车辆安全连挂或停在预定地点。

3. 调速制动

调速制动用以调整钩车的溜放速度，使车辆溜入道岔和减速器时不超过允许速度。

（二）驼峰调速设备的分类

1. 按调速功能分

（1）减速设备。在钩车溜放过程中，减速设备用以消耗钩车的能量使车辆减速，如钳夹式车辆减速器、减速顶等。

（2）加速设备。在钩车溜放过程中，加速设备给予钩车能量使其加速，如绳索牵引推送小车、加速顶等。

（3）加减速设备。加减速设备兼有加速和减速功能，如加减速顶等。

2. 按制动方式分

（1）钳夹式车辆减速器。钳夹式车辆减速器借助于车轮两侧制动夹板上的水平方向制动力对车轮施加压力而产生摩擦力，如 T · JK、T · JK2-A、T · JY2、T · JY3 型减速器等。

（2）非钳夹式车辆减速器。非钳夹式车辆减速器的制动力或由减速器内部部件的摩擦产生，或由感应电流产生，或由其他方式产生。属于此类减速器的有橡胶轨式、液压减速单元（减速顶）、螺旋滚筒式、电磁式和减速小车等。

（三）钳夹式车辆减速器

钳夹式车辆减速器按其制动力的来源，可分为外力式和重力式两种。按动力系统分类又可以分为液压型、气动型和电机型（电动型）。

1. 外力式（非重力式）车辆减速器

外力式车辆减速器是以压缩空气为动力，通过压缩空气进入制动缸推动制动夹板对溜行车辆的轮对产生侧压力，使车辆减速。制动力的大小由压缩空气的压力决定，一般在使用中分为四个等级，可对不同车辆施行制动，其构造及工作原理简图如图 10-3 所示。当需要对车辆进行制动时，操纵制动按钮，使压缩空气进入气缸，活塞杆 5 和杠杆 4 的末端就被压向下方，而缸体 6 连同杠杆 3 的末端则上升。这样，由于两杠杆末端分开，使夹板 1 合拢而挤压车轮实现制动。

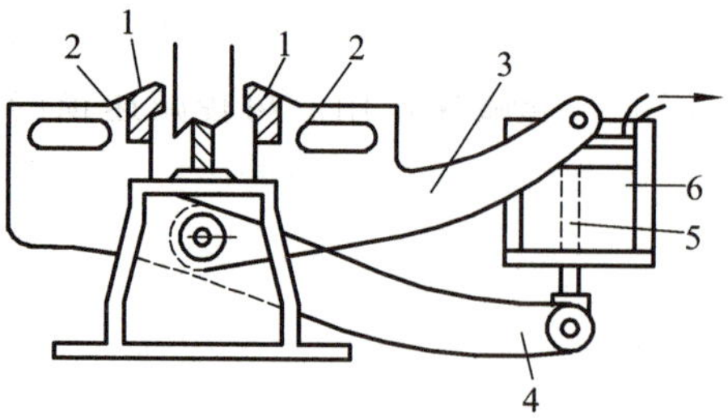

（a）缓解位

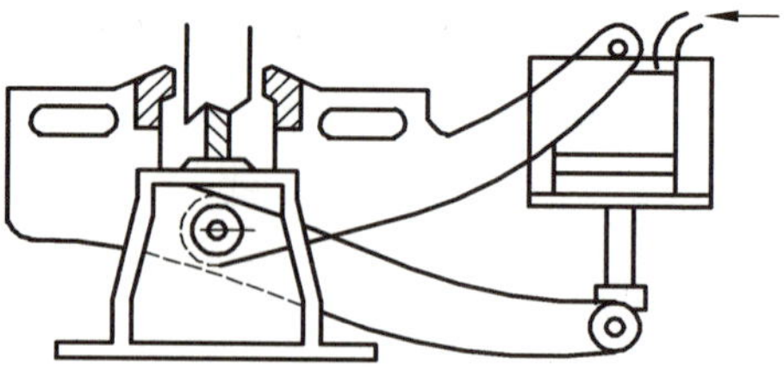

（b）制动位

1—夹板；2—制动梁；3、4—杠杆；5—活塞；6—缸体。

图 10-3　非重力式减速器构造原理图

2. 重力式车辆减速器

重力式车辆减速器是利用被制动车辆本身的重量，通过可浮动基本轨及制动钳的传递，使安装在制动钳上的制动轨（即制动夹板）对车轮两侧产生侧压力而进行制动。它的制动力与被制动车辆的重量成正比。按可浮动基本轨及制动夹板起落的动力不同，又可分为电动重力式、液压重力式、气动重力式、液压和气动两用重力式车辆减速器等。

（四）非钳夹式车辆调速设备

1. 减速设备

（1）减速顶。减速顶由吸能帽和壳体（外壳、活塞组合件、密封组合件和止冲装置）等部分组成。减速顶安装在钢轨一侧、吸能帽斜对轮缘部分，如图 10-4 所示。

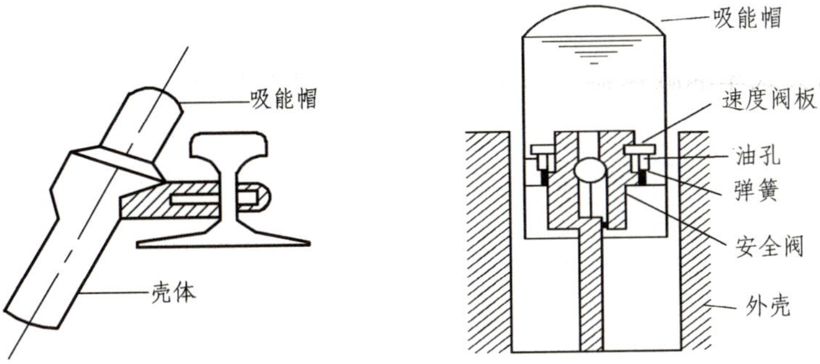

图 10-4 减速顶

减速顶是一种不需要外部能源的、可以自动控制车辆溜放速度的调速工具。当车辆的走行速度低于减速顶的临界速度（事先设定的速度）时，减速顶不起减速作用；当车辆走行速度高于减速顶的临界速度时，则减速顶对车辆产生减速作用。

减速顶的优点在于灵敏度高、性能良好、维修简便，是一种较好的调速工具，目前在我国众多铁路编组站上采用。

（2）可控减速顶。在普通减速顶构造的基础上安装一个控制装置就成为可控减速顶。通过控制装置，可控减速顶可以保持普通减速顶的工作状态，也可以锁闭减速顶，使其保持非工作状态，对车辆的溜行不起减速作用。根据调车作业的需要，可以随机地控制减速顶，令其对溜行中的车辆起减速作用或不起减速作用。可控减速顶的优点是调速灵活性强。其不足之处是需要外部控制，需要在调车场内铺设电缆与每个可控顶相连接，这样既增加工程投资，又会对工务维修带来不利影响。

除此之外，还有单向减速顶、双临界速度减速顶等减速顶。

2. 加速设备

（1）绳索牵引推送小车。绳索牵引推送小车是调车场内推送车辆用的一种加速设备。由绳索牵引沿调车线往返走行，以安全连挂速度推送钩车使其与调车线上的停留车安全连挂。

（2）加速顶。加速顶的主要功能是为溜不到位的车辆加速，推动车辆前进，使其溜到指定地点。T·DJ 加速顶由加速顶缸体和气控阀两部分组成。

3. 加减速设备

可锁闭式加减速顶是一种加减速调速设备。它由可锁闭式减速顶、压缩空气控制阀和加 速顶三部分组成。可锁闭式减速顶布置在前面，加速顶布置在后面。当车辆的速度低于临界速度时，减速顶不起作用；当车辆的速度高于临界速度时，加速顶不起作用，而使减速顶起减速作用。因此，加减速顶是根据车辆溜行速度是低于还是高于预定的临界速度，给溜行车辆以加速力或减速力，从而达到调节车辆溜行速度的目的。

四、驼峰调速系统

驼峰调速系统是指为调整溜放车辆的速度而设置的一套系统。

（1）点式调速系统。在驼峰溜放部分和调车线内，钩车溜放的调速设备全部采用减速器的调速系统。

（2）点连式调速系统。在驼峰的溜放部分和调车线的始端采用减速器，在调车场内采用连续式调速设备的调速系统。

（3）连续式调速系统。在驼峰的溜放部分和调车线内，钩车溜放的调速设备连续布置在线路上实现对车辆的连续调速。

第二节 驼峰溜放部分平面布置

一、驼峰溜放部分平面设计基本要求

驼峰平面示意图如图 10-5 所示。

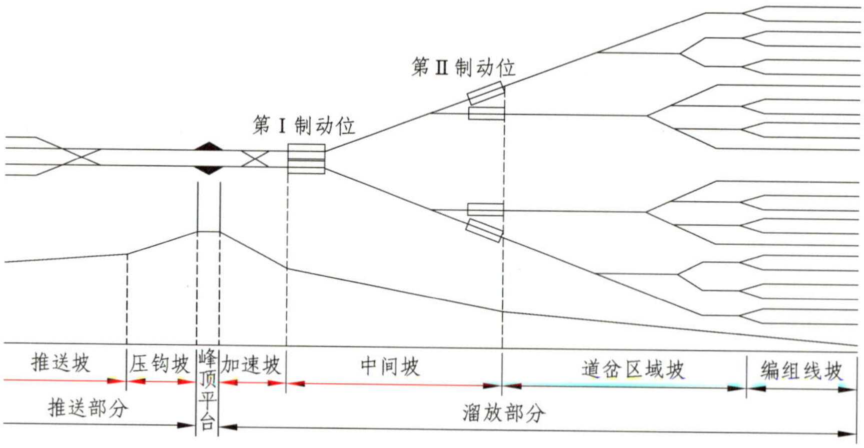

图 10-5 驼峰平面示意图

为了提高驼峰的解体作业效率和降低工程造价，驼峰溜放部分的线路平面应符合以下要求：

（1）使峰顶到最远计算点间的距离尽量缩短。这样不仅可缩短车辆的溜放行程，提高解体作业效率，而且可减少占地面积，降低驼峰的修建工程费用。

（2）车辆自峰顶向调车场各股道计算点溜放时，其溜放行程和所受总阻力（包括基本阻力、风阻力、道岔阻力和曲线阻力）应差别不大。这样可使驼峰高度设计适当，不致过高，从而可减少制动设备数量。

（3）合理确定制动位置，以减少车辆减速器的数量。

（4）不铺设多余的道岔，插入短轨及反向曲线，以减少车辆的溜放阻力。

二、驼峰溜放部分平面设计的具体规定

1. 道岔类型

为缩短峰顶至计算点间的距离，应尽量采用 6 号对称道岔或 7 号三开道岔。当调车场内股道较多时，最外侧线束的最外侧道岔可以采用交分道岔或 9 号单开道岔。

2. 线束布置

调车场采用对称配列的扇形车场，股道采用线束形布置，每个线束可包括 6 ~ 8 条调车线。这样可使溜向各调车线的钩车所经过的道岔数和曲线转角的度数比较接近，从而使各调车线的溜放总阻力差别较小。

3. 减速器制动位的布置

除 T · JK 型车辆减速器可在曲线轨道上使用外，其余均应安装在直线上，并且在其前后也各应有一段直线。车辆减速器前的直线段是使车辆进入减速器时不致发生斜向冲击；车辆减速器后面的直线段是为设置复轨器，使经过制动的车辆恢复正常溜放状态。

4. 峰顶至第一分路道岔前基本轨缝的距离

为保证解体作业的连续溜放，应合理选定峰顶至第一分路道岔间的距离。由于峰顶与第一分路道岔间一般不设调速设备，车辆的溜放速度在这段范围内不能调整，因此在连续溜放过程中，特别是当出现不利的溜放顺序时（难行车在前易行车在后），应使前后钩车间保持必要的间隔，以保证第一分路道岔来得及转换位置，使前后钩车安全通过该道岔，分别进入不同股道。这段距离可通过计算确定。

5. 推送线和溜放线的数量

调车驼峰应根据改编作业量的大小、调车场股道的数量来确定推送线和溜放线的数目。改编作业量较大的机械化驼峰，一般均设计成两条推送线和两条溜放线，这样可以保证两台机车能同时作业（双推单溜或双推双溜），并且当一条线路发生故障或维

修时，仍可不间断解体作业。对于改编作业量更大的自动化驼峰，推送线及作业机车还要多一些。

6. 禁溜线的设置

为停放禁止由驼峰溜放的车辆（如装有危险品的车辆或超过车辆减速器限界的车辆），在推送线上靠近峰顶的地方应铺设禁溜车停留线（简称禁溜线）。禁溜线与推送线连接的道岔应靠近峰顶，以便取送禁溜车辆。禁溜线的长度一般不应短于 150 m，能存放 8 ~ 10 辆车。在禁溜线附近还应设有迂回线，它绕过驼峰直接与调车场最外侧的线路连接，以便由峰顶将不能经由驼峰溜放的车组送至编组线。

三、驼峰溜放作业过程控制

驼峰溜放作业过程控制包括推峰机车速度控制、溜放进路控制、溜放车组速度控制三部分。

1. 推峰机车速度控制

推峰机车速度控制最基本的方法是驼峰值班员通过驼峰信号的显示，指示司机人工控制机车推峰速度；也可以由驼峰自动化系统根据钩车的长度，自动选择推峰速度，自动操纵驼峰信号的显示。

2. 溜放进路控制

溜放进路控制是按溜放作业要求转换分路道岔，将溜放进路通向目的调车线。人工控制溜放进路需大量扳道人员，效率低，容易出错且安全性差。采用驼峰道岔自动集中，分路道岔由快动转辙机转换，作业人员在开始解体前将目的股道号按钩序存入储存电路。溜放作业开始后，进路控制命令随车组溜放不断向前方道岔传送控制命令并自动转换，不再需要人工介入。

3. 溜放车组速度控制

溜放车组速度控制是对车辆减速器等调速工具进行控制，以保证溜放车组适当的间隔，以及以安全速度与停留车连挂。对溜放车组的速度控制已从手动、半自动控制发展为自动控制。利用计算机将各种测量设备提供的参数作为依据，对车辆减速器进行自动控制，即构成自动化驼峰。

第三节　驼峰溜放部分纵断面设计

驼峰改编能力的大小不仅取决于平面布置的优劣，还取决于纵断面设计的选择合理性。纵断面设计是否合理，对减少工程和运营费、减轻调车人员的劳动强度、提高驼峰作业效率、保证驼峰作业安全起着重要的作用。驼峰纵断面如图 10-6 所示。

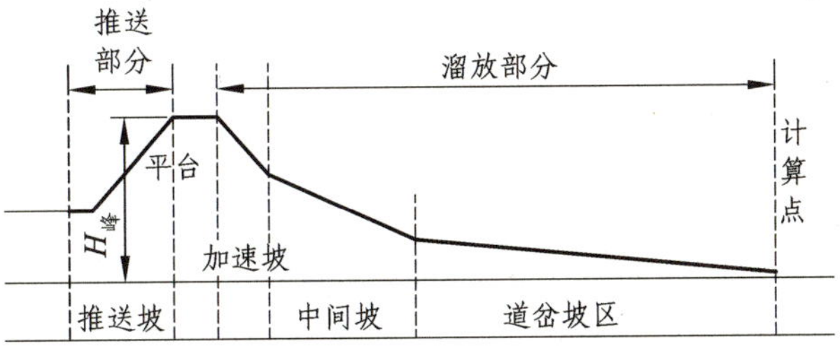

图 10-6 驼峰纵断面图

一、驼峰溜放钩车的受力分析

车辆自驼峰向调车场溜放的过程中，作用在车辆上的力主要有以下几种。

1. 推 力

车辆自驼峰脱离车列（或机车）自由溜放时，由于机车的推力而得到溜放的初速度。车辆在溜放过程中，也可以受到加速度顶或牵引推送小车的推力。

2. 车辆本身的重力

车辆自峰顶向下溜放时，是由高处往低处沿着平面向调车场的一系列下坡道运行，由于车辆本身的重力产生与斜坡平行的分力，可以促使车辆加速溜放。

3. 车辆溜放阻力

（1）基本阻力。

基本阻力是指车辆在平直线上溜放时，除风阻力以外所受到的阻力。基本阻力主要由以下原因产生：

① 轴箱阻力，即轴与轴瓦之间的滑动摩擦阻力或滚柱轴承的滚动摩擦阻力。

② 轨道受压变形下沉阻力，车轮在钢轨上运行时，钢轨不断产生变形下沉以及钢轨接缝处的震动将消耗车组的动能。

③ 车轮与轨面间的滚动摩擦所产生的阻力，与车辆的质量及摩擦系数有关。

④ 车辆溜放中的摇摆阻力，指车辆在溜放时，弹簧、车钩、转向架不断运动，使车辆产生摇摆，也消耗能量。

（2）曲线阻力。

曲线阻力是指车辆溜经曲线时产生的附加阻力。车辆通过曲线时，由于曲线内、外轨长度不同，造成车辆在钢轨上滑行，即由滚动摩擦变为滑动摩擦，所以阻力增大。曲线阻力与曲线半径的大小、车辆溜放速度及车辆质量等有关。

（3）道岔阻力。

道岔阻力是车轮溜经道岔时撞击尖轨和辙叉而产生的阻力。道岔阻力与气温、货车质量的关系不大。溜放车辆通过道岔的速度不是很高时，对阻力的影响也不大。

（4）风阻力。

风阻力是指车辆在溜放过程中与空气的相对运动而产生的阻力（或推力）。逆风时，车辆运动阻力增大，使之减速；顺风且风速大于车速时，风阻力变为负阻力，使车辆加速。车辆所受风阻力与车辆的形状、大小、表面光滑程度、车辆的溜放速度、风速以及风向与溜车方向的夹角等因素有关。

4. 制动力

制动力是指制动设备对溜放中的车辆施加制动而产生的制动阻力。

二、能高线原理

同物体沿斜面运动一样，车辆自峰顶向下溜放也遵循能量守恒、能量转换定律。

当车辆由机车推上峰顶时，自身重量为 Q 的车辆在峰顶 A 处的总能量由两种能量组成：一种是由于它被机车以速度 $v_{推}$ 推上峰顶时所具有的动能 $\frac{Qv_{推}^2}{2g'}$（图 10-7 中 $h_{推}$）；另一种是由于它在峰顶处对调车线计算点有一个高差 $H_{峰}$ 而具有的势能 $QH_{峰}$。车辆在峰顶 A 点时，对计算点 D 来说，它具有的能量为 $\frac{Qv_{推}^2}{2g'}+QH_{峰}$。

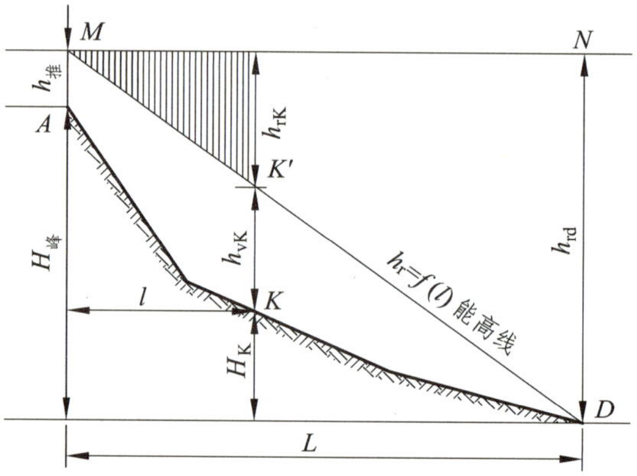

图 10-7　能高线图

图 10-7 所示能高线图的绘制方法如下：由距峰顶向上 $h_{推}$ 处作水平线 MN。如果在车辆溜放过程中没有阻力，就没有克服阻力的能高损失，则 MN 线就是溜放进路上各点的能高线。但实际上在溜放过程中有各种阻力，因而就会产生克服各种阻力的能高损失 h_r，所以，由 MN 线上与纵断面各点相对应的点向下绘出垂直于 MN 的各阻力高（即能高损失）。连接各阻力高末端各点，形成一条线 $MK'D$，这条线就是阻力高线 $h_r=f(l)$。显然，由这条线上的任意一点 K' 至 MN 线的垂直距离 h_{rk} 即为车辆由峰顶到该点的能高损失（阻力高），而由该点至纵断面上的相应点 K 的垂直距离 h_{vk} 即为车辆溜到该点时剩余的动能高。因此，$MK'D$ 也称为能高线。

应当指出，车辆在整个溜放部分溜行的全部过程中，在各处受到的阻力并不是一个常数，所以整条能高线并不是一条直线，而是一条曲线或折线，图 10-7 已做了简化。

由图 10-7 可以看出，当能高线与纵断面相交于 D 点时，表明车辆的总能量由于克服各种阻力所做的功全部消耗完而停住。

三、过峰车辆的种类

在驼峰设计中，为了计算货车的溜放阻力、峰高以及调速设备的数量，将经过驼峰解体的车辆分为易行车、中行车和难行车三种。

1. 易行车

易行车是指经驼峰溜放时，基本阻力与风阻力之和最小的车辆，规定采用满载的 60 t 敞车（C62A），总重 80 t。

2. 中行车

中行车是指经驼峰溜放时，基本阻力与风阻力之和较小的车辆，规定采用满载的 50 t 敞车（C50），总重 70 t。

3. 难行车

难行车是指经驼峰溜放时，基本阻力与风阻力之和较大的车辆，规定采用不满载的 50 t 棚车（P50），总重 30 t。

四、有关线路的计算范围

1. 难行线

难行线是指调车场所有溜车的线路中车辆溜放总阻力最大的线路。

2. 易行线

易行线是指调车场所有溜车的线路中车辆溜放总阻力最小的线路。

3. 计算点

计算点是指确定驼峰高度时，保证难行车在溜车不利条件下溜到调车场难行线某处停车或具有一定速度的地点。驼峰调速系统不同，计算点的位置也不同。

五、溜车条件

1. 溜车不利条件

溜车不利条件是指车辆的基本阻力与风阻力之和为最大的溜放条件。

2. 溜车有利条件

溜车有利条件是指车辆的基本阻力与风阻力之和为最小的溜车条件。

六、驼峰的峰高

驼峰峰高是指峰顶与难行线计算点之间的高差。驼峰峰高应根据驼峰的类型、朝向、所在地区的气象条件以及采用的调速系统等因素确定。

难行线计算点是在确定驼峰峰高时，保证难行车在溜车不利条件下溜到调车线某处停车或具有一定速度的地点。驼峰调车场采用的调速制式不同，计算点的位置也不同。

七、驼峰纵断面设计

（一）推送部分纵断面设计

推送部分线路的平均坡 $i_{推}$ 由车场坡 $i_{场}$ 和压钩坡 $i_{压}$ 组成，如图 10-8 所示。

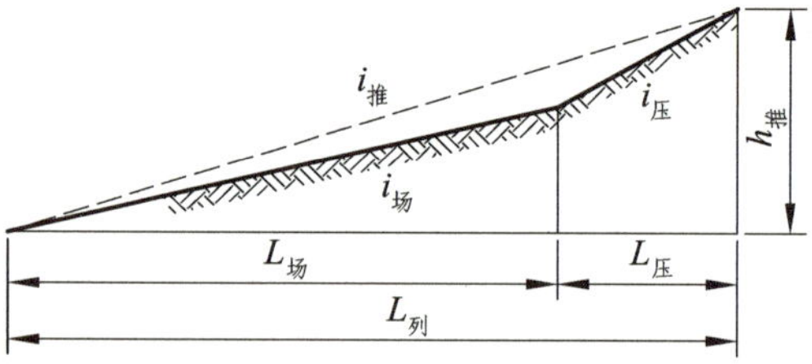

图 10-8　驼峰推送部分纵断面图

推送部分纵断面对车列的推峰、启动、提钩、解体速度以及机车的燃料消耗等都有影响，对峰前到达场（或牵出线）、进站线路的纵断面和工程数量也有影响。因此，设计时应综合考虑作业的要求和运营费、工程费的经济合理性。

推送部分线路纵断面的设计条件如下：

（1）保证在任何困难条件下，用 1 台调车机车能够起动车列；

（2）峰顶前应设一段坡度不小于 10‰且长度不小于 50 m 的压钩坡，以便提钩。

根据《列车牵引计算规程》（后简称《牵规》）规定，内燃机车启动单位基本阻力取 5 N/kN。滚动轴承货车启动单位基本阻力取 3.5 N/kN。

有峰前到达场的驼峰，应结合到达场的纵断面和横断面，确定推送部分的纵断面。无峰前到达场的驼峰，应结合到发场的标高和场间联络线的平、纵断面，确定推送线的高差和纵断面。

驼峰推送部分纵断面一般设计成靠到达场坡度缓、靠峰顶坡度陡的多段坡。

推送部分还设有迂回线和禁溜线，其纵断面设计要求如下：

（1）迂回线纵断面可设计成在始端道岔后有一段平坡，然后设一段不陡于 20‰的下坡与调车线连接，这种方式作业比较方便。例如，在解体过程中，遇有不能通过峰顶和减速器的车辆时，可先暂存在平坡地段内，等机车空闲时再送往调车场，这样可节省调车行程和时间。

（2）迂回线竖曲线半径应满足车辆底梁不碰钢轨，跨装货物的游车与货物不互相碰撞，以及两相邻车辆不会自行脱钩等要求。

（3）禁溜线的纵断面应设计成凹形，在始端道岔至警冲标附近设计为下坡，然后设一段平坡，距车挡 10 m 范围内为不小于 10‰的上坡。这样有利于防止禁溜车溜回峰顶或撞击车挡。

（4）迂回线与禁溜线合设时，应铺设安全线，其长度应满足距车挡 10 m 范围内设置坡度不小于 10‰的上坡。

（二）峰顶平台

峰顶平台的用途是连接溜放部分和推送部分，防止解体作业中发生车辆断钩、脱钩，并保证不致降低驼峰的实际高度等。峰顶净平台的长度一般采用 7.5 ~ 10 m，如图 10-2 所示。压钩坡坡度较大时，峰顶平台长度也应采用较大值。峰顶净平台的长应能满足禁溜车停留线在峰顶出道岔时设置尖轨或辙叉的长度，如图 10-9 所示。

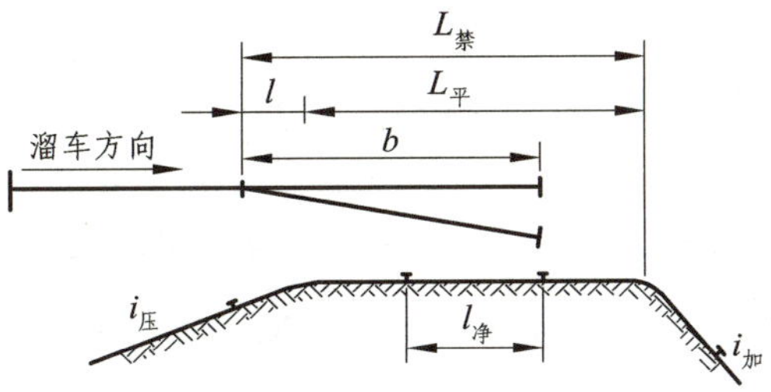

图 10-9 峰顶平台示意图

（三）溜放部分纵断面设计

1. 基本要求

（1）驼峰溜放部分纵断面应设计为面向调车场方向的连续递减的下坡，并尽量提高钩车在溜放部分的平均溜放速度，以保证在正常推峰速度条件下，钩车通过分路道岔和减速器有足够间隔。

（2）大、中能力驼峰，以 1.9 m/s 的推峰速度解体车列，在溜车有利条件下，易行车进入减速器时不超过最大允许速度，通过道岔保护区段时不超过计算保护区段时所采用的最大速度。

（3）纵断面的变坡点距减速器制动位、道岔尖轨和辙叉部分不小于竖曲线的切线长 $T_{竖}$：

$$T_{竖} = \frac{R\Delta i}{2\times 1\,000}$$

式中 R ——连接竖曲线半径，m；

Δi ——相邻部分坡度的代数差，‰。

连接纵断面相邻坡段的竖曲线半径，峰顶邻接压钩坡不应小于 350 m，邻接加速坡应为 350 m，溜放部分的其他坡段不应小于 250 m，迂回线竖曲线半径不应小于 1 500 m。

2. 各坡段设计

驼峰溜放部分纵断面一般由加速坡、中间坡和道岔区坡组成。

（1）加速坡。

根据机车结构特点及车钩允许坡度差，同时考虑我国气候特点及峰高范围，为保证峰顶与第一制动位间最大高差及驼峰溜放部分纵断面的合理性，驼峰调机采用内燃机车时，加速坡的坡度不应陡于 55‰。为保证溜放钩车在第一分路道岔的必要间隔，峰高较低时加速坡坡度不应小于 35‰。

加速坡与中间坡的变坡点一般设在第一分路道岔前，以便于工务维修，有利于作业安全。

（2）中间坡。

中间坡是指加速坡末端至线束始端间的坡段。中间坡的坡度应保证在溜车有利条件下易行车最大速度不超过减速器和计算道岔保护区段时的允许速度。驼峰溜放部分设有车辆减速器时，中间坡一般设为前陡后缓的两段坡。为提高钩车的平均溜放速度，节省土方工程，应尽量加大第一坡段的坡度。第二坡段的坡度一般不小于 8‰，寒冷地区可适当加大。驼峰溜放部分不设车辆减速器时，为提高钩车的溜放速度，中间坡应使大部分钩车不减速，其坡度一般不小于 5‰。

（3）道岔区坡。

道岔区坡是指线束道岔始端至车场制动位始端或计算点（调车场不设减速器制动位时）之间的坡段。道岔区坡的平均坡度不宜太大，当驼峰溜放部分设有车辆减速器时，可以提高钩车溜出线束减速器的速度，以较高的速度通过道岔区；溜放部分不设减速器制动位时，减少道岔区坡的坡度可以适当加陡中间坡，有利于提高钩车的平均溜放速度。但道岔区坡也不能太缓，以避免溜放钩车减速太快，停在道岔区影响作业安全。

道岔区坡可设 1 ~ 2 个坡段，线束道岔始端至最后分路道岔设较陡的下坡，最后分路道岔至调车线调速设备之间可设平坡或较小的反坡。道岔区坡的平均坡度不宜大于 2.5‰，边缘线束不应大于 3.5‰。

视频：车辆溜经驼峰

视频：车辆溜经减速器和加减速顶

复习与思考

1. 什么叫驼峰？由哪几部分组成？各部分的线路范围是什么？
2. 驼峰如何分类？各有何特征？
3. 驼峰调速设备的功能有哪些？
4. 驼峰溜放部分平面设计的基本要求有哪些？在设计中有哪些具体规定？
5. 驼峰车辆溜放时所受的阻力有哪些?其产生的原因是什么？
6. 试绘图说明能高线原理。
7. 我国驼峰设计中对难行车、中行车和易行车的车型和质量是如何规定的？
8. 什么叫驼峰的峰高？
9. 驼峰溜放部分纵断面的设计要求有哪些？在设计中如何体现这些要求？

第十一章　铁路枢纽

主要内容

铁路枢纽的定义；铁路枢纽的各种布置图的特点；和枢纽内的客运站和货运站的主要作业及设备；枢纽线路的引入方式及枢纽联络线的种类。

重点掌握

铁路枢纽各种布置图的特点。

第一节　概　述

在铁路干、支线的交汇点或终端地区，由各种铁路线路、专业车站以及其他为运输服务的有关设备组成的总体称为铁路枢纽。

铁路枢纽是连接铁路干、支线的中枢，是客、货流从一条铁路线转运到另一条铁路线的中转地区，也是城市、工业区客货到发和联运的地区。铁路枢纽是为城市、工业区或港埠区服务以及与国民经济各部门联系的重要纽带，也是交通运输枢纽的主要组成部分。

铁路枢纽除办理枢纽内各种车站的有关作业外，在货物运转方面还办理无调中转货物列车、改编货物列车以及枢纽地区小运转列车的作业，在客运作业方面办理通过、管内和市郊旅客列车有关的运转作业，在货运业务方面办理各种货物的承运、装卸、发送、保管等作业，此外还要供应牵引动力、进行机车车辆的检修等作业。

一、枢纽的设备

在铁路枢纽内一般应具有下列设备：

（1）线路：包括引入正线、联络线、环线、直径线、专用线等。

（2）车站：包括客运站、货运站、编组站、工业站、港湾站、中间站等。

（3）疏解设备：包括铁路线路与铁路线路的平交和立交疏解、铁路线路与城市道路的跨线桥和平交道口以及线路所等。

（4）其他设备：包括机务段、车辆段、客车整备所、动车段（所）等。

铁路枢纽是随着铁路新线建设和城市及工业发展逐步形成的，上述部分或全部设备应在分析枢纽内客、货流的基础上，密切配合城市规划、工农业建设、地形条件、工程条件以及既有铁路设备的现状进行总体规划，分期发展。

二、枢纽的种类

按规模大小枢纽大致可分为以下几类：

1. 大型枢纽

大型枢纽一般位于特大城市或大城市，有 1～2 个大型客运站、1 个大型编组站或 2 个以上中型编组站，有众多的其他车站和连接线。

2. 中型枢纽

中型枢纽一般位于大城市或中等城市，有 1 个大型客运站或 2 个一般客运站、1 个大型编组站或 1～2 个中型编组站，有一定数量的其他车站和连接线。

3. 小型枢纽

小型枢纽一般位于中等城市或小城市，有 1 个一般客运站（或客运车场）、1 个小型编组站（或货运车场），有少量的其他车站和连接线。

第二节　铁路枢纽总布置图型

铁路枢纽一般都是由小到大逐步发展起来的，在各个不同的发展阶段上，枢纽总布置图会有所修正，但都是为了合理确定：枢纽近、远期总体布局；各方向线路的引入方式；枢纽内线路的配置；各主要站（段）的数量、规模、位置及其分工等。

铁路枢纽按其车站、进站线路、联络线及其他设备的不同位置，可形成不同类型，一般分为：一站枢纽、十字形枢纽、三角形枢纽、顺列式枢纽、并列式枢纽、环形枢纽、尽端式枢纽和组合式枢纽等。

一、一站铁路枢纽

一站铁路枢纽（枢纽站）一般由一个综合性车站（兼办客、货、改编作业）和 3～4 条引入线路组成，是铁路枢纽布置图型中最简单的一种结构形式，通常位于中、小城市。

这种布置图型的特点是设备集中、管理方便、运营效率高，但客货运作业互有干扰，能力较小。这种图型一般适用于作业量小，引入线路方向不多，城市规模不大的枢纽，如图 11-1 所示。

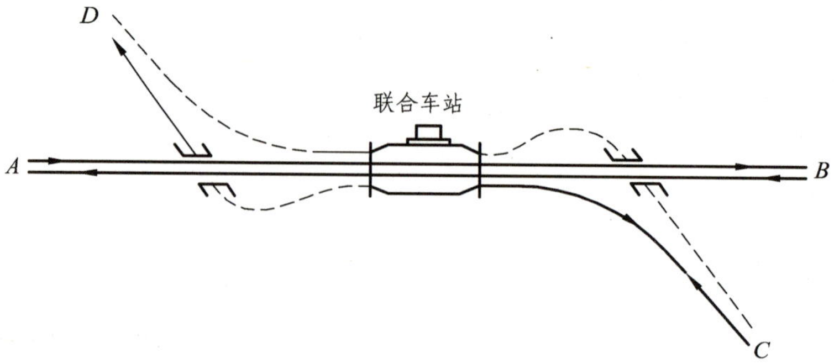

图 11-1　一站枢纽布置图

二、三角形铁路枢纽

三角形铁路枢纽是由三条及以上的干线，从三个方向引入枢纽而形成的，如图 11-2 所示。在三角形枢纽中一般各衔接方向间都有较大的客、货运量交流，客运站和编组站应布置在三角形的两条边上，这样有利于进出站线路采用并列式疏解，并便于和城市规划相结合。如果一条边的运量大，其余两条边的运量较小，可以将客运站和编组站设在三角形的同一条边上。

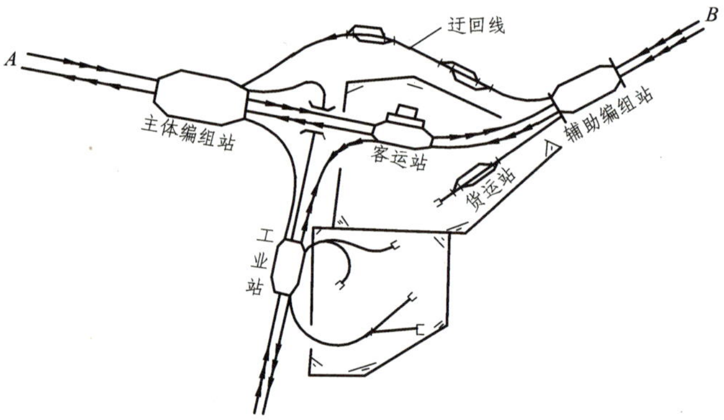

图 11-2　三角形枢纽布置图

图 11-2 中主干线的主要车流入口处设有一主体编组站，主要办理路网车流的改编作业；在主干线的另一端设有一个辅助编组站，主要办理地方车流的改编作业；靠居民区设有客运站；工业区附近设有工业站；市区边缘设有公共货运站；为使各方向的车流转线方便，列车运行便捷，设有必要的联络线和迂回线等设备。

三角形枢纽的主要特点：

（1）各主要方向中转车流转线十分方便。如图 11-2 中的 *A*—*C* 间的中转车流在主体编组站接发；*B*—*C* 间的中转车流在辅助编组站接发，均无多余的列车走行公里。

（2）改编车流能顺向前进。如图 11-2 中到达枢纽内的改编车流可以直接接入枢纽入口处的编组站改编，使车流顺向前进，车辆无多余的走行公里。

（3）当枢纽内的客、货列车较多时，可让 *A*—*B* 间通过列车经迂回线绕枢纽而行，这样可以减少交叉干扰，扩大通过能力。

三个衔接铁路方向间有大量转线车流时，选用三角形枢纽图型较为有利。

三、十字形铁路枢纽

十字形铁路枢纽的主要特征是两条铁路线近似正交，在枢纽中心设有“十字形”的交叉疏解，车站设在各引入线上，根据车流状况和车站布置修建必要的联络线，如图 11-3 所示。它适用于相互交叉的衔接线路之间交换的客、货运量甚少，而直线方向具有大量的直通客、货流的铁路枢纽。

图 11-3 中虚线所示为新干线，*C* 与 *D* 方向的中转列车可沿着新干线运行，换挂机车作业可以在工业站办理。当 *C* 与 *A* 方向有折角无调中转列车时，则可修建相应的联络线，便于该方向折角中转列车的运行。此外，必要时还应在 *C* 方向的车站上修建通过车场及机车整备设备，用以办理该方向的列车到发作业及换挂机车。

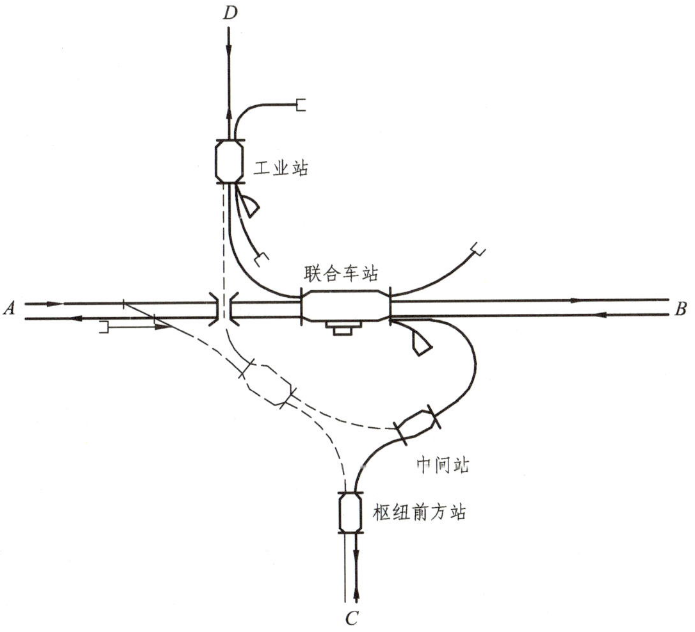

图 11-3　十字形枢纽布置图

十字形枢纽一般设一个编组站，该编组站通常设在车流量较大的铁路干线上。如两条线路车流量均较大，也可以根据需要在另一条铁路干线上设置辅助编组站，以便协助主要编组站办理一些通过列车到发作业和部分改编列车的编解作业。

四、顺列式铁路枢纽

图 11-4 所示为顺列式铁路枢纽图型，其特点是：引入枢纽的线路一般为三个及以

上，线路从枢纽两端引入，并配合以相应的立交设备，减少交叉干扰，枢纽内的客运站、编组站、货运站等都顺序纵列布置在枢纽内一条伸长的干线上。顺向车流沿伸长干线运行，折角车流在进入枢纽的前方站作业，不进入枢纽，这就要求在枢纽两端设置编组站或联络线。

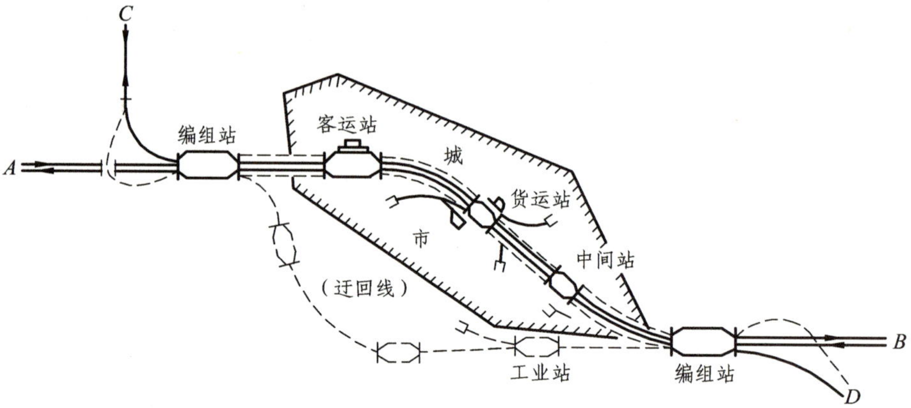

图 11-4 顺列式枢纽布置图

顺列式枢纽的主要优点：

（1）便于配合城市规划布置各专业车站。

（2）进出站线路疏解布置简易。

（3）枢纽灵活性大，便于发展。

顺列式枢纽的主要缺点：

（1）在共用的伸长干线上客、货列车运行有干扰。

（2）枢纽一端的折角列车接入编组站作业时，其行程较长。

（3）通过枢纽的所有列车均集中在伸长干线上运行，区间通过能力紧张，车站咽喉负担过重。

为了增强共用的伸长干线的通过能力，可铺设第三、第四正线，也可在枢纽两端的编组站之间修建迂回线以分流货物列车，在迂回线上修建货运站或工业站为工农业服务，如图 11-4 中虚线所示。

顺列式枢纽图型也是枢纽图型的基础结构之一，它适用于引入线路的客货运量较大和城市具有一定规模的枢纽。

五、并列式铁路枢纽

图 11-5 所示为并列式铁路枢纽。在铁路网上两条铁路干线相交处，客运站和编组站并列布置，衔接铁路先按线路方向引入枢纽，再按客、货列车种类分开两条进路，分别引入客运站和编组站。

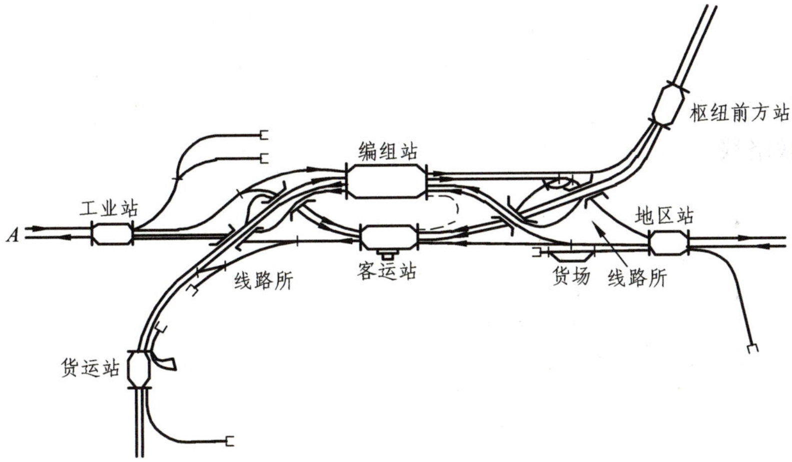

图 11-5　并列式枢纽布置图

并列式枢纽具有下列优点：

（1）由于客运站和编组站并列，对车站位置选择有较大的灵活性。

（2）客货列车运行互不干扰，通过能力大。

它的缺点是：

（1）枢纽进出站线路立体疏解结构复杂。

（2）占地面积较大，工程投资费用较多。

（3）不利于枢纽的分阶段发展。

因此，这种枢纽图型只有在地形条件受限制的地区，且城市规划又容许编组站与客运站并列布置，而客、货运量都很大时才适用。

六、环形铁路枢纽

环形铁路枢纽的主要特征是引入线路方向较多，用环形线路将所有引入线路方向连接起来形成一个整体，各种专业车站布置在环线、半环线上或自环线引出伸入城市中心附近，利用联络线将车站与环线连接，如图 11-6 所示。

环形枢纽的主要优点是：

（1）由于引入的各方向线路分散地连接在环线上，避免了接轨过分集中在编组站或枢纽两端而造成的客、货列车运行的相互干扰。

（2）各衔接线之间的折角车流转向可通过环线完成，比较方便、灵活。

（3）各种专业车站站位设置，能更好地结合城市规划和工业建设，有更多的选择余地。

（4）环线能发挥平衡和调节通过能力的作用，枢纽通过能力大。

环形枢纽图型的缺点是：

（1）环线修建的工程投资大。

（2）个别方向列车接入编组站或客运站，列车运行的里程较长。

（3）当运量增长、列车增多时，环线的通过能力会出现紧张状况。

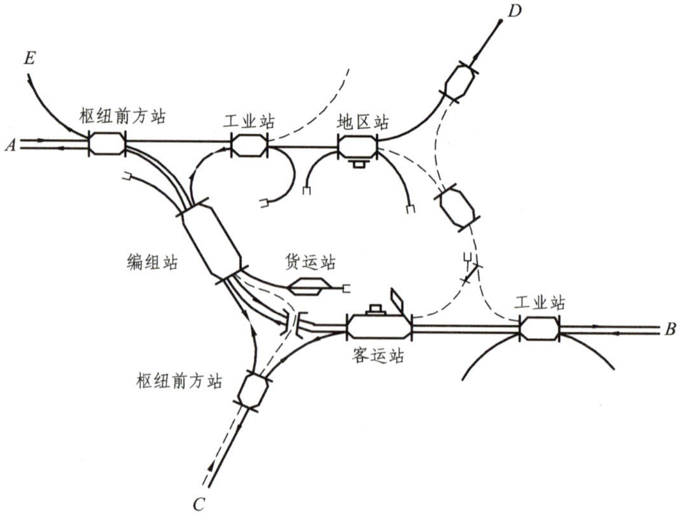

图 11-6　环形枢纽布置图

环形枢纽布置图，一般适用于有众多的铁路方向分散引入枢纽，且其间有大量客、货运量交流，情况复杂，并要求枢纽内的列车运行路径有较大的机动性和灵活性，需要设置环线或半环线的大城市铁路枢纽。

七、组合式铁路枢纽

组合式铁路枢纽是由几种类型的枢纽组合而成的一种枢纽总布置图型。它是随路网、城市、地方工业和工程条件等因素逐渐发展演变而成。当某一类型枢纽的各项设备不能满足运输需要时，可以从枢纽现状出发，扩建成与枢纽所负担的作业量和作业性质相适应的组合式枢纽。图 11-7 所示为组合式枢纽图型，它是由三角形、顺列式及十字形三种类型枢纽组合而成的。

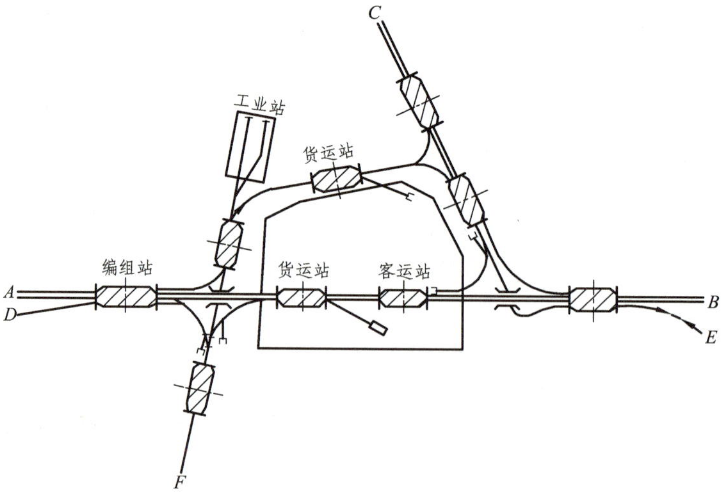

图 11-7　组合式枢纽布置图

图 11-7 中 A、B、C、D 四个引入方向原为顺列式枢纽。由于铁路网的发展，新干线 E 方向接轨于辅助编组站，为了便于 E 至 A、C 方向折角车流的运行，修建了相应的联络线，因而形成了三角形枢纽。A—B 和 C—E 两大干线及其间的立交疏解设备、联络线等，又使枢纽总图具有十字形枢纽形式，从而构成了以上三种类型枢纽所组成的组合式枢纽。

八、尽端式铁路枢纽

位于路网上线路的起讫点或各衔接方向线路均在枢纽一端引入，并地处港埠或大工业城市的枢纽称为尽端式枢纽。

尽端式枢纽作业的特点：

（1）它是大宗货物的集散地，以办理大宗货物作业为主。

（2）大部分办理地方车流作业。

（3）办理铁路与其他交通运输工具间的联运作业。

图 11-8 所示为位于海湾地区的尽端式枢纽图型，编组站布置在枢纽的出入口处，用以控制进出枢纽的车流运行；客运站布置在市中心，便于为旅客提供服务；为了便于办理货物的联运、换装和装卸作业以及各作业点间的车流交换，港湾站、工业站及货运站则分布在相应的港湾区、工业区及仓库区的附近，并与编组站间有便捷的通路。

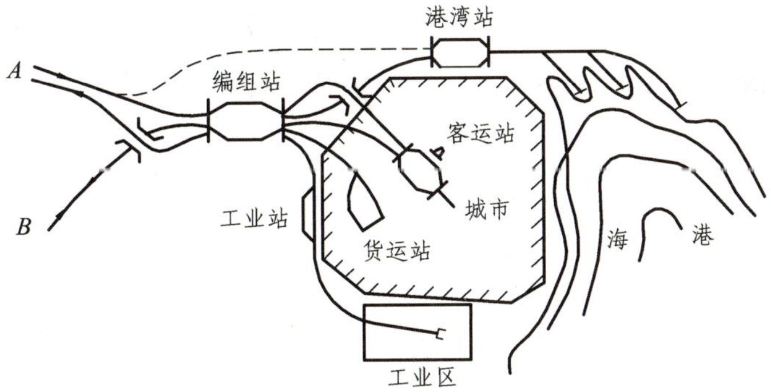

图 11-8　尽端式铁路枢纽布置图

总之，形成一个枢纽总布置图的因素既多又复杂，由于各因素的相互制约和多种变化，就会有多种情况的组合，要指出某种图型适应某一枢纽的特定情况是不切合实际的，在研究枢纽总布置图方案时，应从全局出发，综合分析枢纽在路网中的作用、各引入线路的技术特征、客货运量的性质和流向、既有设备状况和当地地形、地质条件，并应配合城镇规划和其他交通运输系统等全面地进行方案比选。

第三节 枢纽内客运站和货运站

一、客运站

客运站是指专门为旅客办理客运业务并设有旅客乘降设施的车站，以办理客运为主，兼办少量货运作业的车站，也称为客运站。

日接发换算旅客列车 30 对及以上，日均上、下车旅客人数 45 000 及以上，旅客列车到发线 7 条及以上；符合以上三个条件者为大型客运站，其他为一般客运站。

此外，根据旅客站房建筑规模可把客运站分为特大型、大型、中型和小型四类。

1. 客运站的作业

客运站主要办理以下作业：

1）客运服务作业

客运服务作业包括旅客上下车、候车、问询、小件行李寄存，以及对旅客文化生活、饮食住宿、购物和卫生等方面的服务。

2）客运业务

客运业务包括发售客票，行李、包裹的承运、装卸、保管和交付，以及邮件的装卸和搬运等作业。

3）旅客列车技术作业

（1）对始发、终到旅客列车：包括列车的接发、机车换挂、列车技术检查、车底取送、动车组出入段、个别客车甩挂以及餐车整备等作业。

（2）对通过旅客列车：包括列车的接发、机车换挂或整备、列车技术检查、客车上水，个别情况下还办理个别客车的甩挂、变更列车运行方向、办理餐车供应及上燃料等作业。

（3）对市郊（通勤）列车：包括列车的接发、机车换挂、列车技术检查、动车组出入段或车底取送等作业。

（4）对某些客货共线的铁路客运站还办理少量货物列车的到发和通过作业。

2. 客运站的设备

为了完成以上作业，客运站应设置相关设备：

1）旅客站房

这是客运站的主体，也是城市的门户，包括为旅客服务的各种房屋（售票厅、候车厅、行包房及旅客服务设施等）、技术办公用房及职工生活用房等。

2）车站广场

它是铁路客运站与城市的结合部，是客流、城市交通和行李集散地点，也是旅客活动和休息的场所。它由人行通道、车行道、停车场、公交站点、商业服务设施、绿化与景观用地等部分组成。

3）站　场

站场是办理客运技术作业的地方，包括线路、站台、雨棚、跨线设备等。

二、货运站

专门办理（或主要办理）货物装卸作业的车站，以及专门办理货物联运或换装的车站，称为货运站。

货运站按其工作性质可分为：装车站、卸车站和装卸站；按其服务对象又可分为：公共货运站、换装站、港湾站和工业站；按其办理货物的种类不同可分为：综合性货运站和专业性货运站。

1. 主要作业

1）运转作业

（1）办理从技术站开来的小运转列车或从衔接区间开来的直达列车的接车作业；

（2）按装卸地点选编车组、调送车组及按货位配置车辆；

（3）收集各装卸地点装卸完毕的车组，并在调车线上进行集结；

（4）编组小运转列车或直达列车，向技术站或衔接区间发车。

2）货物作业

（1）货物的承运、装卸、保管和交付；

（2）货运票据的编制；

（3）货物的过磅、分类、搬运、堆码及货物换装、加固、检查装载；

（4）办理与其他运输部门的联运。

3）兼办作业

综合性货运站有时还兼办部分客、货列车的接发、通过和交会；不良车辆的修理；调车机车的整备；车辆的清扫、洗刷、消毒等作业。

2. 主要设备

为了完成上述作业，综合性货运站应设置下列主要设备：

1）运转设备

运转设备包括到发线、调车线、牵出线等。

2）货运设备

货运设备包括货场配线、场库设备、装卸设备、取送货物的道路及停车场、给排水设备及消防设备等。

3）其他设备

根据需要设置旅客站台、机车整备设备、车辆检修设备、集装箱及托盘的维修保养设备、货车消毒洗刷设备、篷布维修设备、货物检斤和量载设备等。

第四节　枢纽内主要线路配置

一、枢纽线路的引入方式

铁路枢纽一般都有几条衔接线路引入，而且在多数情况下都是由两条衔接线路先引入后，随着新线的引入逐步发展形成的。将新线引入枢纽，首先应考虑线路建成后车流形成的特点，尽可能使中转车流顺直地以最短路径通过枢纽，使地方车流顺利地送达枢纽内各装卸点，使折角车流无多余走行公里，不改变运行方向通过枢纽。

枢纽线路的引入方式一般有以下几种：

（1）直接引入，即线路直接引入枢纽内的客、货共用站或编组站，如一站枢纽。

（2）分歧引入，当枢纽内编组站与客运站并列布置时，枢纽进、出站线路采取在枢纽前方适当地点按客、货列车种类分歧引入方式，如并列式铁路枢纽。

（3）会合引入，当枢纽内客运站与编组站顺列布置，且运量不大时，为了简化枢纽结构，将两条线路在枢纽前方站、线路所或其他车站合并后引入编组站，如顺列式铁路枢纽。

（4）分散引入，在设有环线或半环线的枢纽内，引入线的方向较多且分散，故一般都根据现有枢纽的条件，分散引入环线上的各专业站，如环形铁路枢纽。

二、枢纽联络线

联络线是把枢纽内的车站与车站、车站与线路以及线路与线路连接起来的线路。其主要作用是分散枢纽内主要干线及专业车站的列车流，以增加枢纽的通过能力；缩短列车运行距离，使列车以最短路径通过枢纽；消除折角列车运行，尽可能地不变更列车运行方向；减轻车站的作业负荷和交叉干扰，增强枢纽运营作业的灵活性和机动性等。

根据联络线与干线的相对位置及其在枢纽中的作用，联络线可分为以下三种。

1. 消除折角运行的联络线

当枢纽内相邻干线间有一定数量的折角直通列车时，为保证列车不变更运行方向并以最短路径通过枢纽，可修建消除折角运行的联络线。如图 11-9 所示，*A*、*C* 间的联络线供折角直通列车运行。这样，折角列车可不进入枢纽内编组站 1，不仅可消除折角运行，还可减轻编组站的负荷，增加枢纽运营作业的灵活性。折角联络线有设在干、支线间的联络线（图 11-9 中 a），车站间的联络线（图 11-9 中 b）以及车站与线路所间的联络线（图 11-9 中 c）等多种。

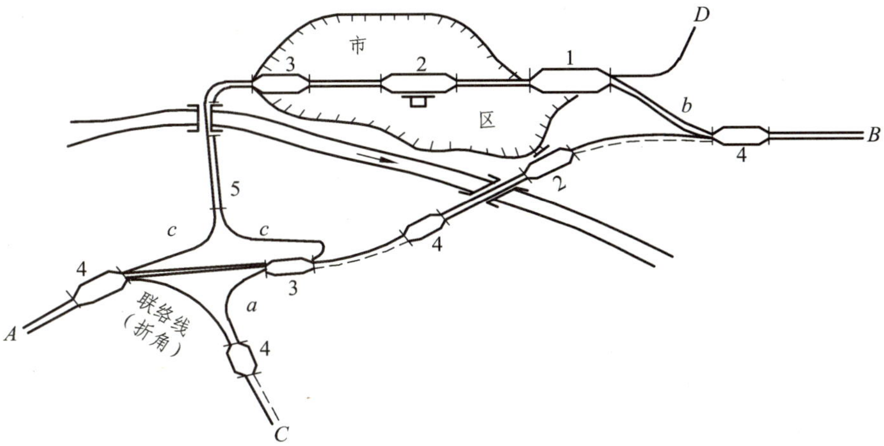

1—编组站；2—客运站；3—货运站；4—中间站；5—线路所。

图 11-9 枢纽联络线示意图

2. 增强枢纽能力的联络线

当枢纽内某一线路区间或某些车站通过能力紧张时，为了减轻其负荷，可修建绕过这些线路区间或车站的联络线（或称迂回线），使中转车流由此通过，以增强枢纽的通过能力。图 11-10 中的 E 为在枢纽市区外修建的联络线，自编组站 1 编组往 B 去的列车，不经由枢纽市区内的繁忙区段而经由该联络线 E 运行，从而减轻对城市的干扰，加强繁忙区段的通过能力。

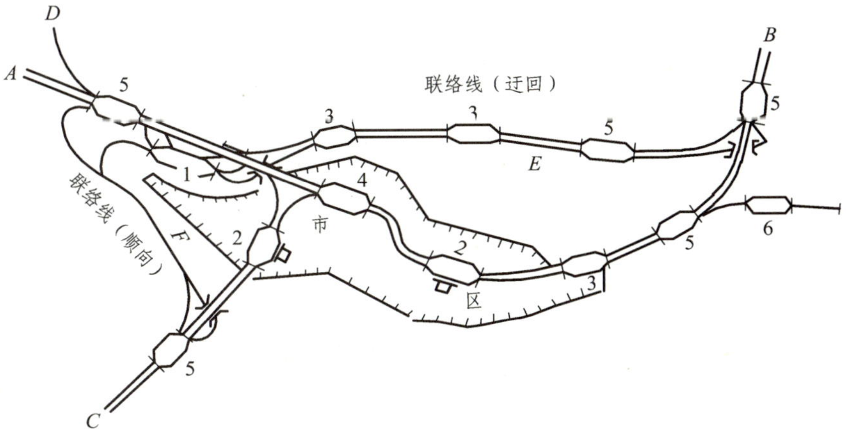

1—编组站；2—客运站；3—货运站；4—客、货运站；5—中间站；6—港湾站。

图 11-10 枢纽联络线示意图

3. 便于列车顺接的联络线

当枢纽内某干线的列车需从编组站接入，以利于驼峰的改编作业时，需修建便于列车顺向接入枢纽的联络线。图 11-10 中，为了由 C 方向进入枢纽内编组站 1（该编组站驼峰朝向市区），修建了联络线 F，以便 C 方向的中转车流自 A 端进入编组站的到达场，顺驼峰方向进行改编作业。

三、枢纽环线和直径线

1. 枢纽环线

在大型或特大型铁路枢纽上，当枢纽的引入线路较多时，可修建环线或半环线。

修建环线或半环线的主要优点是：便于各衔接线路方向间直通客、货列车运行；避免了各衔接线路引入线集中于少数汇合点而引起枢纽内线路通过能力紧张的状况，使枢纽能力具有一定的弹性；有利于各种专业车站在枢纽内合理分布以及相互间的联系，通路机动灵活；客、货运设备易伸入市区，可为枢纽内各地区客、货运作业提供较好的服务条件。

2. 枢纽直径线

在大城市或特大城市的环形或半环形铁路枢纽内，为方便客运作业，适应旅客列车高速通过铁路枢纽的需要，可修建连接两个以上客运站并穿越城市中心的枢纽直径线。

修建直径线的主要优点是：可缩短通过枢纽的旅客列车的行程，为开行通过枢纽的旅客列车创造方便条件；便于城市旅客就近乘车，中转旅客原站换乘；可利用直径线将尽头式客运站改建成通过式或半通过式，从而有利于提高车站的通过能力；可增加枢纽内通道，有利于提高枢纽的通过能力和作业的机动灵活性；可减少旅客乘坐市内交通工具换乘，有利于减轻城市交通的负荷；可为发展市郊铁路运输创造有利条件。

复习与思考

1. 何谓铁路枢纽？铁路枢纽的主要设备有哪些？
2. 铁路枢纽的类型有几种？每种铁路枢纽的主要特点是什么？
3. 枢纽内有哪些专业车站？
4. 客运站的主要作业和设备有哪些？
5. 何谓货运站？简述货运站的分类。
6. 货运站的主要作业和设备有哪些？
7. 枢纽线路的引入方式有哪几种？
8. 简述联络线的种类及其作用。

参考文献

[1] 吴芳. 铁路运输设备[M]. 北京：中国铁道出版社，2007.

[2] 常治平. 铁路线路及站场[M]. 北京：中国铁道出版社，2006.

[3] 李海鹰，张超. 铁路站场及枢纽[M]. 北京：中国铁道出版社，2010.

[4] 李海军. 铁道概论[M]. 成都：西南交通大学出版社，2013.

[5] 宋瑞. 交通运输设备[M]. 北京：中国铁道出版社，2003.

[6] 解宝柱. 铁路路基[M]. 北京：中国铁道出版社，2008.

[7] 宫全美. 铁路路基工程[M]. 北京：中国铁道出版社，2007.

[8] 荣佑范. 铁路线路维修与大修[M]. 北京：中国铁道出版社，2011.

[9] 中华人民共和国国家标准. 铁路车站及枢纽设计规范：GB 50091—2006[S]. 北京：中国计划出版社，2006.

[10] 中华人民共和国国家标准. 铁路线路设计规范：GB 50090—2006[S]. 北京：中国计划出版社，2006.

[11] 铁道第四勘测设计院. 铁路工程设计技术手册：站场及枢纽[M]. 北京：中国铁道出版社，2005.

[12] 中华人民共和国行业标准. 铁路工业站港湾站设计规范：TB 10078—2001[S]. 北京：中国铁道出版社，2002.

[13] 中国铁路总公司. 铁路技术管理规程：普速铁路部分[M]. 北京：中国铁道出版社，2014.

[14] 中国铁路总公司. 普速铁路线路修理规则[M]. 北京：中国铁道出版社，2019.

（一）单开道岔主要尺寸表

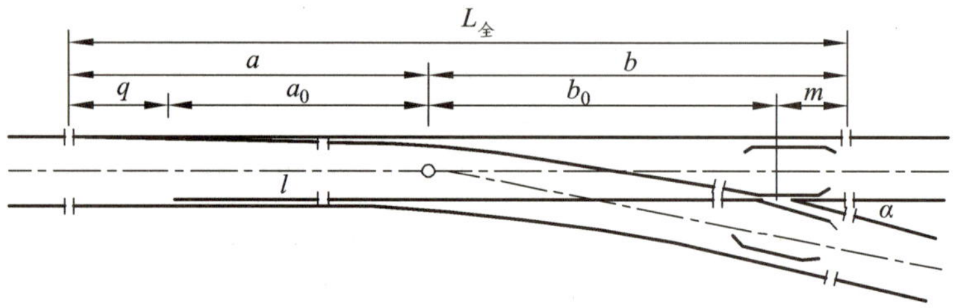

单位：mm

道岔号数	钢轨类型/（kg/m）	图号	辙叉角度 α	导曲线半径（线路中心）R	道岔全长 $L_全$	道岔前部实际长度 a	道岔后部实际长度 b	尖轨前基本轨长度 q	辙叉趾长 n	辙叉跟长 m	尖轨长度 l	附注
18	50		3°10′12.5″	800 000	54 000	22 667	31 333	3 866	2 836	5 400	12 500	
12	50	TB 399—75	4°45′49″	330 000	36 815	16 853	19 962	2 650	1 849	2 708	7 700	
	3											
9	50		6°20′25″	180 000	28 848	13 839	15 009	2 650	1 538	2 050	6 250	
	3											

（二）双开道岔主要尺寸表

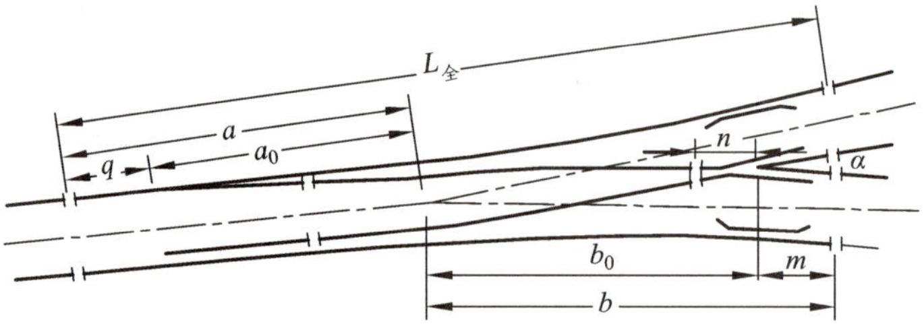

单位：mm

道岔号数	钢轨类型/（kg/m）	图号	辙叉角度 α	导曲线半径（线路中心）R	道岔全长 $L_全$	道岔前部实际长度 a	道岔后部实际长度 b	尖轨前基本轨长度 q	辙叉趾长 n	辙叉跟长 m	尖轨长度 l	附注
（一）标准设计												
6	43	叁标线 5806	9°27′44″	180 000	17 457	7 437	9 994	1 300	1 220	1 321	4 500	
（二）旧型道岔												
$6\frac{1}{2}$	43	岔 1102	8°44′46.18″	179 282.5	20 008	8 717	11 268	1 014	1 119	1 882	4 207	
6	43	专线 5800	9°27′44″	180 000	17 457	7 437	9 994	1 373	1 220	1 321	6 250	
9	43	线 4082—57	6°20′25″	300 000	25 354	10 329	15 008	1 280	1 538	2 050	5 500	

（三）复式交分道岔主要尺寸表

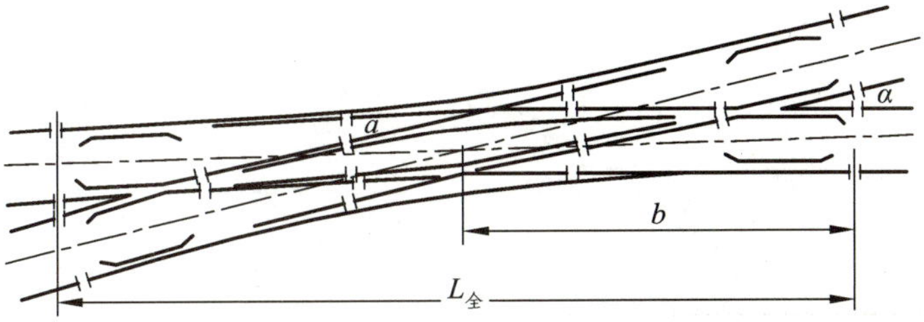

单位：mm

道岔号数	钢轨类型/（kg/m）	图 号	辙叉角度 α	导曲线半径（线路中心）R	道岔全长 $L_全$	道岔中心至辙叉跟端距离 b	尖轨长度 l	活动心轨长度	附注
12	50	叁标线 6019	4°45′49″	380 000	39 950	19 962	7 400	4 200	
	43	叁标线 6025					7 405		
9	50	叁标线 6016	6°20′25″	220 000	30 050	15 009	5 250	3 700	
	43	叁标线 6022					5 265		

（四）两相邻单开道岔岔心间最小长度表

单位：m

名称		两顺向单开道岔			两对向单开道岔		
道岔配列		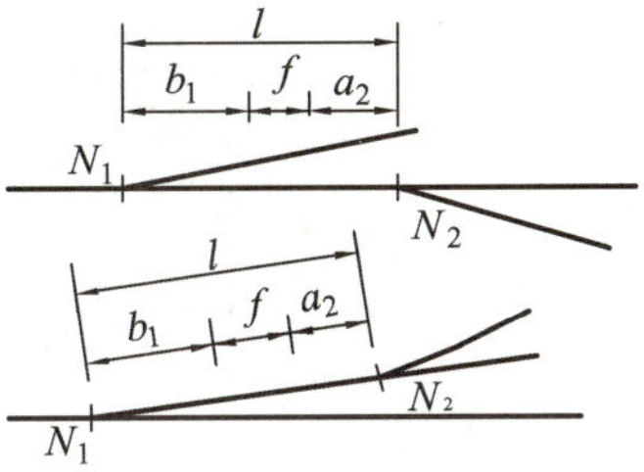			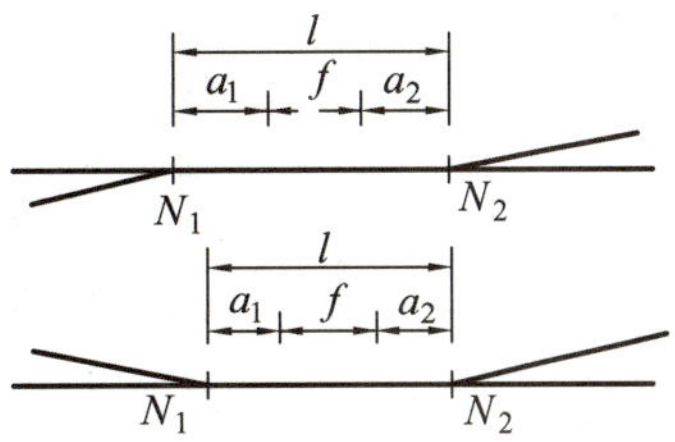		
道岔号数		l 值					
N_1	N_2	正线在正常情况下	正线在困难情况下、到发线	其他站线	有列车从一侧线进入另一侧线时：正线在正常情况下	正线在困难情况下、到发线	其他站线
9	9	35.106	33.356	28.848	40.186	33.936	27.678
9	12	38.120	36.370	31.862	43.200	36.950	30.692
12	9	40.059	38.309	33.801			
12	12	43.073	41.323	36.815	46.214	39.964	33.706
9	18	43.934	42.184	37.676	49.014	42.764	36.506
18	9	51.430	49.680	45.172			
19	18	48.887	47.137	42.629	52.028	45.778	39.520
18	12	54.444	52.694	48.186			
18	18	60.258	58.508	54.000	57.842	51.592	45.334
插入短轨长度（f）		6.25	4.50	0	12.50	6.25	0

注：① 表内 l 值已包括钢轨接缝在内，每个钢轨接缝按 8 mm 计；
② 上述标准适用于两相邻道岔的轨型相同者；
③ 铺设不同类型钢轨的两相邻道岔间，应各铺一节与道岔同类型的钢轨；
④ 在其他站线上，当三组单开道岔顺向毗连布置时，其中两组道岔间应根据道岔结构考虑插入短轨。

（五）辙叉倍角圆曲线表

单位：m

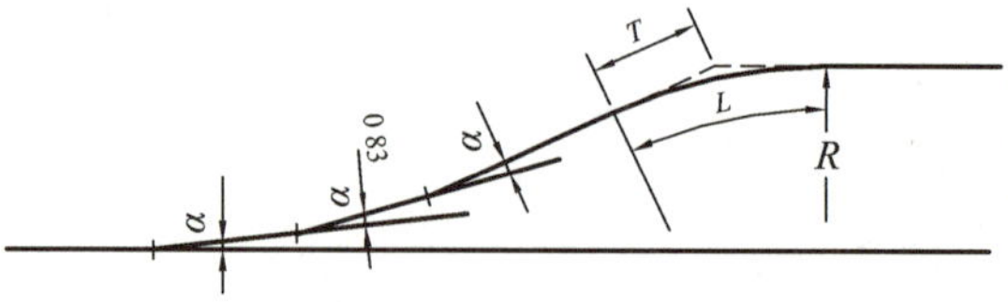

α—辙叉角
R—曲线半径
T—切线长度
L—曲线长度

辙叉号	辙叉角倍数	辙叉倍角角度	$R=180$			$R=200$			$R=250$		
			T	L	$2T-L$	T	L	$2T-L$	T	L	$2T-L$
9	1	6°20′25″	9.969	19.918	0.020	11.077	22.131	0.023	13.846	27.664	0.028
	2	12°40′50″	20.000	39.837	0.163	22.222	44.263	0.181	27.778	55.329	0.227
	3	19°01′15″	30.155	59.755	0.555	33.505	66.395	0.615	41.882	82.994	0.770
	4	25°21′40″	40.500	79.674	1.326	45.000	88.526	1.474	56.250	110.658	1.842
	5	31°42′05″	51.106	99.592	2.620	56.785	110.658	2.912	70.981	138.328	3.639
	6	38°02′30″	62.052	119.511	4.593	68.946	132.790	5.102	86.183	165.998	6.378
	0.5	3°10′12.5″	4.980	9.959	0.001	5.534	11.065	0.003	6.917	13.832	0.002
	1.5	9°30′37.5″	14.973	29.877	0.069	16.637	33.197	0.077	20.796	41.497	0.095
	2.5	15°51′02.5″	25.058	49.796	0.320	27.842	55.329	0.355	34.803	69.161	0.445
	3.5	22°11′27.5″	35.299	69.714	0.884	39.222	77.461	0.983	49.027	96.826	1.228
	4.5	28°31′52.5″	45.766	89.633	1.899	50.851	99.592	2.110	63.564	124.491	2.637
			$R=300$			$R=500$			$R=400$		
	1	6°20′25″	16.615	33.197	0.033	19.385	38.730	0.040	22.154	44.263	0.045
	2	12°40′50″	33.333	66.395	0.271	38.889	77.461	0.317	44.445	88.526	0.364
	3	19°10′15″	50.258	99.592	0.924	58.635	116.191	1.079	67.011	132.790	1.232
	4	25°21′40″	67.500	132.790	2.210	78.751	154.922	2.580	90.001	177.053	2.949
	5	31°42′05″	85.178	165.988	4.368	99.374	193.652	5.096	113.570	221.317	5.823
	6	38°02′30″	103.420	199.180	7.655	120.657	232.383	8.931	137.893	265.580	10.206
	0.5	3°10′12.5″	8.301	16.598	0.004	9.685	19.365	0.005	11.068	22.131	0.005
	1.5	9°30′37.5″	24.955	49.796	0.114	29.114	58.095	0.133	33.274	66.395	0.153
	2.5	15°51′02.5″	41.763	82.994	0.532	48.724	96.826	0.622	55.684	110.658	0.710
	3.5	22°11′27.5″	58.833	116.191	1.475	68.638	135.556	1.720	78.444	154.922	1.966
	4.5	28°31′52.5″	76.277	149.389	3.165	88.990	174.287	3.693	101.703	199.185	4.221
12			$R=350$			$R=400$			$R=450$		
	1	4°45′49″	14.558	29.099	0.017	16.637	33.256	0.018	18.717	37.413	0.021
	2	9°31′38″	29.166	58.198	0.134	33.333	66.512	0.154	37.499	74.826	0.172
	3	14°17′27″	43.876	87.297	0.455	50.144	99.768	0.520	56.412	112.239	0.585
	0.5	2°22′54.5″	7.275	14.549	0.001	8.315	16.628	0.002	9.354	18.706	0.002
	1.5	7°08′43.5″	21.852	43.648	0.056	24.974	49.884	0.064	28.096	56.119	0.073
18			$R=800$			$R=700$			$R=600$		
	1	3°10′12.5″	22.137	44.263	0.011	19.370	38.730	0.010	16.603	33.197	0.009
	2	6°20′25″	44.308	88.526	0.090	38.770	77.461	0.079	33.231	66.395	0.067
	0.5	1°35′06.25″	11.066	22.131	0.001	9.683	19.365	0.001	8.299	16.598	0.000
	1.5	4°45′18.75″	33.216	66.395	0.037	29.064	58.095	0.033	24.912	49.796	0.028

（六）不同线间距离斜边直边长度表

单位：m

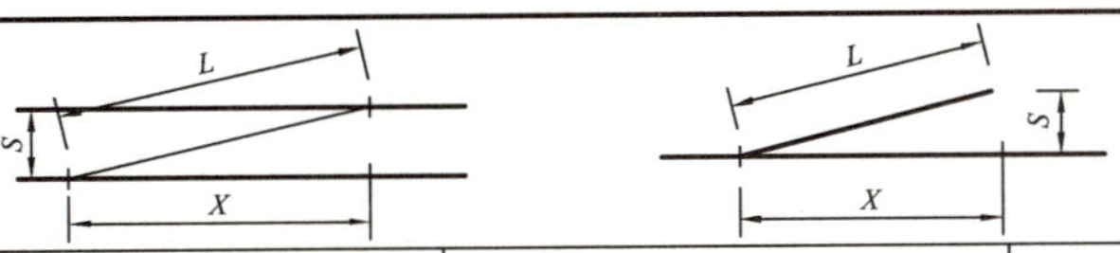

辙叉号数		9		12		18	
辙叉角 α		6°20′25″		4°45′49″		3°10′12.5″	
直边、斜边长		X	L	X	L	X	L
线间距离（S）	1	9.000	9.055	12.000	12.042	18.055	18.083
	2	18.000	18.111	24.000	24.083	36.110	36.166
	3	27.000	27.166	36.000	36.125	54.165	54.248
	4	36.000	36.221	48.000	48.167	72.221	72.331
	5	44.999	45.276	60.000	60.208	90.276	90.414
	6	53.999	54.332	72.000	72.250	108.331	108.497
	7	62.999	63.387	84.001	84.292	126.386	126.580
	8	71.999	72.442	96.001	96.333	144.441	144.662
	9	80.999	81.497	108.001	108.375	162.496	162.745

计算公式：$X=\dfrac{S}{\tan\alpha}$

$L=\dfrac{S}{\sin\alpha}$

用法举例：

设 $S=7.50$　$\alpha=6°20'25''$

则 $L=63.387+4.527=67.914$

$X=62.999+4.499\,9=67.499$

（七）警冲标至道岔中心距离表

单位：m

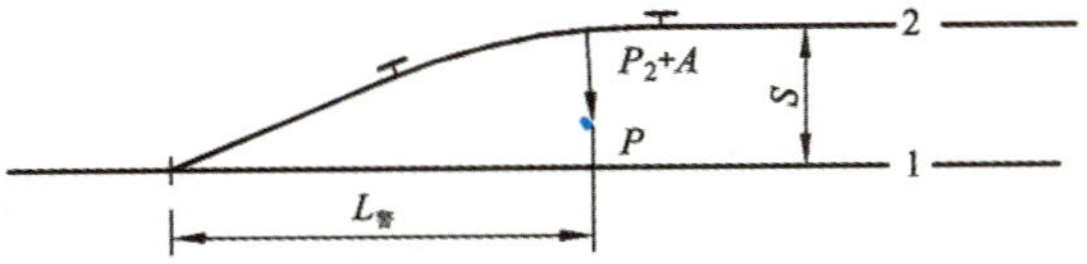

道岔号		9					12				18	
辙叉角		6°20′25″					4°45′49″				3°10′47″	
连接曲线半径		200	250	300	350	400	350	400	500	600	800	1 000
警冲标位置		$L_警$										
线间距	5.0	38.051	38.437	38.931	39.596	40.425	49.574	49.857	50.560	51.576	73.230	74.007
	5.2	37.485	37.825	38.230	38.739	39.404	49.053	49.280	49.825	50.573	72.711	73.254
	5.3	37.259	37.575	37.951	38.404	38.991	48.854	49.055	49.544	50.185	72.528	72.983
	5.5	36.897	37.166	37.486	37.862	38.320	48.550	48.704	49.090	49.588	72.277	72.581
	6.0	36.366	36.522	36.721	36.964	37.254	48.170	48.232	48.415	48.686	72.064	72.126
	6.5	36.159	36.227	36.330	36.469	36.648	48.085	48.095	48.148	28.263	72.058	72.058
	7.5	36.110	36.110	36.113	36.129	36.166	48.084	48.084	48.084	48.084	72.058	72.058
	8.5	36.110	36.110	36.110	36.110	36.110	48.084	48.084	48.084	48.084	72.058	72.058
	9.5	36.110	36.110	36.110	36.110	36.110	48.084	48.084	48.084	48.084	72.058	72.058
	10.5	36.110	36.110	36.110	36.110	36.110	48.084	48.084	48.084	48.084	72.058	72.058
	11.5	36.110	36.110	36.110	36.110	36.110	48.084	48.084	48.084	48.084	72.058	72.058
	12.5	36.110	36.110	36.110	36.110	36.110	48.084	48.084	48.084	48.084	72.058	72.058

注：图中 P_1 及 P_2 为警冲标至两侧线中心的垂直距离均为 2 m。

（八）高柱色灯信号机至道岔中心距离表

单位：m

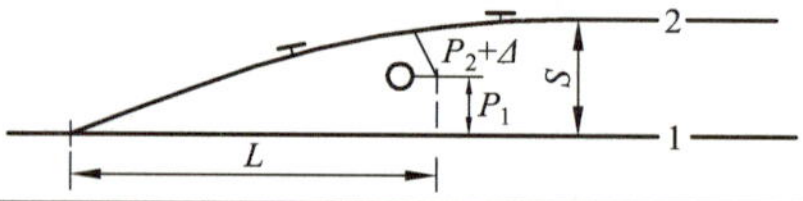

道岔号数	辙叉角度	连接曲线半径	信号机至岔心距离	线路使用情况	线间距离（S）									
					5.0	5.2	5.3	5.5	6.0	6.5	7.5	8.5	9.5	10.5
9	6°20′25″	200	L	——	49.116	46.683	45.902	44.864	43.352	42.645	42.256	42.249	42.249	42.249
				—○—	62.737	53.517	51.558	49.209	46.697	45.598	44.901	44.859	44.859	44.859
				—○— —○—	/	/	64.296	55.898	50.464	48.756	47.611	47.485	47.485	47.485
		300		——	51.125	48.284	47.334	45.937	44.033	43.078	42.341	42.249	42.249	42.249
				—○—	66.635	55.820	53.545	50.789	47.555	46.170	45.062	44.861	44.859	44.859
				—○— —○—	/	/	68.029	58.155	51.660	49.478	47.869	47.502	47.485	47.485
		350		——	52.470	49.426	48.369	46.770	44.477	43.365	42.428	42.251	42.249	42.249
				—○—	68.720	57.240	54.882	51.920	48.192	46.536	45.196	44.875	44.859	44.859
				—○— —○—	/	/	70.045	59.594	52.571	49.964	48.058	47.539	47.485	47.485
		400		——	53.967	50.711	49.551	47.759	45.084	43.703	42.550	42.264	42.249	42.249
				—○—	70.867	58.837	56.369	53.195	48.995	46.979	45.369	44.909	44.859	44.859
				—○— —○—	/	/	72.129	61.155	53.635	50.596	48.291	47.602	47.485	47.485
12	4°45′49″	350	L	——	62.644	60.200	59.443	58.396	56.990	56.432	56.258	56.258	56.258	56.258
				—○—	78.894	68.014	65.956	63.594	61.135	60.166	59.739	59.738	59.738	59.738
				—○— —○—	/	/	81.119	71.269	65.725	64.111	63.253	63.230	63.230	63.230
		400		——	63.452	60.796	59.935	58.743	57.186	56.523	56.258	56.258	56.258	56.258
				—○—	80.352	68.921	66.754	64.179	61.408	60.314	59.746	59.738	59.738	59.738
				—○— —○—	/	/	82.514	72.139	66.119	64.327	63.284	63.230	63.230	63.230
		500		——	65.377	62.301	61.244	59.689	57.663	56.770	56.268	56.258	56.258	56.258
				—○—	83.408	71.022	68.658	65.664	62.081	60.685	59.794	59.738	59.738	59.738
				—○— —○—	/	/	85.459	74.223	67.205	64.848	63.396	63.230	63.230	63.230
		600		——	67.587	64.106	62.866	60.977	58.287	57.113	56.317	56.258	56.258	56.258
				—○—	86.603	73.422	70.846	67.450	63.054	61.166	59.901	59.738	59.738	59.738
				—○— —○—	/	/	88.557	76.603	68.621	65.550	63.583	63.234	63.230	63.230
18	3°10′47″	800	L	——	91.480	88.448	87.475	86.183	84.746	84.345	84.308	84.308	84.308	84.308
				—○—	112.207	98.893	96.499	93.559	90.605	89.720	89.528	89.528	89.528	89.528
				—○— —○—	/	/	115.796	103.831	97.059	95.329	94.756	94.756	94.756	94.756
		1 000		——	94.145	90.432	86.160	87.329	85.183	84.472	84.308	84.308	84.308	84.308
				—○—	116.369	101.915	99.127	95.511	91.337	90.004	89.528	89.528	89.528	89.528
				—○— —○—	/	/	119.817	106.812	98.412	95.835	94.754	94.754	94.754	94.754

注：P_1 及 P_2 在通过超限货物列车的线路为 2.440 + 0.190 = 2.630（m），在不通过超限货物列车的线路为 2.150 + 0.190 = 2.340（m）。Δ为曲线加宽值。

（九）矮柱色灯信号机二、三显示并列至道岔中心距离表 单位：m

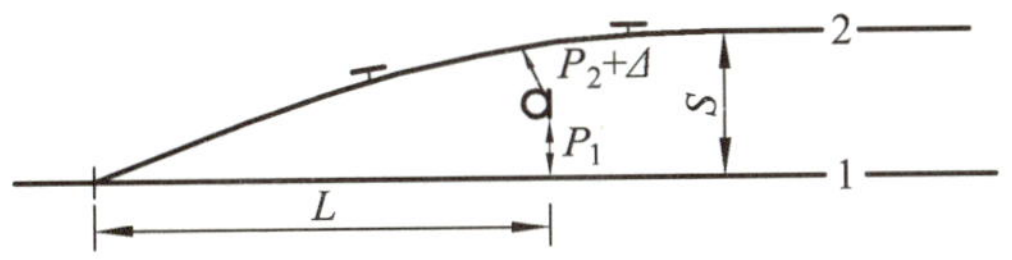

道岔号数	辙叉角度	连接曲线半径	信号机至岔心距离	线间距离（S）											
				5.0	5.2	5.3	5.5	6.0	6.5	7.5	8.5	9.5	10.5	11.5	12.5
9	6°20′25″	200	L	43.518	42.402	41.987	41.331	40.343	39.896	39.703	39.703	39.703	39.703	39.703	39.703
		250		44.090	42.853	42.395	41.694	40.587	40.032	39.710	39.703	39.703	39.703	39.703	39.703
		300		44.948	43.499	42.960	42.128	40.880	40.208	39.736	39.703	39.703	39.703	39.703	39.703
		350		46.002	44.350	43.715	42.715	41.225	40.428	39.788	39.703	39.703	39.703	39.703	39.703
		400		47.203	45.355	44.629	43.458	41.636	40.693	39.869	39.706	39.703	39.703	39.703	39.703
12	4°45′49″	350	L	56.176	55.085	54.686	54.069	53.218	52.921	52.868	52.868	52.868	52.868	52.868	52.868
		400		56.687	55.440	54.997	54.322	53.351	52.969	52.868	52.868	52.868	52.868	52.868	52.868
		500		58.030	56.417	55.822	54.934	53.689	53.120	52.868	52.868	52.868	52.868	52.868	52.868
		600		59.685	57.734	56.983	55.805	54.133	53.352	52.882	52.868	52.868	52.868	52.868	52.868
18	3°10′47″	800	L	90.948	88.043	87.107	85.862	84.473	84.089	84.056	84.056	84.056	84.056	84.056	84.056
		1000		93.516	89.983	88.752	86.977	84.899	84.211	84.056	84.056	84.056	84.056	84.056	84.056

注：Δ为曲线加宽值，当信号机设在弯股曲线部分时，信号机中心至弯股线路中心的距离为 $P_2+\Delta$，按 $P_1=P_2=2\ 199$ mm 进行计算。

（十）电气集中高柱色灯信号机（基本宽 380 mm）、警冲标、绝缘缝至岔心距离表 单位：m

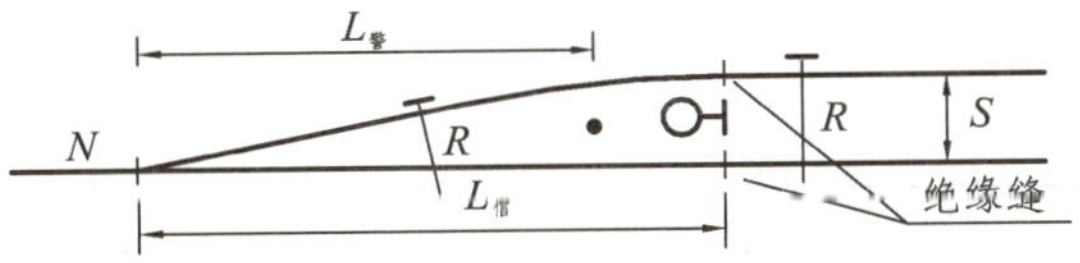

S \ 股道用 \ N / R / L		9（6°20′25″）						12（4°45′49″）						18（8°10′12.5″）		
		300			400			350			400			800		
		信	警	绝	信	警	绝	信	警	绝	信	警	绝	信	警	绝
5.0	—— ——	51.2	44.0	48.0	54.0	48.5	52.5									
	—○— ——	66.7	61.0	65.0	71.3	67.3	71.3	78.9	72.3	76.3	82.5	78.5	82.5	112.2	102.4	106.4
5.2	—○— ——	55.7	48.5	52.5	60.5	56.5	60.5	70.0	66.0	70.0	70.0	66.0	70.0	99.2	89.9	93.9
5.3	—○— —○—	68.0	61.0	65.0	73.0	69.0	73.0	82.5	78.5	82.5	82.5	78.5	82.5	114.8	108.6	112.6
5.5	—○— —○—	58.8	54.8	58.8	61.2	54.8	58.8	71.3	61.5	65.5	72.2	66.0	70.0	104.1	97.9	101.9
6.5	—○— ——	46.3	42.8	46.3	48.0	44.5	48.0	60.2	54.0	57.5	60.3	54.0	57.5	90.0	85.9	89.4
	—○— —○—	49.4	42.8	46.3	52.5	48.5	52.5	65.5	61.5	65.5	65.5	62.0	65.5	95.6	90.4	93.9

续表（十）

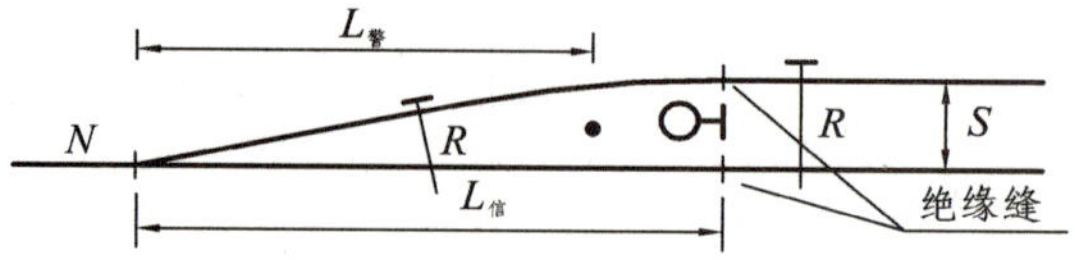

S	股道使用 \ N	9（6°20′25″）						12（4°45′49″）						18（8°10′12.5″）		
	R	300			400			350			400			800		
	L	信	警	绝	信	警	绝	信	警	绝	信	警	绝	信	警	绝
7.5	—○—	46.3	42.8	46.3	46.3	42.8	46.3	59.8	54.0	57.5	59.8	54.0	57.5	89.8	85.9	89.4
	—○— —○—	48.0	44.5	48.0	48.2	44.5	48.0	63.7	60.2	63.7	63.7	60.2	63.7	95.1	90.4	93.9
8.0	—○—	46.3	42.8	46.3	46.3	42.8	46.3	59.8	54.0	57.5	59.8	54.0	57.5	89.8	85.9	89.4
	—○— —○—	48.0	44.5	48.0	48.0	44.5	48.0	63.7	60.2	63.7	63.7	60.2	63.7	95.1	90.4	93.9

注：① 本表信号机、警冲标、绝缘缝安设位置系按《规范》第 8～63 条及第 8～66 条有关规定设置；
② 绝缘缝至岔心距离系用拼凑一节短轨办法计算，其短轨长度有 8 m、6.25 m、4.5 m 三种。

（十一）电气集中矮柱色灯信号机、警冲标、绝缘缝至岔心距离表

单位：m

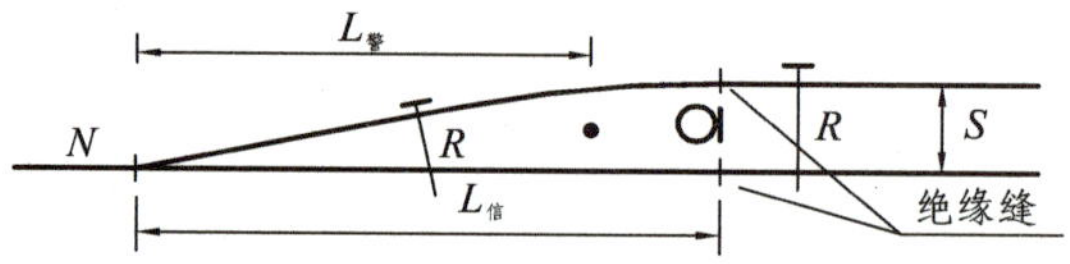

机构	S \ N	9（6°20′25″）									12（4°45′49″）					
	R	300			350			400			350			400		
	L	信	警	绝	信	警	绝	信	警	绝	信	警	绝	信	警	绝
一机构	5.0	44.5	41.0	44.5	44.5	41.0	44.5	44.5	41.0	44.5	53.0	49.5	53.0	57.5	54.0	57.5
	5.2	44.5	41.0	44.5	44.5	41.0	44.5	44.5	41.0	44.5	53.0	49.5	53.0	53.0	49.5	53.0
	5.5	44.5	41.0	44.5	44.5	41.0	44.5	44.5	41.0	44.5	53.0	49.5	53.0	53.0	49.5	53.0
	6.5	40.0	36.5	40.0	40.0	36.5	40.0	44.5	41.0	44.5	53.0	49.5	53.0	53.0	49.5	53.0
	7.5	40.0	36.5	40.0	40.0	36.5	40.0	40.0	36.5	40.0	53.0	49.5	53.0	53.0	49.5	53.0
	12.5	40.0	36.5	40.0	40.0	36.5	40.0	40.0	36.5	40.0	53.0	49.5	53.0	53.0	49.5	53.0
二、三显示并列	5.0	44.8	41.0	44.5	45.8	41.0	44.5	47.0	42.8	46.3	56.0	49.5	53.0	57.5	54.0	57.5
	5.2	44.5	41.0	44.5	44.5	41.0	44.5	45.2	41.0	44.5	54.7	49.5	53.0	55.1	49.5	53.0
	5.6	44.5	41.0	44.5	44.5	41.0	44.5	44.5	41.0	44.5	53.7	49.5	53.0	54.0	49.5	53.0
	6.5	40.1	36.5	40.0	40.2	36.5	40.0	44.5	41.0	44.5	53.0	49.5	53.0	53.0	49.5	53.0
	7.5	40.0	36.5	40.0	40.0	36.5	40.0	40.0	36.5	40.0	53.0	49.5	53.0	53.0	49.5	53.0
	12.5	40.0	36.5	40.0	40.0	36.5	40.0	40.0	36.5	40.0	53.0	49.5	53.0	53.0	49.5	53.0

注：见附录（十）之注。

（十二）电气集中倍角信号机、警冲标、绝缘缝至岔心距离表　　单位：m

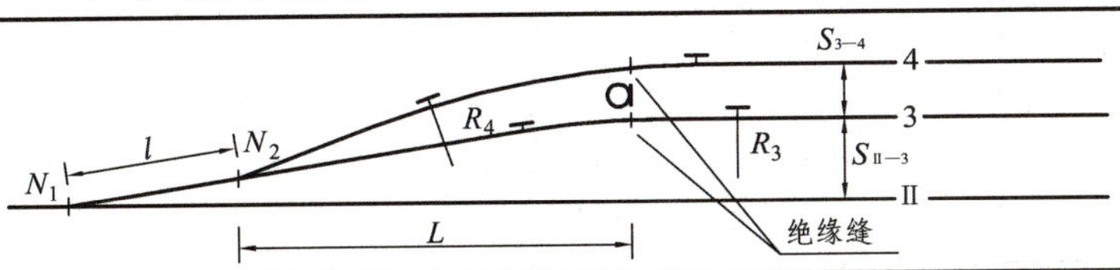

N_1-12（4°45′49″）；N_2-9（6°20′25″）；$l-38.309$

S_{II-3}	S_{3-4}	R_3	R_4	矮柱一机构色灯信号机			矮柱二、三显示并列色灯信号机		
				信号机	警冲标	绝缘缝	信号机	警冲标	绝缘缝
7.50	5.00	400	200	46.0	42.5	46.0	52.3	48.3	52.3
			250	51.8	47.8	51.8	56.8	52.8	56.8
		500	200	46.0	42.5	46.0	47.8	44.3	47.8
			250	47.8	44.3	47.8	52.3	48.3	52.3
		600	200	44.3	40.8	44.3	46.0	42.5	46.0
			250	46.0	42.5	46.0	52.3	48.3	52.3
	5.20	400	200	46.0	42.5	46.0	47.8	44.3	47.8
			250	47.8	44.3	47.8	52.3	48.3	52.3
		500	200	44.3	40.8	44.3	46.0	42.5	46.0
			250	46.0	42.5	46.0	52.3	48.3	52.3
		600	200	44.3	40.8	44.3	46.0	42.5	46.0
			250	46.0	42.5	46.0	47.8	44.3	47.8
8.50	5.00	400	200	44.2	40.7	44.2	44.2	40.7	44.2
			250	44.2	40.7	44.2	47.7	44.2	47.7
			300	46.0	42.5	46.0	56.7	52.7	56.7
		500	200	44.2	40.7	44.2	44.2	40.7	44.2
			250	44.2	40.7	44.2	47.7	44.2	47.7
			300	47.7	44.2	47.7	52.8	44.2	47.7
		600	200	44.2	40.7	44.2	44.2	40.7	44.2
			250	44.2	40.7	44.2	47.7	44.2	47.7
			300	46.0	42.5	46.0	52.2	48.2	52.2
	5.20	400	200	44.2	40.7	44.2	44.2	40.7	44.2
			250	44.2	40.7	44.2	45.9	44.2	45.9
			300	46.0	42.5	46.0	52.2	48.7	52.2
		500	200	44.2	40.7	44.2	44.2	40.7	44.2
			250	44.2	40.7	44.2	45.9	42.4	45.9
			300	46.0	42.5	46.0	52.2	48.7	52.2
		600	200	44.2	40.7	44.2	44.2	40.7	44.2
			250	44.2	40.7	44.2	46.0	42.5	46.0
			300	46.0	42.5	46.0	48.9	42.5	46.0

（十三）线路平行错移表（反向曲线表）

单位：m

曲线半径 $R=250$				
直线段 $d=10$				
u	φ	T	L	x
0.50	1°39′40″	3.624	7.248	24.489
1.00	2°39′18″	5.793	11.585	33.151
1.50	3°26′19″	7.504	15.003	39.971
2.00	4°06′24″	8.963	17.919	45.782
2.50	4°41′57″	10.257	20.504	50.928
3.00	5°14′13″	11.433	22.851	55.596
3.50	5°43′59″	12.518	25.015	59.897
4.00	6°11′45″	13.530	27.034	63.906
直线段 $d=15$				
0.50	1°22′00″	2.981	5.963	26.921
1.00	2°17′32″	5.001	10.001	34.985
1.50	3°02′28″	6.636	13.269	41.506
2.00	3°41′16″	8.047	16.090	47.127
2.50	4°15′53″	9.308	18.608	52.141
3.00	4°47′28″	10.458	20.905	56.709
3.50	5°16′42″	11.523	23.030	60.932
4.00	5°44′01″	12.519	25.017	64.876
直线段 $d=20$				
0.50	1°08′46″	2.500	5.000	29.995
1.00	1°59′46″	4.355	8.709	37.403
1.50	2°42′13″	5.899	11.797	43.563
2.00	3°19′23″	7.251	14.499	48.948
2.50	3°52′50″	8.469	16.932	53.793
3.00	4°23′32″	9.586	19.164	58.232
3.50	4°52′02″	10.625	21.237	62.351
4.00	5°18′47″	11.599	23.182	66.211
曲线半径 $R=600$				
直线段 $d=15$				
0.50	1°05′10″	5.687	11.374	37.745
1.00	1°43′49″	9.060	18.118	51.224
1.50	2°14′13″	11.714	23.425	61.828
2.00	2°40′08″	13.976	27.947	70.859
2.50	3°03′05″	15.981	31.955	78.859
3.00	3°23′56″	17.801	35.592	86.116
3.50	3°43′09″	19.479	38.945	92.804
4.00	4°01′04″	21.045	42.073	99.040
直线段 $d=20$				
0.50	0°57′18″	5.000	10.000	39.996
1.00	1°34′18″	8.229	16.458	52.905
1.50	2°03′54″	10.813	21.625	63.227
2.00	2°29′19″	13.031	26.059	72.083
2.50	2°51′55″	15.005	30.005	79.960
3.00	3°12′30″	16.802	33.596	87.126
3.50	3°31′30″	18.462	36.913	93.742
4.00	3°49′15″	20.013	40.011	99.919

曲线半径 $R=3\ 000$				
直线段 $d=30$				
u	φ	T	L	x
0.50	0°30′24″	13.266	26.533	83.064
1.00	0°47′53″	20.895	41.789	113.573
1.50	1°01′35″	26.870	53.739	137.469
2.00	1°13′13″	31.951	63.900	157.784
2.50	1°23′32″	36.449	72.894	175.766
3.00	1°32′53″	40.527	81.050	192.070
3.50	1°41′29″	44.286	88.566	207.093
4.00	1°49′31″	47.790	95.572	221.097
直线段 $d=40$				
0.50	0°27′02″	11.795	23.591	87.176
1.00	0°43′54″	19.155	38.309	116.614
1.50	0°57′18″	25.002	50.003	139.991
2.00	1°08′45″	29.998	59.995	159.987
2.50	1°18′56″	34.442	68.882	177.746
3.00	1°28′11″	38.479	76.954	193.883
3.50	1°36′43″	42.203	84.401	208.776
4.00	1°44′42″	45.687	91.367	222.674
曲线半径 $R=4\ 000$				
直线段 $d=50$				
0.50	0°22′33″	13.119	26.238	102.468
1.00	0°36′58″	21.506	43.012	136.011
1.50	0°48′28″	28.197	56.393	162.781
2.00	0°58′20″	33.937	67.873	185.730
2.50	1°07′06″	39.038	78.074	206.140
3.00	1°15′05″	43.683	87.363	224.702
3.50	1°22′27″	47.969	95.934	241.842
4.00	1°29′20″	51.974	103.944	257.844
直线段 $d=60$				
0.50	0°20′30″	11.926	23.853	107.702
1.00	0°34′23″	20.003	40.006	139.996
1.50	0°45′36″	26.529	53.057	166.125
2.00	0°55′18″	32.172	64.344	188.669
2.50	1°03′57″	37.205	74.409	208.791
3.00	1°11′50″	41.792	83.581	227.136
3.50	1°19′08″	46.039	92.075	244.106
4.00	1°25′57″	50.006	100.007	259.969
直线段 $d=80$				
0.50	0°17′11″	9.996	19.993	119.998
1.00	0°29′56″	17.414	34.828	149.662
1.50	1°40′33″	23.591	47.182	174.349
2.00	0°49′50″	28.992	57.983	195.948
2.50	0°58′11″	33.850	67.699	215.392
3.00	1°05′51″	38.311	76.619	233.218
3.50	1°12′58″	42.451	84.900	249.775
4.00	1°19′39″	46.340	92.676	265.299

（十四）辙叉倍角组合的三角函数表

辙叉倍角的组合	辙叉倍角角度之和	sin	cos	tan	cot	sec	csc
12×1	4°45′49″	0.083 044 95	0.996 545 80	0.083 332 80	12.000 077	1.003 466 2	12.041 671
12×2	9°31′38″	0.165 516 19	0.986 207 07	0.167 831 07	5.958 372 3	1.013 985 8	6.041 705 0
12×3	14°17′27″	0.246 843 98	0.969 055 24	0.254 726 43	3.925 780 3	1.031 932 9	4.051 141 9
9×1	6°20′25″	0.110 433 02	0.993 883 57	0.111 112 63	8.999 876 9	1.006 154 1	9.055 262 6
9×2	12°40′50″	0.219 515 12	0.975 609 10	0.225 003 16	4.444 382 1	1.025 000 7	4.555 494 8
9×3	19°01′15″	0.325 911 93	0.945 400 13	0.344 734 38	2.900 784 0	1.057 753 2	3.068 313 6
12+9	11°06′14″	0.192 588 57	0.981 279 59	0.196 262 69	5.095 212 0	1.019 077 5	5.192 416 1
12+9×2	17°26′39″	0.299 776 28	0.954 009 53	0.314 227 77	3.182 405 0	1.048 207 6	3.335 821 0
12+9×3	23°47′04″	0.403 296 87	0.915 069 19	0.440 728 28	2.268 971 70	1.092 813 5	2.479 563 0
12+9×4	30°07′29″	0.501 883 99	0.864 934 95	0.580 256 34	1.723 376 25	1.156 156 3	1.992 492 3

（十五）站场平面图图例（摘自《铁路线路图例符号》）

顺序	名称	图例	附注	顺序	名称	图例	附注
1	既有线路		线条粗 0.2 mm	14	单开道岔		
2	设计正线		线条粗 0.7 mm	15	对称道岔		
3	设计站线		线条粗 0.5 mm	16	三开道岔		
4	远期预留线路		线条粗 0.5 mm	17	复式交分道岔		
5	近期拆除线路		线条粗 0.2 mm	18	单式交分道岔		
6	远期拆除线路		线条粗 0.2 mm	19	菱形交叉		
7	客货列车进路			20	交叉渡线		
8	旅客列车进路			21	铁鞋脱落器		表示方向为脱落方向
9	货物列车进路			22	脱轨器		表示方向为脱落方向
10	超限货物列车进路			23	驼峰		
11	机车入段线			24	减速器	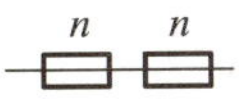	*n* 为减速器节数
12	机车出段线			25	减速顶		
13	线群与线群分束			26	测速装置		

续表（十五）

顺　序	名　称	图　例	附　注	顺　序	名　称	图　例	附　注
27	测重装置			45	油　鹤		
28	停车器			46	水　塔		
29	转　盘		d 为直径	47	涵　洞	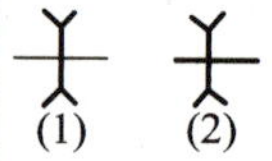	（1）既有 （2）设计
30	灰坑或检查坑		L 为长度	48	小　桥	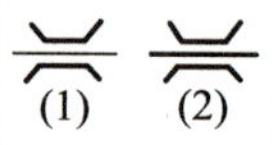	（1）既有 （2）设计
31	雨棚	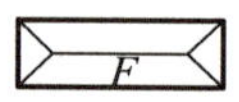	F 为面积	49	大中桥	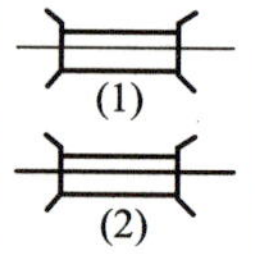	注明道口中心里程
32	跨线雨棚	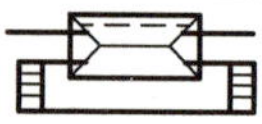	F 为面积	50	既有平交道口	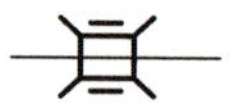	
33	仓　库			51	设计平交道口	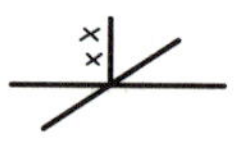	注明道口中心里程
34	轨道衡		L 为长度	52	消火栓		
35	限界架	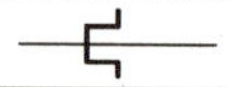		53	警冲标		
36	站房基坪及旅客基本站台	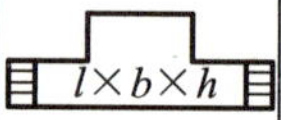	l，h，b 为长、宽、高	54	路基横向排水	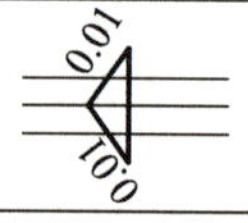	
37	有雨棚的旅客或货物站台	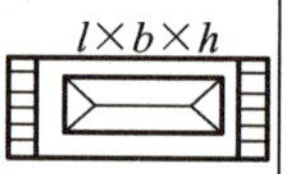	l，h，b 为长、宽、高	55	出站臂板信号机	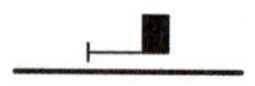	
38	旅客中间站台或货物站台	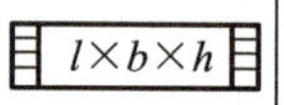	l，h，b 为长、宽、高	56	预告臂板信号机		
39	地　道	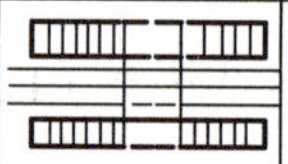	加注中心里程	57	进站臂板信号机		
40	天桥	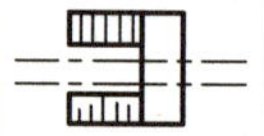	加注中心里程	58	高柱出站色灯信号机	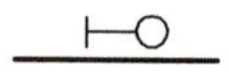	
41	铁路与道路立体交叉	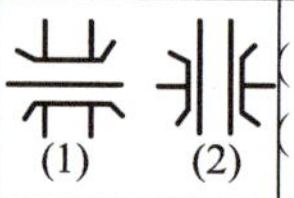	（1）铁路在上 （2）铁路在下	59	高柱进站色灯信号机	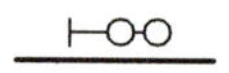	
42	铁路与铁路立体交叉	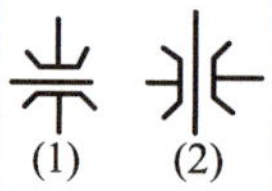	（1）设计线在上 （2）设计线在下	60	驼峰及复示信号机		
43	平过道	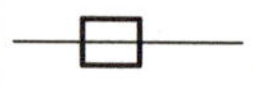		61	矮柱色灯信号机	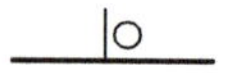	
44	水　鹤			62	悬臂式色灯信号机	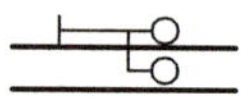	

续表（十五）

顺序	名称	图例	附注	顺序	名称	图例	附注
63	桥式色灯信号机	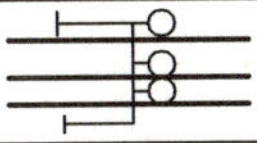		83	洗车机	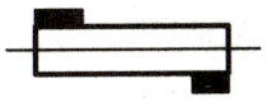	
64	悬吊式色灯信号机	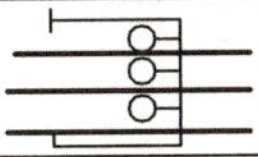		84	给沙塔	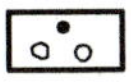	
65	照明灯	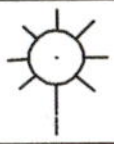		85	移动和拆除电杆		
66	木塔灯			86	更换电杆		
67	钢筋混凝土塔			87	发电厂	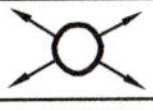	
68	铁塔灯			88	变电站	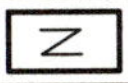	
69	设计车站	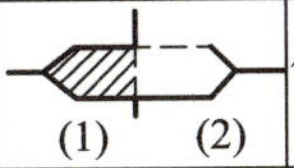	用于总图（1）近期，（2）远期	89	低压电力线	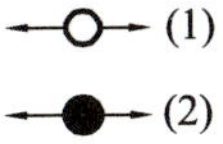	（1）木杆，（2）钢筋混凝土架
70	既有车站		用于总图	90	高压电力线	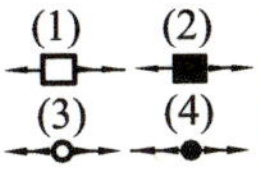	（1）木杆，（2）钢筋混凝土架（3）木杆，（4）钢筋混凝土杆
71	既有电气化铁路		线粗 0.2 mm	91	通讯线	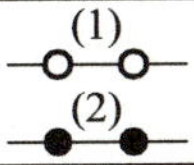	（1）木杆，（2）钢筋混凝土架
72	窄轨铁路		762 轨距	92	围墙		
73	煤台	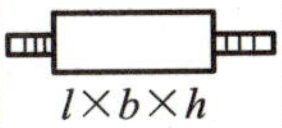	l，h，b 为长、宽、高	93	铁丝网		
74	机械上煤台	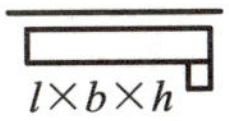	l，h，b 为长、宽、高	94	栅栏		
75	煤塔			95	铁路既有用地界	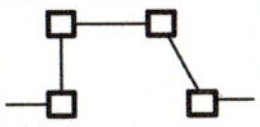	
76	高架煤斗			96	设计房屋		
77	竖墙高架卸煤线	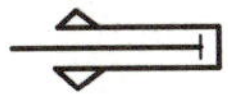		97	拆除房屋	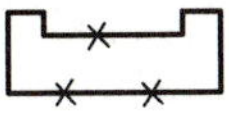	
78	边坡高架卸煤线	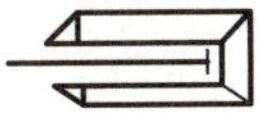		98	指北针		西方涂黑
79	栈桥			99	坡度标	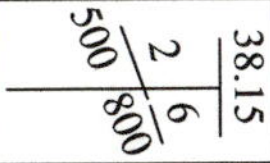	
80	储煤厂			100	车站中心	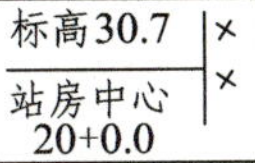	
81	矩形车库	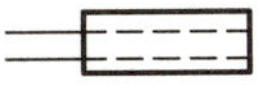		101	基线或中轴线		
82	扇形车库	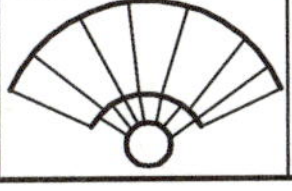					